BIBLIOTHÈQUE CHINOISE

Collection dirigée

par

ANNE CHENG

Professeur titulaire de la Chaire d'histoire intellectuelle de la Chine au Collège de France

MARC KALINOWSKI

Directeur d'études à l'École pratique des Hautes Études

Portrait de Zhu Xi (1130-1200)
Bois gravé, époque Qing
d'après un autoportrait conservé sur stèle

ZHU XI

MÉMOIRE SCELLÉ
SUR LA SITUATION DE L'EMPIRE

朱熹 戊申封事

BIBLIOTHÈQUE CHINOISE

Collection dirigée par
Anne Cheng et Marc Kalinowski

Édition bilingue
(texte et traduction)

Parus

YANG Xiong, *Maîtres mots*, traduction par Béatrice L'Haridon.

La Dispute sur le sel et le fer (Yantielun), traduction par Jean Levi.

Dix-neuf poèmes anciens, traduction par Jean-Pierre Diény.

SU Shi, *Les Commémorations*, traduction par Stéphane Feuillas.

WANG Chong, *Balance des discours. Destin, Providence et Divination*, traduction par Marc Kalinowski.

YI I, *Principes essentiels pour éduquer les jeunes gens (Kyŏngmong yogyŏl)*, traduction par Isabelle Sancho.

Écrits de Maître Wen (Wenzi), traduction par Jean Levi.

Écrits de Maître Guan (Guanzi), traduction par Romain Graziani.

ZHU Xi, LU Jiuyuan, *Une controverse lettrée*, traduction par Roger Darrobers et Guillaume Dutournier.

Livres de morale révélés par les dieux, traduction par Vincent Goossaert.

FAXIAN, *Mémoire sur les pays bouddhiques* (*Foguo ji*), traduction par Jean-Pierre Drège

À paraître

Shinsarugakki, Nouvelles notes sur les divertissements comiques, traduction par Francine Hérail.

Le Livre de la grande paix (Taiping jing) (époque Han-Six dynasties), traduction partielle par Grégoire Espesset.

LIU Zhiji, *Traité de l'historien parfait (Shitong)* (dynastie Tang), traduction par Damien Chaussende.

Le « Traité des figures célestes » dans les « Écrits du Prince de Huainan » (Huainanzi) (époque Han), traduction par Marc Kalinowski.

Écrits de Maître Xun (Xunzi) (époque des Royaumes Combattants), traduction par Ivan P. Kamenarović.

WANG Shifu, *Le Pavillon de l'Ouest (Xixiang ji)* (dynastie des Yuan), traduction par Rainier Lanselle.

BIBLIOTHÈQUE CHINOISE

ZHU XI

MÉMOIRE SCELLÉ SUR LA SITUATION DE L'EMPIRE

朱熹 戊申封事

Texte établi, traduit et annoté
par
Roger DARROBERS

PARIS
LES BELLES LETTRES
2013

La traduction de ce volume a été revue par Marc Kalinowski.
Cet ouvrage a été mis en page par Rudy Nimsguerns.
Les éditeurs tiennent à remercier Marie-José D'Hoop pour son concours en vue de cette édition.

95 bd Raspail 75006 Paris
www.lesbelleslettres.com

ISBN : 978-2-251-10015-9

AVANT-PROPOS

Cette traduction du *Mémoire scellé de 1188*, ou *Mémoire scellé sur la situation de l'Empire*, de Zhu Xi (1130-1200) reprend, dans une présentation augmentée et corrigée, une première version parue en 2008 aux éditions You Feng (友豐) sous le titre *Mémoire sur la situation de l'Empire*. Je tiens à remercier très chaleureusement M. Kim Hun (Pan Lihui 潘立輝), libraire-éditeur, directeur des éditions You Feng à Paris, de m'avoir aimablement autorisé à reprendre mon ancien texte en vue de cette édition bilingue.

Cette nouvelle version complète l'appareil critique et les citations par l'ajout des caractères chinois. Le texte de la présentation a été remanié de manière sensible. L'édition de référence utilisée est le *Zhuzi quanshu* (Œuvres complètes de Maître Zhu), publié sous la direction de Zhu Jieren *et al.* en 2002, dont nous avons parfois modifié la ponctuation[1].

Je tiens également à remercier Mme Anne Cheng, professeur au Collège de France, pour son soutien amical et pour l'accueil de ce travail dans cette collection qu'elle codirige aux éditions Les Belles Lettres, ainsi que pour ses précieux conseils et corrections concernant mon manuscrit.

1. « Wu-shen fengshi 戊申封事 » (« Mémoire scellé de l'année *wu-shen* : 1188 ») dans Zhu Jieren 朱傑人, Yan Zuozhi 嚴佐之 et Liu Yongxiang 劉永翔 (dir.), « Hui'an xiansheng Zhu Wengong wenji 晦庵先生朱文公文集 » (ci-après *Wenji*), chap. 11, dans *Zhuzi quanshu* 朱子全書, vol. 20, p. 589-614.

Mes remerciements vont également à Mme Marie-José d'Hoop, et à M. Rudy Nimsguerns pour leur concours efficace en vue de cette nouvelle édition. Je remercie aussi Mme Qiu Dandan pour sa relecture attentive des textes chinois.

Enfin, je renouvelle mes remerciements à toutes les personnes qui m'ont soutenu et aidé lors la première version de ce travail : M. Jean-François Billeter, professeur émérite à l'Université de Genève ; M. Jacques Dars (†), ancien directeur de recherche au CNRS ; M. Pierre-Henri Durand, directeur de recherche au CNRS ; M. Victor Malka, journaliste à France Culture ; M. Didier Nordon, écrivain et mathématicien, et enfin M. Jean-Pierre Diény dont la connaissance de la langue chinoise classique a su, lundi après lundi, éblouir plusieurs générations d'auditeurs à son séminaire de l'École Pratique des Hautes Études[2]. Que tous reçoivent une nouvelle fois l'expression de ma sincère gratitude et mes amicales salutations.

R. D.
Paris, lundi 1er octobre 2013

2. Voir Jean-Pierre Diény, 2012.

INTRODUCTION

Principal représentant du renouveau du confucianisme sous les Song 宋 (960-1279), Zhu Xi 朱熹 (1130-1200) fut l'exact contemporain d'Averroès et de Maïmonide. Il est souvent comparé à saint Thomas d'Aquin en raison du système interprétatif qu'il donna à la tradition canonique, système qui se mua à partir de la dynastie Yuan 元 (1271-1368) en orthodoxie[1]. On évoque aussi le nom de Luther à son propos, à cause de sa volonté de proposer une doctrine renouvelée du confucianisme, menant à la fois un combat contre les doctrines bouddhiques et taoïstes qui avaient influencé sa jeunesse, et contre les écoles confucéennes rivales, intuitionnistes, historicistes ou utilitaristes. Les commentaires qu'il apporta aux *Quatre Livres*[2], qui s'imposèrent jusqu'au début du XXe siècle, le rapprochent également de Rabbi Chlomo ben Yts'hac, de Troyes, plus connu sous son acronyme de Rachi, dont les commentaires du Pentateuque et du Talmud, rédigés au XIe siècle, continuent à faire autorité au sein de la tradition

1. Sur saint Thomas d'Aquin (1225-1274), voir Étienne Gilson, *Le Thomisme. Introduction à la philosophie de Saint Thomas d'Aquin*, Paris, Vrin, 1986 (1922).

2. *Les Quatre Livres* (*Sishu* 四書) comprennent *Les Entretiens de Confucius* (*Lunyu* 論語 ; *Le Mencius* (*Mengzi* 孟子) ; *La Grande Étude* (*Daxue* 大學) ; *L'Invariable Milieu* (*Zhongyong* 中庸). Il était nécessaire de les connaître dans leur version commentée par Zhu Xi, qui était inscrite dans les institutions, pour réussir les concours impériaux jusqu'au début du XXe siècle.

juive[3]. Ces comparaisons avec des théologiens et des exégètes de la Bible ne doivent pas faire oublier que le confucianisme, né avant la formation de l'empire chinois et canonisé par le système impérial, reste avant tout une éthique tournée vers une finalité politique, préconisant une forme d'harmonie sociale fondée sur les rites et la hiérarchie. La version formée sous la dynastie Song associait à cette visée politique une méthode de perfectionnement individuel, reposant sur la mise en œuvre des « propos des saints et des sages de l'Antiquité », et applicable à l'ensemble de la société.

Zhu Xi naquit au Fujian, province côtière de la Chine du Sud, située en face de l'île de Taiwan, quatre ans seulement après l'occupation du Nord du pays, en 1126, par les Jürchens. La capture de l'empereur Qinzong 欽宗 (règne 1126-1127) et de son père Huizong 徽宗 (règne 1100-1126), déportés vers la steppe en compagnie de plusieurs centaines de membres de la cour marqua la fin des Song du Nord (960-1126). La Chine septentrionale était désormais aux mains des Jürchens, nomades sédentarisés originaires de Mandchourie, fondateurs de la dynastie Jin 金 (1115-1234). Un des fils de Huizong, Zhao Gou 趙構, futur Gaozong[4], parvint à gagner le Sud et à rétablir la dynastie, réduite à la sphère méridionale du pays. La nouvelle capitale, Lin'an (aujourd'hui Hangzhou au Zhejiang), reçut le nom de « résidence de déplacement », autrement dit de capitale provisoire[5]. Fondateur des Song

3. Sur Rachi (1040-1105), voir Victor Malka, *Rachi*, Paris, Puf, « Que sais-je ? », 1993.

4. Zhu Xi vécut sous les règnes des quatre premiers empereurs des Song du Sud 南宋 : Gaozong 高宗 (règne 1127-1162), Xiaozong 孝宗 (règne 1162-1189), Guangzong 光宗 (règne 1189-1194), Ningzong 寧宗 (règne 1194-1224). Par convention, les souverains sont désignés ici par leur nom posthume ; de leur vivant les souverains sont simplement appelés l'empereur ou altesse (*shang* 上).

5. Le terme *xingzai* 行在, appliqué à Lin'an 臨安 (actuel Hangzhou 杭州), désignait à l'origine la porte des résidences utilisées durant les déplacements

du Sud (1127-1279), Gaozong dut, après d'âpres batailles, renoncer à la reconquête de la Chine du Nord ; le traité signé avec les Jin en 1142, à l'instigation du Grand conseiller Qin Hui 秦檜, consacra la partition du pays.

Orphelin de père à treize ans, Zhu Xi obtint aux examens impériaux de 1148, dans sa dix-neuvième année, le titre prestigieux de « lettré avancé » (*jinshi* 進士) – agrégé au corps des lettrés – qui lui ouvrit les portes de la carrière officielle. En 1151, il fut nommé à Tong'an au Fujian, mais dut attendre deux ans une vacance de poste avant de pouvoir s'y rendre et exercer les fonctions de magistrat de 1153 à 1156. Après ce premier emploi en sous-préfecture, Zhu Xi resta près de vingt ans sans assumer de responsabilités officielles, bénéficiant en revanche de plusieurs « postes de temple » successifs. Ces sinécures honorifiques, assorties de faibles émoluments, permettaient à des fonctionnaires âgés ou en délicatesse avec le pouvoir de survivre matériellement, tout en échappant aux multiples chausse-trapes inhérentes à la carrière administrative. Le système de dénonciation institutionnalisé autour de la personne de l'empereur plaçait les agents de l'État, divisés en factions rivales, dans une inquiétude permanente. Si aucun fonctionnaire civil ne mettait sa vie en péril sous les Song quand il exprimait ses idées, il courait cependant le risque de la disgrâce, du limogeage voire du bannissement. L'institution des « postes de temple », caractéristique de la dynastie Song, correspondait à l'origine à une forme de mise en congé d'office ; elle avait été créée par Wang Anshi 王安石 (1021-1086)[6], le ministre réformateur des Song du Nord, afin d'écarter ceux qui le critiquaient[7]. Zhu Xi, dont les idées en

---

impériaux, voir *Zhuzi yulei* 朱子語類 (*Propos classés de maître Zhu*) 138, dans *Zhuzi quanshu*, vol. 18, p. 4271.

6. Biographie de Wang Anshi dans *Songshi* 327, vol. 30, p. 10541-10553.

7. *Zhuzi yulei* 128, dans *Zhuzi quanshu*, vol. 18, p. 4008-4009.

faveur de la reconquête de la Chine du Nord étaient connues, préféra prendre du recul plutôt que de se trouver placé en porte-à-faux face à une politique de compromis à l'égard des Jürchens qu'il désavouait. Tout au long de sa carrière, Zhu Xi n'exerça des fonctions dans l'administration provinciale que durant neuf ans et ne resta en poste à la cour que quarante-six jours, rechignant presque systématiquement à donner suite aux diverses nominations qui lui étaient proposées[8]. Cette distance volontaire vis-à-vis du pouvoir le condamna à la pauvreté, mais lui permit d'accomplir une œuvre intellectuelle hors norme qui fit de lui le plus célèbre philosophe confucéen en Chine après Confucius.

La dimension politique

Zhu Xi reste au premier chef philosophe, philologue et exégète, mais son activité intellectuelle et son enseignement ne doivent pas faire oublier son engagement et son implication dans la réalité politique et sociale de son époque, ni occulter la finalité réformiste qui innerve l'ensemble de son œuvre. Par tempérament Zhu Xi a toujours revendiqué sa préférence pour le travail sur les textes, loin de la capitale, dans le cadre de sa région natale, passant le plus clair de son temps à étudier et à vivre de son enseignement. Cet éloignement ne le prédisposait cependant en aucun cas à vivre en ermite : des centaines de disciples contribuèrent en effet à la diffusion de ses idées. Le prestige lié à son savoir et son courage politique firent de lui le chef de file incontesté de l'« Étude de la Voie » (*Daoxue* 道學), malgré la méfiance que ce courant intellectuel et politique

8. Zhu Xi n'exerça des responsabilités officielles qu'à cinq reprises : à Tong'an 同安 au Fujian 福建 (1153-1156), à Nankang 南康 au Jiangxi 江西 (1179-1181), au Zhejiang 浙江 (1181-1182), à Zhangzhou 漳州 au Fujian (1190) et enfin à Tanzhou 潭州 au Hunan 湖南 (1194).

hostile à l'arbitraire d'un seul homme ou d'un groupe suscitait dans l'entourage impérial. La suspicion séculaire du pouvoir envers toute association partisane n'avait fait qu'empirer depuis que les luttes politiques ayant suivi les réformes de Wang Anshi avaient été accusées d'avoir conduit à la chute des Song du Nord. Un siècle et demi auparavant, le célèbre Ouyang Xiu avait pourtant plaidé auprès de l'empereur Renzong en faveur des lettrés accusés de se livrer au jeu des factions[9]. Zhu Xi, dans son *Mémoire scellé de 1188*, trace à son tour une ligne de partage entre les « gens mesquins », voués au service de leurs seuls intérêts, et les « hommes de bien » prêts à œuvrer pour l'intérêt commun, et ne méritant aucunement le qualificatif infamant de « factieux ». Le confucianisme réformateur des Song du Sud eut beau manifester un rejet massif envers le radicalisme réformiste de Wang Anshi, il partage avec lui la même ambition de transformer l'Empire à la faveur de la bienveillance impériale[10]. Le néoconfucianisme des Song, philosophique et moral dans sa formulation, visait explicitement à se muer en réforme politique, applicable à l'ensemble de la société.

La biographie de Zhu Xi, rédigée après sa mort par son disciple et gendre Huang Gan (1152-1221), dont s'inspire le chapitre biographique consacré à Zhu Xi dans *L'Histoire des Song,* commence par de larges citations des mémoires scellés et des communications prononcées devant l'empereur, ne présentant les idées philosophiques du maître du Fujian qu'en

9. Ouyang Xiu 歐陽修, « Pengdanglun 朋黨論 » (« Essai sur les sociétés et les cliques »), dans *Guwen guanzhi* 古文觀止, 9, Zhonghua shuju, 1959 (rééd.1979), p. 427-430 ; traduit par Georges Margouliès : *Le Kou-Wen chinois,* Paris, Librairie orientaliste Paul Geuthner, 1926, p. 244-248. Biographie de Ouyang Xiu dans *Songshi* 319, vol. 30, p. 10375-10383.

10. Yu Yingshi, 2004, p. 109-183.

dernière partie, suggérant que son engagement politique venait en tête de son œuvre, si ce n'est de ses préoccupations[11].

Les communications orales prononcées lors des audiences à la cour et les mémoires scellés adressés à l'empereur furent les occasions privilégiées pour Zhu Xi de tenter de convaincre Xiaozong, puis ses successeurs, de mener une politique bénéfique au pays et à la population. Face au souverain, il convenait de réciter debout le contenu de sa communication, en l'absence de table qui eût facilité la lecture[12]. Les textes de ces communications orales étaient rédigés avec le plus grand soin, puis archivés. Il s'agissait moins d'éloquence que d'un art de la persuasion lié à l'élégance stylistique. Ce trait apparaît plus nettement encore dans les mémoires scellés dont l'écriture se devait d'offrir un modèle de prose écrite. Mémoires scellés et communications orales étaient confidentiels, et Zhu Xi s'astreint pour certains passages sensibles à les calligraphier en personne afin d'éviter toute fuite. Le *Mémoire scellé de 1188*, dont nous proposons la traduction ci-après, fut toutefois adressé préalablement au Grand conseiller Zhou Bida 周必大 (1126-1204). Dans une lettre envoyée pendant l'été, Zhu Xi fait part de son projet de rédaction, rappelant qu'il en a reçu l'autorisation impériale, priant le Grand conseiller de remettre le texte le moment venu à l'empereur[13].

---

11. Huang Gan 黃榦, « […] Zhu xiansheng xingzhuang […] 朱先生行狀 » (« Biographie posthume de maître Zhu »), dans *Zhuzi quanshu*, vol. 27, p. 534-567 ; *Songshi* 429, vol. 36, p. 12751-12770 (le *Mémoire scellé de 1188* est longuement cité p. 12758-12762). Sur l'importance de la biographie posthume de Zhu Xi par Huang Gan, voir Wing-tsit Chan, 1989, « Biographical account: the "Hsing-chuang" », p. 1-11 ; « Biographie de Huang Gan », dans *Songshi* 430, vol. 36, « Daoxue, 4 », p. 12777-12782.

12. Zhu Xi déplore l'inconfort des audiences face à l'empereur, *Zhuzi yulei* 128, dans *Zhuzi quanshu,* vol. 18, p. 3999-4000.

13. « Yu Zhou chengxiang shu 與周丞相書 » (« Lettre au Grand conseiller Zhou [Bida] »), *Wenji* 27, dans *Zhuzi quanshu*, vol. 21, p. 1214-1215 ; biographie de Zhou Bida dans *Songshi* 391, vol. 34, p. 11965-11972.

Dans certains cas, Zhu Xi et ses alliés s'adressaient copie des communications prononcées devant le monarque. Ces écrits n'étaient donc pas tous secrets, puisque les membres de ce qu'il convient d'appeler un réseau ne craignaient pas de les communiquer entre eux et de les commenter. Malgré leur éloignement, les fonctionnaires autorisés se tenaient régulièrement informés du climat politique et des nouvelles de la capitale. Les événements à la cour, nominations, promotions, disgrâces, ainsi que les audiences devant l'empereur, étaient consignés dans la *Gazette de la capitale*, sorte de journal officiel destiné aux membres de l'administration et vivement commenté par les intéressés.

Le *Mémoire scellé de 1188* est le troisième texte de ce type rédigé par Zhu Xi, après ceux de 1162 et de 1180 qui répondaient tous deux à des instructions impériales, soucieuses d'obtenir une information plus objective que celle fournie au travers des mémoires de routine[14]. Lors de certains moments sensibles, en cas de crise ou de transition impériale, les lettrés étaient autorisés à s'exprimer en toute franchise et à soumettre des critiques hyperboliques au gouvernement. Comme Michel Foucault l'a par ailleurs souligné : « On aurait du mal à trouver l'exemple d'un pouvoir qui ne s'exercerait pas sans s'accompagner, d'une manière ou d'une autre, d'une manifestation de vérité[15]. » Les différents mémoires au trône et communications prononcées par Zhu Xi devant

14. « Ren-wu yingzhao fengshi 壬午應詔封事 » (« Mémoire scellé de l'année *ren-wu* : 16 septembre 1162, en réponse à un ordre impérial »), voir *Hui'an xiansheng Zhu Wengong wenji* 晦庵先生朱文公文集, 11 (*Œuvres de Zhu Wengong, maître Hui'an*, ci-dessous *Wenji*), dans *Zhuzi quanshu*, vol. 20, p. 569-580 ; « Geng-zi yingzhao fengshi 庚子應詔封事 » (« Mémoire scellé de l'année *geng-zi* (17 mai 1180) en réponse à un ordre impérial »), *Wenji* 11, dans *Zhuzi quanshu*, vol. 20, p. 580-588.

15. Michel Foucault, 2012, p. 7.

l'empereur participent par conséquent de cette mise en lumière des réalités du pays.

En 1162, Xiaozong venait de monter sur le trône, après que Gaozong, son père adoptif, fondateur des Song du Sud, eut abdiqué en sa faveur, au terme de trente-six années de règne. L'attaque surprise des Jin en 1161, conduits par Wanyan Liang 完顏亮, prince de Hailing 海陵王 (règne 1149-1161), repoussée par les armées Song, venait de bouleverser l'équilibre des forces[16]. La renonciation de Gaozong au pouvoir impérial intervint dans ce contexte tourmenté, offrant l'espoir d'une autre politique vis-à-vis des Jürchens et d'un retournement de la situation militaire favorable aux Song. Le règne de Xiaozong, plus ouvert à l'égard de l'« Étude de la Voie » (*Daoxue*), marquait une inflexion sensible par rapport à celui de Gaozong, dont le soutien indéfectible qu'il avait manifesté envers son Grand conseiller Qin Hui avait instauré un véritable climat de terreur dans le pays et provoqué l'interdiction des écoles philosophiques des Song du Nord incarnées notamment par les frères Cheng[17].

Telle était la portée du *Mémoire scellé de 1162*, le premier des trois mémoires adressés par Zhu Xi à Xiaozong, qui fut suivi, un an plus tard, par une audience devant l'empereur à la capitale, première rencontre entre Zhu Xi et le nouveau souverain[18]. Zhu Xi y plaidait pour une intervention militaire contre les Jürchens, excluant toute forme de cohabitation pacifique avec les « barbares ». Deux États antagonistes « ne pouvant porter le même ciel au-dessus d'eux », il convenait

16. He Zhongli, Xu Jijun, 1999, p. 179-198.

17. He Zhongli, Xu Jijun, 1999, p. 144-155. Biographie de Qin Hui 秦檜 (1090-1155) dans *Songshi* 473, « Jianchen 奸臣, 3 », vol. 39, p. 13747-13765.

18. « Gui-wei Chuigong zouzha 癸未垂拱奏劄 » (« Communication en trois parties, prononcée devant Xiaozong salle Chuigong, l'année *gui-wei*, 16e jour du 11e mois de la 1ère année Longxing : 3 décembre 1163 »), *Wenji* 13, *Zhuzi quanshu*, vol. 20, p. 631-637.

de « perfectionner les affaires politiques et de faire pièce aux barbares[19] ». L'empereur Xiaozong confia les pleins pouvoirs militaires à Zhang Jun, un ancien Grand conseiller écarté vingt ans plus tôt par Gaozong qui l'avait finalement rappelé en 1161 lors de l'attaque menée par Wanyan Liang[20]. Zhu Xi plaça ses espoirs dans l'action déployée par Zhang Jun, partisan résolu de la reconquête, mais l'offensive de 1163 contre les Jürchens se solda par une sévère défaite. La faction belliciste fut finalement écartée par Xiaozong ; Zhang Jun, qui était le père de Zhang Shi, l'ami de Zhu Xi, fut renvoyé au Hunan où il mourut l'année suivante. Un nouvel accord signé en 1164, connu sous le nom de Traité de paix de l'ère Longxing, entérinait le nouvel équilibre des forces[21]. Les Song continuèrent à verser un tribut en argent et en soieries à l'État jürchen, mais se virent élevés au rang de « neveux » des Jin, moins humiliant que le qualificatif précédent de « vassaux ». L'accord maintenait l'envoi de délégations régulières de part et d'autre à l'occasion des anniversaires impériaux et des célébrations du Nouvel An[22].

Désavoué, Zhu Xi déclina pendant près de vingt ans toute responsabilité officielle au sein de l'administration. Les

19. Ces deux expressions correspondent aux formules 不共戴天 et 脩政事、攘夷狄, cette dernière abrégée en 脩政攘夷, voir Huang Gan, « [...] Zhu xiansheng xingzhuang » (« Biographie posthume de maître Zhu »), dans *Zhuzi quanshu*, vol. 27, p. 535.

20. Biographie de Zhang Jun 張浚 (1096-1164), père de Zhang Shi 張栻 (1133-1180), dans *Songshi* 361, vol. 32, p. 11297-11314 ; la biographie posthume de Zhang Jun par Zhu Xi, unique par sa longueur, constitue un document historique exceptionnel : « [...] Zhang gong xingzhuang [...] 張公行狀 » (« Biographie posthume du sieur Zhang »), *Wenji* 95, dans *Zhuzi quanshu*, vol. 25, p. 4350-4444. Sur le retour de Zhang Jun aux affaires dans les dernières années du règne de Gaozong, voir *Zhuzi yulei* 127 et 131, dans *Zhuzi quanshu,* vol. 18, p. 3988, 4102-4103.

21. He Zhongli, Xu Jijun, 1999, p. 199-210.

22. Hans Bielenstein, 2005, p. 617-671. Dans le chapitre consacré aux « barbares, 7 » des *Propos classés*, Zhu Xi insiste sur le coût de ces échanges diplomatiques : *Zhuzi yulei* 133, dans *Zhuzi quanshu*, vol. 18, p. 4167.

fonctionnaires bénéficiaient sous les Song d'une indéniable latitude leur permettant d'accepter ou de refuser un poste, selon une alternative définie par l'expression « sortir ou demeurer » attribuée à Confucius, autrement dit, se mettre ou non au service du gouvernement. Dans le dernier cas, la solution la plus simple consistait à « rester chez soi[23] ». Le chapitre 7 du *Jinsilu* offre, en trente-neuf citations extraites des œuvres des frères Cheng et de Zhang Zai, une illustration édifiante de cette casuistique appliquée au libre-arbitre en matière politique[24]. La distance maintenue par les personnalités les plus engagées à l'égard des fonctions officielles traduisait une critique implicite du régime, de sorte que les réticences de certains lettrés de valeur à se mettre au service du gouvernement ne laissait pas de piquer l'orgueil d'un État qui se voulait digne de l'image idéalisée des saints rois de l'Antiquité. Les refus répétés de Zhu Xi semblent avoir constitué un cas extrême, mais toléré, dans le cadre du jeu politique sous les Song[25]. En 1173, Xiaozong alla jusqu'à faire l'éloge de l'intégrité de Zhu Xi et de son mépris des richesses, le gratifiant d'une formule flatteuse en huit caractères : « Serein dans la pauvreté, fidèle à la Voie ; d'une intégrité et d'une modestie dignes d'éloges[26]. » Zhu Xi était dans la position délicate de celui qui « rechigne à se

---

23. Sur la notion de « *chuchu* 出處 », voir « Xici, shang 繫辭, 上 » : 子曰 : 君子之道, 或出或處, 或默或語 : « Le Maître dit : la voie de l'homme de bien consiste soit à sortir, soit à rester chez soi, soit se taire, soit s'exprimer », *Zhouyi benyi* 周易本義, dans *Zhuzi quanshu*, vol. 1, p. 128.

24. *Jinsilu* 近思錄, dans *Zhuzi quanshu*, vol. 13, p. 233-240 ; traduction Wing-tsit Chan, éd. 1967, « Serving or not serving in government », p. 183-201.

25. Les chapitres 22 et 23 du *Wenji* conservent la correspondance de Zhu Xi dans laquelle il justifie ses refus de postes, voir *Zhuzi quanshu*, vol. 21, p. 970-1070.

26. *Anpin shoudao liantui kejia* 安貧守道廉退可嘉 : Huang Gan, « […] Zhu xiansheng xingzhuang », dans *Zhuzi quanzhu*, vol. 27, p. 537 ; *Songshi* 429, p. 12753, qui ajoute le prénom Xi.

mettre en avant » et « prend aisément ses distances » vis-à-vis du pouvoir[27].

En 1179, cédant aux injonctions émanant de la cour et aux exhortations de ses amis Lü Zuqian 呂祖謙 (1137-1181) et Zhang Shi 張栻, Zhu Xi accepta le poste de préfet de Nankang, dans la province du Jiangxi. L'année suivante, après les cataclysmes naturels qui avaient frappé plusieurs régions, il adressa à Xiaozong un second « mémoire scellé », encourageant l'empereur à faire acte de contrition. Les sphères autorisées étaient une fois de plus conviées à s'exprimer par écrit, en « ne celant rien » sur l'état réel du pays afin de rétablir l'harmonie de l'Empire. Dans ce second mémoire scellé de sa carrière, adressé cette fois depuis la province du Jiangxi, Zhu Xi plaida en faveur de la compassion envers la population (« Il n'est pas de plus grande tâche dans l'Empire que de secourir le peuple »), tout en dressant un constat accablant des difficultés s'abattant sur les habitants de sa circonscription[28]. Administrer des régions frappées par des calamités naturelles et placées sous la coupe d'autorités corrompues imposait des réponses concrètes, exigeant une pensée tournée vers les réalités immédiates. Zhu Xi organisa les secours et fit venir des céréales d'autres provinces, tout en recommandant la création de greniers communautaires afin de prévenir les famines comme il l'avait fait dans sa propre région, réservant les discussions philosophiques à quelques interlocuteurs privilégiés[29].

27. *Nanjin yitui* 難進易退, dans Huang Gan, « [...] Zhu xiansheng xingzhuang », dans *Zhuzi quanzhu*, vol. 27, p. 546, 559.

28. « Geng-zi yingzhao fengshi » (« Mémoire scellé de l'année *geng-zi* : 17 mai 1180, en réponse à un ordre impérial »), *Wenji* 11, dans *Zhuzi quanshu*, vol. 20, p. 580-588.

29. Richard von Glahn, « Community and welfare: Chu Hsi's community granary in theory and practice », dans Robert P. Hymes, Conrad Schirokauer, 1993, p. 221-254.

En 1181, en route pour un nouveau poste au Zhejiang (le troisième de sa carrière), Zhu Xi fut convoqué en audience devant l'empereur pour la deuxième fois depuis dix-huit ans. Le 2 janvier 1182, il donna lecture d'une longue communication articulée en sept parties, dressant le bilan de ses fonctions précédentes au Jiangxi, proposant diverses mesures destinées à secourir une population frappée par une fiscalité prédatrice[30]. En conclusion, il rappela qu'une inscription impériale avait été promise pour orner le linteau du portail de l'Académie de la grotte du cerf blanc, située au pied du massif du Lushan, dont il avait assuré la reconstruction en 1179 et où il enseignait à la faveur des périodes de repos administratif. Il observa que les temples bouddhiques et taoïstes où se diffusaient « les pensées hétérodoxes » abondaient dans la région, tandis que les préfectures et sous-préfectures ne disposaient souvent même pas d'une simple école[31]. Au Zhejiang, il fut confronté à des famines et à une ténébreuse affaire de corruption et de fausse monnaie mettant en cause le préfet de Taizhou, parent par alliance du Grand conseiller Wang Huai[32]. Zhu Xi batailla afin d'acheminer des grains depuis les régions productrices vers les zones sinistrées, victimes de surcroît de la spéculation. Son action comporte à cet égard une véritable dimension sociale, valorisant une bonne gouvernance, conformément à une éthique confucéenne populiste, assimilée souvent trop rapidement à une forme de paternalisme.

À l'issue de cette mission, Zhu Xi renonça à donner suite à de nouvelles propositions de poste et passa cinq ans à bénéficier d'« émoluments de temple ». L'« Étude de la Voie » fut une

30. « Xin-chou Yanhe zouzha, yi-qi 辛丑延和奏劄, 一-七 » (« Communication orale de l'année *xin-chou* : 2 janvier 1182, salle Yanhe, 1-7 »), *Wenji* 13, dans *Zhuzi quanshu*, vol. 20, p. 637-655.

31. *Ibid.*, p. 653.

32. Sur ce dossier, voir « An zhi Taizhou Tang Zhongyou, di yi-liu zhuang 按知台州唐仲友, 第一-六狀 » (« Rapports [1-6] dénonçant le préfet de Taizhou Tang Zhongyou »), *Wenji* 18, 19 dans *Zhuzi quanshu*, vol. 20, p. 825-868.

nouvelle fois qualifiée de « fallacieuse ». L'attaque résultait de la lutte opposant les Grands conseillers Wang Huai[33], ouvertement hostile au *Daoxue*, et Zhou Bida, favorable à une évolution institutionnelle. Le confucianisme engagé de Zhu Xi s'inscrivait dans le cadre de la rupture politique, aussi limitée fût-elle, entre le premier empereur des Song du Sud, Gaozong, et son fils adoptif, Xiaozong. Retiré dans une des ailes du palais pendant plus d'un quart de siècle après son abdication, Gaozong avait veillé à continuer d'exercer une forme d'influence sur celui qu'il avait choisi pour successeur. Deux favoris, Zeng Di et Long Dayuan, furent, avec l'eunuque Gan Bian, les agents de Gaozong auprès de Xiaozong[34]. Un scrupuleux sens de la piété filiale imposait à ce dernier de se montrer loyal en toutes circonstances envers son père adoptif, au prix d'un renoncement à toute ambition de réformer les institutions. La nomination de Wang Huai au poste de Grand conseiller relevait de ce dispositif visant à imposer les vues de Gaozong à son successeur. La mort de Gaozong, le 8 novembre 1187, vint modifier le rapport de forces en faveur des partisans de l'« Étude de la Voie » et leur laissa espérer que Xiaozong, libéré de son devoir filial, appliquerait enfin une politique favorable aux idées réformistes et anti-absolutistes[35].

Au début de 1188, le nom de Zhu Xi fut proposé pour occuper les fonctions d'intendant des affaires judiciaires au Jiangxi ; l'intéressé voulut d'abord refuser, mais la cour insista

33. Biographie de Wang Huai 王淮 (1127-1190) dans *Songshi* 396, vol. 34, p. 12069-12075.

34. Zeng Di 曾覿 et Long Dayuan 龍大淵 ont été chassés de la capitale en 1167, mais l'influence des favoris n'a cessé de croître. 近又去一二近習 [...], 但直道終未可行 : « On a aussi écarté récemment un ou deux favoris [...], mais la voie droite n'a toujours pas pu être appliquée », voir « Da He Shujing 答何叔京 » (« Réponse [13/33] à He Shujing [He Gao 何鎬], 1168 »), *Wenji* 40, dans *Zhuzi quanshu*, vol. 22, p. 1825.

35. Yu Yingshi, 2004, p. 686-768.

pour qu'il se rendît sur-le-champ à la capitale, Lin'an[36]. Zhu Xi déclina à nouveau l'offre, mais fut cette fois sommé d'accepter. Au troisième mois lunaire (avril 1188), il prit le chemin de la métropole du Zhejiang. Depuis la préfecture de Xinzhou 信州, située au-delà du Fujian, Zhu Xi dépêcha un émissaire chargé d'une nouvelle lettre de refus[37]. Le renvoi du Grand conseiller Wang Huai, hostile au *Daoxue*, au profit du seul Zhou Bida éclaircit toutefois l'horizon pour Zhu Xi, qui décida alors de gagner la capitale. Il y parvint dans les derniers jours du cinquième mois lunaire (fin juin 1188), deux mois après avoir quitté sa région. Reçu en audience au cœur de l'été[38], il donna lecture devant l'empereur d'une communication orale en cinq parties, dont les deux premières concernaient l'administration de la justice, conformément à son affectation présumée. Zhu Xi se montrait partisan d'une justice moins irrationnelle, insistant sur le statut social ou familial du coupable par rapport à la victime. Il y dénonçait une forme de laxisme dans l'application des peines qu'il attribuait « à l'influence émolliente de doctrines recommandant d'accomplir à tout prix des actions méritantes », visant, sans le citer, le bouddhisme. La dernière partie de cette communication abordait des questions sensibles, insistant sur la nécessité d'éloigner les favoris et d'éviter de leur confier le moindre rôle politique. Une ligne de fracture quasi irréductible opposait les proches de l'empereur, eunuques et favoris, par définition serviles et malléables, aux lettrés dont la réussite dépendait pour une part de l'audace qu'ils étaient capables de déployer dans le cadre de leurs fonctions[39]. Pressé par le

36. « Cimian Jiangxi tixing zhuang, yi 辭免江西提刑狀, 一 » (« Première lettre de refus du poste d'intendant judiciaire au Jianxi »), *Wenji* 22, dans *Zhuzi quanshu*, vol. 21, p. 1005.

37. Shu Jingnan, 2001, p. 288-289.

38. 7e jour du 6e mois lunaire (3 juillet 1188) : *ibid.*, p. 896-900.

39. Cette opposition est soulignée dans le *Zhuzi yulei* 132 et 138 (même citation), dans *Zhuzi quanshu,* vol. 18, p. 4142 et 4281. Zhang Shi, ami et allié de Zhu Xi, reprocha au ministre Yu Yunwen 虞允文 (1110-1174)

temps, et frustré de n'avoir pu exprimer de vive voix tout ce qu'il avait à dire, Zhu Xi demanda à pouvoir développer ses arguments dans un mémoire confidentiel : *Mémoire scellé de 1188,* dont il entreprit la rédaction dès son retour au Fujian et dont nous proposons ci-après la traduction[40].

L'audience de l'été 1188 marquait la troisième et la dernière rencontre entre Zhu Xi et l'empereur Xiaozong après les audiences de 1163 et du 2 janvier 1182[41]. L'extrême sincérité des propos tenus par Zhu Xi lors de sa communication orale n'avait pas échappé à l'empereur, qui le complimenta sur son travail accompli autrefois au Zhejiang, et promit de ne plus lui imposer un nouveau poste astreignant en province, le déchargeant *ipso facto* de son affectation au Jiangxi. Le lendemain, Zhu Xi était nommé directeur au ministère de la Guerre[42].

Très affecté par la mort de Gaozong, son père adoptif, survenue quelques mois plus tôt, l'empereur Xiaozong souhaitait à son tour abandonner le pouvoir, tout en veillant à la veille de sa renonciation à nommer à la capitale un groupe de fonctionnaires liés au *Daoxue* afin de favoriser la mise en œuvre de réformes[43]. Mais l'aura que Zhu Xi avait acquise dans le champ politique et intellectuel et son franc-parler lui valurent une attaque du

---

d'avoir permis la montée au pouvoir des favoris de l'empereur : *Songshi* 429, vol. 36, p. 42773.

40. « Wu-shen Yanhe zouzha, yi-wu 戊申延和奏劄，一-五 » (« Communication orale de l'année *wu-shen* : 1188, salle Yanhe, 1-5 »), *Wenji* 14, dans *Zhuzi quanshu*, vol. 20, p. 656-665.

41. « Gui-wei Chuigong zouzha, yi-san 癸未垂拱奏劄一-三 » (« Communication orale de l'année *gui-wei* : 1163, salle Chuigong, 1-3 ») ; « Xin-chou Yanhe zouzha, yi-qi » (« Communication orale de l'année *xin-chou* : 2 janvier 1182, salle Yanhe, 1-7 ») : *Wenji* 13, dans *Zhuzi quanshu*, vol. 20, p. 631-637 et 637-654.

42. Shu Jingnan, 2001, p. 900. Shu Jingnan, 1992, p. 643, voit dans cette nomination peu en accord avec les compétences de Zhu Xi une forme de disgrâce imposée par Xiaozong par rapport à son poste au Jiangxi.

43. Yu Yingshi, 2004, p. 576-622. D'autres auteurs portent une appréciation totalement différente sur Xiaozong, le considérant comme hostile au *Daoxue* et à Zhu Xi, voir Shu Jingnan, 1992, p. 629-656.

vice-président du ministère de la Guerre, Lin Li[44], lui aussi hostile à l'« Étude de la Voie » (*Daoxue*) et jaloux de celui qui en était le principal représentant. Lin Li vint alors lui chercher querelle à propos du *Livre des Mutations* et de l'« Inscription de l'Ouest » de Zhang Zai, texte bref mais fondamental selon les frères Cheng et Zhu Xi[45]. Fâché par la tournure du débat, Lin Li fit à dessein porter à Zhu Xi les sceaux afférents à ses nouvelles attributions, avant de l'accuser, à la suite de son refus de prendre ses fonctions, de déserter son poste et de manquer de respect envers l'empereur[46]. Cette nouvelle salve contre l'« Étude de la Voie » et son plus célèbre porte-parole fut une fois de plus la conséquence de la lutte engagée par la faction dure de l'appareil administratif, restée fidèle à Wang Huai malgré sa disgrâce. L'empereur suggéra d'affecter Zhu Xi à un autre ministère, mais le Grand conseiller Zhou Bida proposa de le nommer au poste initialement prévu d'intendant des affaires judiciaires au Jiangxi. Zhu Xi dut prendre le chemin du départ, non sans adresser une nouvelle lettre de refus dans laquelle il sollicitait un poste de temple, arguant qu'il n'était pas compatible d'incarner les « oreilles et les yeux » de l'empereur dans les régions tout en faisant l'objet de critiques aussi dirimantes[47]. À la capitale, seul le grand érudit de la Cour des sacrifices Ye Shi prit sa défense[48]. Le 26e jour du 7e mois (20 août 1188), Zhu

44. Biographie de Lin Li 林栗 (Lin Huangzhong 林黃中) dans *Songshi* 394, vol. 34, p. 12026-12032.

45. *Ximing jie* 西銘解 (*Explications sur l'« Inscription de l'Ouest »*) dans *Zhuzi quanshu*, vol. 13, p. 139-150 ; traduction Anne Cheng, 1997, p. 431-432. Voir « Ji Lin Huangzhong bian Yi Ximing 記林黃中辨易西銘 » (« Notes sur la discussion avec Lin Huangzhong à propos des *Mutations* et de l'"Inscription de l'Ouest", 1188 »), *Wenji* 71, dans *Zhuzi quanshu*, vol. 24, p. 3406-3410.

46. « Cimian Jiangxi tixing zhuang, er 辭免江西提刑狀, 二 », (« Seconde lettre de refus du poste d'intendant judiciaire au Jiangxi »), *Wenji* 22, dans *Zhuzi quanshu*, vol. 21, p. 1007-1008.

47. « Cimian Jiangxi tixing zhuang, san 辭免江西提刑狀, 三 », (« Troisième lettre de refus du poste d'intendant judiciaire au Jiangxi »), *Wenji* 22, dans *Zhuzi quanshu,* vol. 21, p. 1009-1010.

48. Shu Jingnan, 2001, p. 905.

Xi obtint finalement une sinécure, assortie d'une affectation symbolique au Pavillon des belles-lettres et de l'octroi du titre honorifique de gentilhomme du service de la cour[49].

De retour au Fujian, il reçut au 26e jour du neuvième mois (18 octobre 1188) une nouvelle convocation à la capitale, à laquelle il refusa derechef de se plier[50]. Malgré la mise à l'écart de Lin Li, survenue le lendemain, et dont il ne pouvait avoir connaissance, Zhu Xi redoutait l'hostilité qui s'était cristallisée sur sa personne. À Lin'an, les partisans de l'« Étude de la Voie » livraient bataille pour favoriser la promotion de gens de leur camp favorables à des réformes[51]. La cour pressa à nouveau Zhu Xi pour qu'il revienne à la capitale, mais celui-ci y renonça avec détermination, par crainte d'être l'otage des luttes de factions. Il préféra transmettre au palais, par l'intermédiaire d'un envoyé dépêché par ses soins, le texte du *Mémoire scellé de 1188,* placé dans la même sacoche que la lettre dans laquelle il déclinait une fois de plus la convocation de la cour[52]. Le texte du mémoire porte la date du premier jour du onzième mois lunaire (20 novembre 1188) ; les lettres de Zhu Xi à son gendre montrent que la rédaction et la mise au propre du manuscrit nécessitèrent encore quelques jours[53]. Envoyé le 7e jour du 11e mois (26 novembre), le texte parvint moins de dix jours plus tard à l'empereur[54].

49. *Ibid.*, p. 913.

50. « Cimian zhaoming zhuang 辭免召命狀 » (« Lettre de refus à une convocation »), *Wenji* 22, dans *Zhuzi quanshu*, vol. 21, p. 1013.

51. Shu Jingnan, 2001, p. 919 ; Yu Yingshi, 2004, p. 576-622.

52. « Shen dengwen jianyuan zhuang 申登聞檢院狀 », *Wenji* 22, dans *Zhuzi quanshu*, vol. 21, p. 1016.

53. Lettres 20 et 23 à Huang Zhiqing 黃直卿 (Huang Gan 黃榦), *Xuji* (*Suite des Œuvres*), 1, dans *Zhuzi quanshu*, vol. 25 p. 4649-4651 ; commentaire et notice dans Chen Lai, 1989, p. 279-280.

54. Shu Jingnan date l'envoi du mémoire du 7e jour du 11e mois (26 novembre 1188) et sa remise à l'empereur au 16e jour du 11e mois (5 décembre 1188) : Shu Jingnan, 1992, p. 722, 730-731.

Ces chassés-croisés entre les nominations de Zhu Xi, assorties de convocations à la capitale, et ses refus successifs, l'intéressé alléguant tour à tour son grand âge, des problèmes de santé et le désir de ne pas prêter le flanc à la critique, sont à l'arrière-plan de la rédaction du *Mémoire scellé de 1188*, contribution majeure à la compréhension de la vie politique sous les Song du Sud. Long de quelque douze mille caractères en chinois, le *Mémoire scellé de 1188* offre également, selon le principal biographe du maître du Fujian, « une clé fondamentale pour appréhender la pensée de Zhu Xi ». C'est aussi un tableau éclairant du climat intellectuel sous les Song du Sud[55]. Composé dans une langue sobre et élégante, caractéristique du grand style des Song, le texte, malgré son classicisme, ne renonçait pas à l'emploi des allusions historiques et littéraires de rigueur dans ce type de discours. C'est aussi le plus long des mémoires soumis au trône par Zhu Xi.

Exégète, Zhu Xi le demeure jusque dans la présentation formelle du texte, qui inclut, en incises, de longues remarques calligraphiées, imprimées ici dans une typographie en corps réduit. Le mémoire comportait pour ainsi dire son propre commentaire explicatif. La plus importante de ces notes porte sur un passage du *Livre des Documents* : « Cœur humain est péril, Cœur du *Dao* est subtil. Sois concentré ! Sois Un ! Scrupuleusement, tiens le [Juste] milieu[56]. » Cette citation décli-

55. *Ibid.*, p. 711.

56. *Renxin wei wei, daoxin wei wei, wei jing wei yi, yun zhi jue zhong* 人心惟危, 道心惟微, 惟精惟一, 允執厥中. Voir Anne Cheng, 1997, p. 481-483 ; Chen Lai, 2000, p. 199-201. La quatrième et dernière phrase (允執厥中) est attribuée à Yao qui la confie à Shun, elle est citée aussi (avec une variante pour un des quatre caractères) dans le dernier chapitre du *Lunyu*, XX, 1 : 允執其中, soit « D'une main ferme, conduis-la par le Juste Milieu » (traduction Anne Cheng, éd. 1998, p. 151). Dans sa « Préface au *Zhongyong* » (1189), Zhu Xi précise que les trois premières propositions sont un développement dû à Shun qui vient s'ajouter à la dernière phrase attribuée à Yao, voir « Zhongyong zhangju xu 中庸章句序 » (« Préface à *L'Invariable Milieu* par paragraphes

née en quatre propositions réparties en seize caractères, que Zhu Xi associe à un passage des *Entretiens de Confucius,* lui permet de s'interroger sur les notions de « cœur humain », en proie aux désirs égoïstes, et de « cœur du *Dao* », propre au sage, tourné vers l'intérêt général, conformément au « principe céleste ». Elle a été transmise par l'empereur Shun à son successeur Yu. Les seize caractères du *Livre des Documents* sont régulièrement repris par Zhu Xi dans divers autres textes, au point de devenir une formule emblématique du néoconfucianisme. Le long passage du *Mémoire scellé de 1188* explicitant cette citation est reproduit tel quel dans la préface du *Zhongyong,* rédigée par Zhu Xi l'année suivante[57]. Le *Mémoire scellé de 1188* offre à cet égard une véritable leçon de néoconfucianisme en entrecroisant éthique et réflexion politique et philosophique. Loin des spéculations abstraites ou d'une méditation visant à atteindre le salut individuel, la pensée de Zhu Xi répond ici à une finalité pragmatique, destinée à contribuer à un meilleur gouvernement, en exhortant l'empereur à se conformer à des préceptes moraux, en contrôlant ses désirs et en renonçant pour une part à certaines prérogatives régaliennes, autrement dit en récusant l'absolutisme, exprimé par l'expression « trancher seul[58] ». Le « cœur humain » mis en péril par les « désirs humains » peut être corrigé, conformément à la « maîtrise de soi » préconisée par Confucius et aux idées contenues dans les écrits de Zhou Dunyi 周敦頤 (1017-1073), de Zhang Zai 張載 (1020-1077), de Shao Yong 邵雍 (1012-1077) et des frères Cheng – Cheng Hao 程顥 (1032-1085) et Cheng Yi 程

et par phrases, 1189 »), dans *Zhuzi quanshu*, vol. 6, p. 29, et *Sishu zhangju jizhu*, éd. 2005, p. 14.

57. « Zhongyong zhangju xu » (« Préface à *L'Invariable Milieu* par paragraphes et par phrases, 1189 »), *Wenji* 76, dans *Zhuzi quanzhu*, vol. 24, p. 3673-3675 et vol. 6, p. 29-31.

58. « Trancher seul » (*duduan* 獨斷), c'est le grief qu'exprimera Zhu Xi devant l'empereur Ningzong en 1194 et qui n'est vraisemblablement pas étranger à son éviction de la cour.

頤 (1033-1107) – dont Zhu Xi recommande expressément la lecture au souverain.

Premier des trois placets adressés à Xiaozong, le *Mémoire scellé de 1162* portait encore l'empreinte de Li Tong 李侗 (1093-1063), le maître de Zhu Xi. Le *Mémoire scellé de 1188* marque au contraire l'œuvre d'un homme au sommet de son cheminement intellectuel. S'il ne préconise plus une intervention militaire contre les Jin, contrairement à ce qu'il conseillait dans le mémoire de 1162, c'est qu'il juge désormais la situation militaire trop périlleuse pour céder à toute tentation aventuriste, à l'inverse d'un Chen Liang 陳亮 (1143-1194) qui avait soumis quelques mois plus tôt au trône une adresse poussant à la reconquête[59].

La description faite par Zhu Xi de la situation de l'Empire évoque un diagnostic médical. Face à des pathologies multiples, il convient d'administrer un « remède qui étourdit », autrement dit une thérapie de cheval, selon une formule empruntée au *Livre des Documents* et à Mencius. Zhu Xi se place en sage qui prodigue des conseils au souverain, sur le modèle de Confucius, de Mencius ou de Zhuge Liang, ministre sous les Trois Royaumes, autre époque de partition du pays, alignant un ensemble de propositions réformistes visant à améliorer le gouvernement du pays[60]. Face à un Xiaozong adepte du bouddhisme et du taoïsme, Zhu Xi ne craint pas de prêcher contre ces deux doctrines dont il dénonce la vacuité et qu'il rejette au même titre que les courants utilitaristes jugés inefficaces pour redresser le pays. Zhu Xi reproche notamment au bouddhisme et au taoïsme d'avoir une vision « vide » de la « nature », faisant remarquer à l'empereur : « Les doctrines

59. Shu Jingnan, 2001, p. 893-894.

60. Zhu Xi semble avoir voué un attachement particulier à la figure de Zhuge Liang 諸葛亮 (181-234), au point d'avoir contribué à l'installation, sur ses propres deniers, d'une peinture le représentant dans un sanctuaire du mont Lushan 廬山 : voir « Wolong an ji 臥龍庵記 » (« Notes sur le sanctuaire du Dragon couché »), *Wenji* 79, dans *Zhuzi quanshu,* vol. 24, p. 3757-3758.

de Laozi et de Bouddha remettent assurément en question les saints et les sages confucéens, mais là où ces derniers tiennent la nature et le destin pour la réalité, ceux-là les considèrent comme creux et comme pure vacuité[61]. »

La biographie posthume de Zhu Xi, rédigée par son gendre, précise que Xiaozong était déjà couché lorsque le *Mémoire scellé de 1198* lui fut soumis. Se relevant en hâte, il le lut d'une traite, à la lueur de la bougie. Dès le lendemain, Zhu Xi était promu à un nouveau poste qu'il ne manqua pas, une fois de plus, de refuser[62].

Gagné par une sorte de renoncement mélancolique, Xiaozong qui, depuis la mort de Gaozong, avait, contre l'avis de ses conseillers, décidé d'entamer un deuil de trois ans, abdiqua trois mois plus tard (18 février 1189) en faveur de son fils Zhao Dun, futur Guangzong[63]. L'« Étude de la Voie » vivait ses dernières heures de bienveillance impériale. En encourageant l'empereur à parfaire l'éducation morale du prince héritier, le *Mémoire scellé de 1188* visait indirectement à convaincre Xiaozong de renoncer à vouloir céder trop promptement le pouvoir.

---

61. « Wu-shen fengshi », *Wenji* 11, dans *Zhuzi quanshu*, vol. 20, p. 611. Ailleurs, Zhu Xi reprend les mêmes arguments dans une lettre : 蓋如吾儒之言,則性之本體便只是仁義理智之實。如老佛之言,則先有箇虛空底性,後方旋生此四者出來;不然亦說性是一箇虛空底物,裏面包得四者 : « Car, comme nous autres confucéens le disons, la nature dans sa substance originaire inclut simplement dans leur réalité la Vertu d'humanité, la Justice, les Rites et la Sagesse ; pour les taoïstes et les bouddhistes, on trouve d'abord une nature vide, d'où émergent ensuite seulement ces quatre points, à moins qu'ils ne disent aussi que la nature est une chose vide et creuse englobant ces quatre points », voir « Da Lin Dejiu 答林德久 [林至] » (« Réponse [3/11] à Lin Dejiu [Lin Zhi] »), dans *Wenji* 61, *Zhuzi quanshu*, vol. 23, p. 2935, cité dans Liu Shuxian, *Zhuzi zhexue sixiang de fazhan yu wancheng*, 1982, p. 331-332.

62. Huang Gan, « [...] Zhu xiansheng xingzhuang », dans *Zhuzi quanzhu*, vol. 27, p. 550.

63. Shu Jingnan, 2001, p. 954.

Les deux mémoires scellés qui lui font suite, en 1189 et 1194, rédigés au début et à la fin du règne de Guangzong, ne seront pas communiqués au nouvel empereur. Dans le premier, Zhu Xi formule dix propositions pour redresser le pays, tout en encourageant Guangzong à poursuivre l'œuvre de son père[64] ; dans le second, il exhorte le monarque, gagné par la folie, à accomplir ses devoirs filiaux[65].

L'année 1194 fut marquée par une nouvelle alternance impériale particulièrement dramatique. Guangzong, en proie à une forme aiguë de paranoïa, refusa obstinément de participer aux funérailles de Xiaozong, son père, et fut contraint par surprise, après cinq ans de règne, d'abdiquer en faveur de son propre fils Zhao Kuo, futur Ningzong. Le Grand conseiller Zhao Ruyu et Han Tuozhou, parent de l'impératrice, alliés pour la circonstance, furent les instigateurs de cette révolution de palais[66].

L'année suivante Han Tuozhou provoqua la disgrâce de Zhao Ruyu, protecteur et allié de Zhu Xi. Avant sa chute, Zhao Ruyu avait su convaincre Zhu Xi d'accepter, pour la première fois de sa carrière, un poste à la cour, au titre de lecteur attaché au service de l'empereur. Zhu Xi, alors âgé de soixante-quatre ans, commenta pour le jeune Ningzong le texte de *La Grande Étude*, engageant l'empereur, âgé de vingt-sept ans, dans un

64. « Ji-you ni shang fengshi 己酉擬上封事 » (« Projet de mémoire scellé de l'année *ji-you* : 1189 »), *Wenji* 12, dans *Zhuzi quanshu*, vol. 20, p. 617-626. Le dixième point, concernant la lutte contre les barbares, évoqué dans la biographie de Zhu Xi par Huang Gan, ne figure pas dans le texte.

65. « Jia-yin ni shang fengshi 甲寅擬上封事 » (« Projet de mémoire scellé de l'année *jia-yin* : 1194 »), *Wenji* 12, *Zhuzi quanshu*, vol. 20, p. 626-630. La folie de Guangzong et sa rupture avec son père furent attisées par sa femme, l'impératrice Li, et le meurtre d'une favorite de Guangzong, voir Yu Yingshi, 2004, p. 778.

66. Biographie de Zhao Ruyu 趙汝愚 (1140-1196) dans *Songshi* 392, vol. 34, p. 11981-11993 ; biographie de Han Tuozhou 韓侂胄 (mort en 1207), dans *Songshi* 474, « Jianchen, 3 », vol. 39, p. 13771-13778.

véritable programme d'apprentissage confucéen[67]. Mais ses remarques livrées en aparté à l'empereur, l'exhortant à ne pas céder à la tentation absolutiste, furent peu appréciées par le jeune empereur, qui libéra Zhu Xi de sa charge, « eu égard à son grand âge », quarante-six jours seulement après sa prise de fonction[68].

Un an après son renvoi brutal, qui avait mis la cour en émoi, Zhu Xi décida finalement de brûler un ultime mémoire scellé, long de dix mille caractères dans lequel il plaidait la cause de Zhao Ruyu[69]. Deux hexagrammes obtenus par divination l'avaient persuadé de se rallier aux conseils de prudence prodigués par son entourage. L'hexagramme *Dun* (retraite, recul) et le commentaire afférent dans *Le Livre des Mutations* inspirèrent à Zhu Xi le surnom de *Dunweng* 遯翁, « Vieillard de l'esquive », aux connotations taoïsantes, qu'il adopta pour marquer sa prise de distance avec les affaires publiques[70]. Ces précautions s'expliquent par la répression orchestrée par Han Tuozhou qui s'était abattue sur l'« Étude de la Voie » dès la deuxième année de l'ère Qingyuan 慶元 (1196), provoquant la mort de Zhao Ruyu sur le chemin de son lieu de relégation. Zhao Ruyu entraîna dans sa chute les partisans de l'« Étude de la Voie » qu'il avait promus, mais aussi d'anciens Grands conseillers qui, comme le prudent Zhou Bida, avaient fait

---

67. « Jia-yin xinggong biandian zouzha, er 甲寅行宮便殿奏劄, 二 » (« Communication orale de l'année *jia-yin* : 1194, au palais de déplacement, 2 »), *Wenji* 14, dans *Zhuzi quanshu*, p. 668-670 ; « Jingyan jiangyi 經筵講義 » (« Leçons sur *La Grande Étude* »), *Wenji* 15, dans *Zhuzi quanshu*, vol. 20, p. 691-713.

68. « Jingyan liushen mianchen sishi zhazi 經筵留身面陳四事劄子 » (« Communication orale en quatre points livrée en aparté à l'empereur lors de la leçon sur les Classiques, 1194 »), *Wenji* 14, *Zhuzi quanshu*, vol. 20, p. 678-684.

69. « Yi-mao ni shang fengshi 乙卯擬上封事 » (« Projet de mémoire scellé de l'année *yi-mao* : 1195 ») ; seul le titre du mémoire, en l'absence de tout autre contenu, figure dans les *Œuvres* de Zhu Xi, *Wenji* 12, *Zhuzi quanshu*, vol. 20 p. 630.

70. Shu Jingnan, 2001, p. 1218-1219. Sur le retour de Zhu Xi à la fin de sa vie vers une forme de taoïsme, voir Shu Jingnan, 1992, p. 993-1008.

du confucianisme réformiste un instrument de rénovation politique. Zhu Xi, dénoncé dans un texte calomnieux d'une extrême virulence, fut démis de ses fonctions et ses livres condamnés à la destruction. Une liste noire portant les noms de cinquante-neuf « partisans séditieux », incluant celui du maître du Fujian, fut promulguée au début de 1198[71]. Même les classiques confucéens furent un moment proscrits durant cette tourmente politique que l'on a parfois comparée à une « Révolution culturelle de type féodal[72] ».

Malgré ce climat inquisitorial et la défection de la plupart de ses partisans, Zhu Xi resta libre de poursuivre son enseignement au Fujian, dans le massif verdoyant des monts Wuyi (武夷山), baigné par une rivière, célèbre pour ses méandres, coulant paisiblement au pied de vertigineuses parois calcaires parmi des plantations de thé. Certains disciples poussèrent le reniement jusqu'à adopter le comportement des sybarites, abandonnant la coiffe et la robe à longues manches des néo-confucéens, fréquentant les quartiers de plaisirs, comme pour rompre ostensiblement avec le mode de vie austère et le style quelque peu compassé de ce qui passait alors pour une secte pernicieuse[73].

Zhu Xi mourut au printemps 1200, entouré de ses derniers partisans, toujours frappé par la condamnation officielle. Sa réhabilitation intervint deux ans après sa mort, dès la deuxième année de l'ère Jiatai 嘉泰 (1202), sous Ningzong. Han Tuozhou, devenu Grand conseiller, fut contraint de restaurer la cohésion parmi l'ensemble des factions politiques, dans le dessein d'engager une campagne militaire contre les Jürchens, levant la

71. Sur l'inquisition de l'ère Qingyuan et les accusations portées contre Zhu Xi, voir Shu Jingnan, 1992, p. 938-978 et Shu Jingnan, 2001, p. 1314-1317.

72. *Fengjian de wenhua dageming* 封建的文化大革命, voir Shu Jingnan, 1992, p. 963.

73. Huang Gan, « […] Zhu xiansheng xingzhuang », dans *Zhuzi quanzhu*, vol. 27 p. 558.

condamnation qui frappait l'« Étude de la Voie », allant jusqu'à réhabiliter à titre posthume Zhao Ruyu dont il avait provoqué la perte[74]. Lancée en 1206, la campagne contre les Jin se solda par une défaite. En 1208, la tête de Han Tuozhou, réclamée par les Jürchens comme préalable à tout nouvel accord de paix, leur fut cérémonieusement livrée dans un coffret[75]. L'année suivante, le titre de duc fut octroyé à Zhu Xi à titre posthume, ouvrant la voie à huit siècles de confucianisme rénové selon l'interprétation du maître du Fujian [76].

Le Mémoire scellé de 1188 marque la troisième et dernière tentative de Zhu Xi pour persuader l'empereur Xiaozong d'entreprendre des réformes politiques. Zhu Xi aspira sa vie durant à « rencontrer » un souverain sensible à ses arguments, comme Wang Anshi, un siècle plus tôt, était parvenu à mettre en œuvre ses réformes grâce à la protection de Shenzong[77]. Le biographe et gendre de Zhu Xi souligne que les trois « mémoires scellés » adressés à l'empereur Xiaozong contredisent ceux qui affirmeraient qu'aucune « rencontre » avec un souverain attentif et à l'écoute n'avait eu lieu, tout en précisant que l'atmosphère politique rendait impossible pour Zhu Xi tout séjour prolongé à la cour[78]. Confucéen authentique, Zhu Xi reste persuadé que la conversion de l'empereur à une bonne politique suffira à

---

74. He Zhongli, Xu Jijun, 1999, p. 248-250.

75. *Songshi* 474, vol. 34, p. 13777.

76. Huang Gan, « [...] Zhu xiansheng xingzhuang », dans *Zhuzi quanshu*, vol. 27, p. 13.

77. Zhu Xi souligne « l'intelligence exceptionnelle » de Shenzong 神宗 qui sut faire appel à Wang Anshi, *Zhuzi yulei* 130, dans *Zhuzi quanshu*, vol. 18 p. 4033.

78. Sur la notion de « non-rencontre » (*buyu* 不遇) avec un souverain à l'écoute, voir Huang Gan, « [...] xingzhuang », dans *Zhuzi quanshu*, vol. 27, p. 551. Sur la « rencontre » entre Wang Anshi et Shenzong, comparée à « une occasion ne se présentant qu'une fois tous les mille ans », voir *Zhuzi yulei* 130, dans *Zhuzi quanshu,* vol. 18, p. 4034. Le jugement de Zhu Xi sur Wang Anshi souligne les qualités morales et la pureté de du dessein de celui-ci, dévoyé par le choix de mauvais partisans, *Songshi* 327, vol. 30, p. 10553.

remettre le pays sur la bonne voie, conformément à un credo mille fois répété depuis *La Grande Étude* et le *Mengzi* [79].

Le Mémoire scellé de 1188 constitue à cet égard le texte le plus virulent et le plus engagé adressé au trône par Zhu Xi. Délaissant les points de détails techniques, présents dans ses textes antérieurs, il dresse un terrible réquisitoire contre l'incurie et la corruption de son temps, faisant preuve de ce franc-parler ou « courage de la vérité », analysé par Michel Foucault dans ses derniers cours au Collège de France, consacrés à la notion de *parrêsia* chez les anciens Grecs. À propos de cette notion, Foucault note : « La *parrêsia* est donc, en deux mots, le courage de la vérité chez celui qui parle et prend le risque de dire, en dépit de tout, toute la vérité qu'il pense, mais c'est aussi le courage de l'interlocuteur qui accepte de recevoir la vérité blessante qu'il entend[80]. » Une liberté de ton comme celle déployée par Zhu Xi deviendra beaucoup plus difficile sous les dynasties suivantes, marquées par la toute puissance de l'absolutisme impérial, ce qui n'empêcha pas des ministres d'adresser, parfois au péril de leur vie, leurs remontrances au trône. Ainsi, même formulée en termes sibyllins, la moindre remarque dirigée contre la légitimité des conquérants mandchous durant la dynastie Qing (1644-1911), six siècles après Zhu Xi, pouvait valoir à son auteur et à ses proches condamnation à mort, asservissement ou bannissement[81]. L'époque Song constitue à cet égard une sorte d'exception, aucun serviteur de l'État ne risquait sa vie pour ses critiques, même si les ministres chassés de la capitale et bannis dans des régions

79. 格君心之非 (« corriger les erreurs du prince »), voir « Mengzi xushuo 孟子序說 » (« Préface au *Mengzi* »), dans *Zhuzi quanshu*, vol. 6, p. 244 ; voir aussi *Sishu zhangju jizhu* 四書章句集注, éd. 2005, p. 199.

80. Michel Foucault, 2008 ; et Michel Foucault, 2009 (citation, p. 14).

81. Voir Pierre-Henri Durand, 1991 ; Dai Mingshi (1653-1713), *Recueil de la Montagne du Sud*, traduit, présenté et annoté par P.-H. Durand, Paris, Gallimard, « Connaissance de l'Orient », 1998.

éloignées et insalubres pour avoir émis des avis contraires à la ligne officielle n'ont pas manqué. Zhu Xi observe : « Notre dynastie est la plus tolérante en matière de châtiments, pourtant les gens sont pour la plupart lâches et pusillanimes ; là où il conviendrait de parler, ils prennent peur comme devant un tigre[82]. » Rares furent les contemporains de Zhu Xi qui osèrent braver de manière aussi franche les foudres du pouvoir. Dans ce tableau inquiétant de l'état de l'Empire, le lecteur peut voir la prémonition de la chute de la dynastie Song, moins d'un siècle plus tard, sous le coup des armées mongoles. Là réside aussi la valeur du *Mémoire scellé de 1188*.

L'œuvre philosophique

En 1160, sa rencontre avec Li Tong (Maître Yanping)[83], héritier de l'école des philosophes des Song du Nord (960-1126), conforta Zhu Xi, alors âgé de trente ans, dans la voie du confucianisme, l'éloignant alors du bouddhisme Chan dont les subtilités argumentatives avaient pourtant contribué à sa réussite aux examens, à une époque où les écrits des frères Cheng étaient proscrits[84]. Zhu Xi réalisa la synthèse de l'œuvre engagée par les confucéens des Song du Nord, Zhou Dunyi, Cheng Hao, Cheng Yi, Zhang Zai et, dans une moindre mesure, Shao Yong, leur donnant une amplification considérable[85].

82. 本朝用刑至寬, 而人多畏懦, 到合說處, 反畏似虎。, *Zhuzi yulei* 132, noté par Ye Hesun 葉賀孫, post. à l'année *xin-hai* : 1191, dans *Zhuzi quanshu,* vol. 18, p. 4138.

83. Biographie de Li Tong dans *Songshi* 428, « Daoxue, 2 », vol. 36, p. 12745-12748. Biographie posthume par Zhu Xi, « Yanping xiansheng Li gong xingzhuang 延平先生李公行狀 » (« Biographie posthume du sieur Li, maître Yanping »), *Wenji* 97, dans *Zhuzi quanshu*, vol. 25, p. 4516-4520.

84. *Zhuzi yulei* 104, dans *Zhuzi quanshu*, vol. 17, p. 3438, noté par Fu Guang 輔廣, après 1194.

85. Les biographies de Zhou Dunyi 周敦頤 (*zi* : Maoshu 茂叔, ou maître Lianxi 濂溪先生), Cheng Hao 程顥 (*zi* : Bochun 伯淳, ou maître Mingdao 明

Travailleur acharné, il reprit à nouveaux frais l'ensemble de la tradition canonique, offrant une grille de lecture claire et systématique aux classiques du confucianisme, à commencer naturellement par Confucius, lu et commenté dans un sens métaphysique et moral, loin de toute interprétation absconse ou ésotérique[86]. Les commentaires qu'il donna des *Entretiens de Confucius*, du *Mengzi*, de *La Grande Étude* et de *L'Invariable Milieu*, furent rassemblés sous le titre *Commentaires réunis des* Quatre Livres[87].

On parle de son œuvre en termes de « Grand accomplissement », selon l'expression que Mengzi (Mencius) avait employée à propos de Confucius[88]. Aux commentaires des *Quatre Livres*[89] s'ajoutent ceux qu'il apporta au *Livre des Odes*

道先生), Cheng Yi 程頤 (*zi* : Zhengshu 正叔, ou maître Yichuan 伊川先生), Zhang Zai (*zi* : Zihou 子厚, ou maître Hengqu 橫渠先生) et Shao Yong, 邵雍 (*zi* : Yaofu 堯夫, ou maître Kangjie 康節先生) forment le chapitre 427 du *Songshi*, « Daoxue, 1 », vol. 36, p. 12709-12729. Biographie de Zhou Dunyi par Zhu Xi, « Lianxi xiansheng shishi ji 濂溪先生事實記 » (« Récit véritable des faits concernant Maître Lianxi »), *Wenji* 98, dans *Zhuzi quanshu*, vol. 25, p. 4558-4559. Biographie de Cheng Yi par Zhu Xi, « Yichuan xiansheng nianpu 伊川先生年譜 » (« Biographie chronologique de maître Yichuan »), *ibid.*, p. 4560-4570.

86. On trouvera maints exemples de l'hostilité de Zhu Xi envers les interprétations ésotériques (*tanxuan shuomiao* 談玄說妙 ou *haogao yusu* 好高欲速) dans sa correspondance ; voir par exemple *Zhuzi quanzhu*, vol. 22, p. 1738-1739, 1752, 1973, 2069, 2420.

87. Le *Sishu jizhu* 四書集注 (*Commentaires réunis des* Quatre Livres) regroupe *Les Entretiens de Confucius* (*Lunyu*), *Le Mencius* (*Mengzi*), *La Grande Étude* (*Daxue*) et *L'Invariable milieu* (*Zhongyong*).

88. Sur la question du « Grand accomplissement » par Confucius, voir *Mengzi jizhu* 孟子集注, V, B, « Wanzhang, xia 萬章, 下 », dans *Zhuzi quanshu*, vol. 6, p. 383 ; voir aussi « Da Zhang Jingfu Ji dacheng shuo 答張敬夫集大成說 » (« Réponse à Zhang Shi sur son commentaire à propos du Grand Accomplissement, 1177 »), *Wenji* 31, dans *Zhuzi quanshu*, vol. 21, p. 1351-1352.

89. Le *Sishu zhangju* 四書章句 (Les Quatre Livres *commentés par paragraphes et par phrases*) et le *Sishu huowen* 四書或問 (*Questions-réponses à propos des* Quatre Livres) sont réunis dans *Zhuzi quanshu*, vol. 6, p. 1-1023.

et au *Rituel*[90]. Fasciné par la divination, comme la plupart de ses contemporains, Zhu Xi consacra deux ouvrages didactiques au *Livre des Mutations*[91]. Sa correspondance, riche de quelque deux mille lettres, offre un document de première importance sur l'histoire politique et intellectuelle des Song du Sud[92]. Il en va de même pour son enseignement recueilli au fil des années par ses disciples, qui constitue, dans un style oral et vernaculaire, la matière encyclopédique des *Propos classés de maître Zhu*[93]. Zhu Xi y révèle un caractère à la fois audacieux et opiniâtre, peu enclin aux compromissions, se déclarant en décalage avec son temps, n'hésitant pas à reconnaître son incapacité à surmonter ses accès de colère. Il se montre aussi un maître infatigable, expliquant inlassablement à ses disciples, dans un style imagé et métaphorique, sa vision philosophique et morale.

Avec l'aide de plusieurs de ses disciples, il réalisa la synthèse du monumental *Zizhi tongjian* (*Miroir universel à l'usage du gouvernement*) de Sima Guang[94]. Cette entreprise démontre l'attention portée par Zhu Xi à l'histoire, perçue comme une inépuisable source de réflexion pour le présent, mais qu'il subordonnait néanmoins à l'étude des classiques[95].

---

90. *Shi ji zhuan* 詩集傳 (*Commentaires rassemblés sur* Le Livre des Odes), *Zhuzi quanshu*, vol. 1, p. 335-775 ; *Yili jingzhuan tongjie* 儀禮經傳通解 (*Explication générale sur le* Rituel *et ses commentaires*), dans *Zhuzi quanshu*, vol. 2 à 5.

91. *Zhouyi benyi* (*Sens fondamental du* Livre des Mutations *des Zhou*) et *Yixue qimeng* 易學啓蒙 (*Initiation au* Livre des Mutations) dans *Zhuzi quanshu*, vol. 1, p. 1-201 et 203-333.

92. *Wenji* (*Œuvres*), ch. 24-65, dans *Zhuzi quanshu* (*Œuvres complètes de maître Zhu*), vol. 21-23, p. 1071-3203.

93. *Zhuzi yulei*, dans *Zhuzi quanshu*, vol. 14-18 ; cet intérêt pour l'histoire est confirmé dans les chapitres 127-138 des *Propos classés de maître Zhu*, dans *Zhuzi quanshu*, vol. 18, p. 3967-4287.

94. Biographie de Sima Guang 司馬光 dans *Songshi* 336, vol. 31, p. 10757-10772.

95. *Zizhi tongjian gangmu* 資治通鑒綱目 (*Miroir universel à l'usage du gouvernement, classé par rubriques thématiques*), dans *Zhuzi quanshu*, vol. 8 à 11. Traduction française par Joseph-Anne-Marie de Moyrac de Mailla,

Il engagea à ce propos le débat avec Lu Jiuyuan, chef de file de l'école du Jiangxi, auquel il reprochait de privilégier un accès intuitionniste à la connaissance, assimilé au bouddhisme Chan[96]. Autour de 1188, alors qu'il approchait de la soixantaine, Zhu Xi s'opposa à Lu Jiuyuan dans une querelle épistolaire restée fameuse sur la question du « Faîte Suprême[97] ». Quel sens fallait-il donner à la phrase « Sans Faîte et pourtant Faîte Suprême » qui ouvre le « Commentaire sur le diagramme du Faîte Suprême » (« Taijitushuo ») de Zhou Dunyi[98] ? Lu Jiuyuan et son frère Lu Jiushao y discernent une influence taoïste qui retire, selon eux, au texte toute pertinence, car elle implique le passage du néant vers l'existence. Zhu Xi au contraire considère les termes « Sans Faîte » et « Faîte Suprême » comme deux aspects d'une même réalité, et voit dans le « Sans Faîte » une simple détermination, pour ainsi dire négative, du « Faîte Suprême », destinée à mettre l'accent sur la dimension suprasensible, dite « en amont des formes », de ce dernier. Cette lecture était rendue possible par la polysémie propre à la particule conjonctive *er* 而 que les frères Lu comprennent au sens de « et ensuite » (Sans Faîte *et ensuite* Faîte Suprême), tandis que Zhu Xi l'interprète au sens de « et pourtant » ou « et en même temps ».

Histoire générale de la Chine, ou Annales de cet Empire, Paris, Philippe-Denis Pierres, 1777-1783, 12 volumes (traduites du *Tong-Kien-Kang-Mou*). Voir Conrad Schirokauer, « Chu Hsi's sense of history », dans Robert P. Hymes et Conrad Schirokauer, 1993, p. 193-220.

96. Biographie de Lu Jiuyuan (Xiangshan) 陸九淵 (象山) dans *Songshi* 434, vol. 37, « Rulin, 4 », p. 12879-12882.

97. Le débat à propos du Faîte Suprême trouve ses prémices dès 1185 dans un premier échange de lettres entre Zhu Xi et Lu Jiushao 陸九韶, frère de Lu Jiuyuan ; voir Zhu Xi, Lu Jiuyuan, éd. 2012. Voir aussi Anne Cheng, 1997, p. 417-418. Pour la correspondance de Zhu Xi adressée aux frères Lu, voir *Wenji* 36, dans *Zhuzi quanshu*, vol. 21, p. 1560-1576.

98. « Sans Faîte et pourtant Faîte Suprême » (*Wuji er Taiji* 無極而太極), le « Taijitushuo 太極圖說 » de Zhou Dunyi est commenté par Zhu Xi, voir *Taijitushuo jie* 太極圖說解 (*Explication du Commentaire sur le diagramme du Faîte Suprême*) dans *Zhuzi quanshu*, vol. 13, p. 69-80.

Face à son principal rival à qui il reproche sa méconnaissance des classiques, Zhu Xi resta continûment fidèle à l'idée d'une acquisition méthodique du savoir fondée sur l'étude des textes. Il convient de « scruter les choses » (*gewu* 格物) pour « accéder à la connaissance » (*zhizhi* 致知), selon la procédure séminale formulée dès les premiers paragraphes de *La Grande Étude*, texte archaïque devenu l'alpha et l'oméga de l'apprentissage du confucianisme rénové des Song[99]. Si le « Principe » qui ordonne l'univers, et inscrit dans toute chose, n'est pas immédiatement accessible, il est cependant possible de le saisir chaque fois intellectuellement en se fondant sur les choses (la réalité des phénomènes) qu'il convient d'appréhender et de scruter méthodiquement jusqu'à atteindre leur vérité[100].

Zhu Xi s'opposa aussi à Chen Liang[101] et Ye Shi[102], représentants de l'école de Yongjia (aujourd'hui Wenzhou) qui prônaient une vision utilitariste, autrement dit « économiste » du monde, à laquelle Zhu Xi reprochait de renoncer aux principes essentiels au profit du seul enrichissement de l'État. Cet aspect est souligné à plusieurs reprises dans le *Mémoire scellé de 1188*.

Zhu Xi engagea également la discussion avec son ami Lü Zuqian, partisan de l'école du Zhejiang, trop favorable, selon le maître du Fujian, à l'histoire au détriment de l'enseignement

99. *Daxue zhangju* 大學章句 (La Grande Étude *commentée par paragraphes et par phrases*), dans *Zhuzi quanshu*, vol. 6, p. 13-28. Traduction par Séraphin Couvreur, *Les Quatre Livres*, éd. 1992, et Charles Le Blanc, Rémi Mathieu, éd. 2009, p. 541-566.

100. Chen Lai, *Song Ming lixue*, 2000, p. 195-199.

101. Biographie de Chen Liang 陳亮 (Tongpu 同甫 1143-1194), représentant de l'école de Yongjia 永嘉 (actuel Wenzhou 溫州 au Zhejiang), dans *Songshi* 436, vol. 37, « Rulin, 6 », p. 12929-12945. Sur les treize lettres adressées par Zhu Xi à Chen Liang entre 1182 et 1193, voir *Wenji* 36, dans *Zhuzi quanshu*, vol. 21, p. 1577-1579. La datation des lettres de Zhu Xi s'appuie sur l'ouvrage de Chen Lai, *Zhuzi shuxin biannian kaozheng*, 1989 (rééd. 2011). Sur Chen Liang, voir Hoyt Cleveland Tillman, 1982 ; voir aussi Hoyt Cleveland Tillman, 1992, ch. 6 et 7, p. 145-186.

102. Biographie de Ye Shi 葉適 (1150-1223) dans *Songshi* 434, vol. 37, « Rulin, 4 », p. 12889-12899.

des classiques[103]. Avec Lü Zuqian, Zhu Xi compila le *Jinsilu* (*Réflexions sur ce qui nous concerne de près, 1175*), anthologie des quatre grands maîtres des Song du Nord (Zhou Dunyi, les frères Cheng et Zhang Zai), dont le titre s'inspirait d'une phrase de Confucius[104]. Le *Jinsilu* devint pendant des siècles le bréviaire de la pensée néoconfucéenne, et son ordonnancement raisonné selon quatorze chapitres servit de modèle pour tous les ouvrages portant sur le même sujet.

Le fidèle Lü Zuqian avait tenté de réconcilier Zhu Xi avec son grand rival, Lu Jiuyuan, sceptique sur la primauté à accorder à l'étude, arguant que les temps anciens où les livres étaient inconnus avaient pourtant été marqués par le règne des saints souverains. La première rencontre entre les maîtres du Fujian et du Jiangxi au temple du lac des Oies en 1175, entourés chacun de leurs disciples respectifs, est restée aussi fameuse dans l'histoire de la philosophie en Chine que, en Occident, la joute philosophique ayant opposé Cassirer et Heidegger en 1929 à Davos à propos de Kant. Malgré leurs divergences, Zhu Xi et Lu Jiuyuan partageaient la même aversion pour un savoir uniquement acquis en vue de la réussite aux examens impériaux[105].

---

103. Biographie de Lü Zuqian (Bogong, ou Donglai) 呂祖謙 (伯恭, 東萊) dans *Songshi* 434, vol. 37, « Rulin, 4 », p. 12872-12877. Sur Lü Zuqian et ses relations avec Zhu Xi, voir Hoyt Cleveland Tillman, 1992, ch. 4 et 5, p. 83-132. Voir aussi Kai Marchal, 2011.

104. *Jinsilu* (*Réflexions sur ce qui nous concerne de près*), dans *Zhuzi quanshu*, vol. 13, p. 152-302. Le titre, que l'on pourrait traduire par *Réfléchir de près, une anthologie*, fait allusion au *Lunyu*, XIX, 6 : 子夏曰 : 博學而篤志, 切問而近思, 仁在其中矣 : « Zixia dit : Élargir ses connaissances sans perdre de vue son but, interroger toujours pour mieux se connaître, voilà qui tient déjà du *ren* ! » (Traduction Anne Cheng, éd. 1998, p. 146). Le *Jinsilu* est traduit en anglais : Wing-tsit Chan, éd. 1967 ; et en allemand : Wolgang Ommerborn, éd. 2008.

105. Sur la rencontre entre Zhu Xi et Lu Jiuyuan au temple du lac des Oies (Ehusi 鵝湖寺), voir Anne Cheng, 1997, p. 466-469. Le « Bailudong shuyuan gui 白鹿洞書院規 » (« Règlement de l'Académie de la grotte du cerf blanc »), édicté par Zhu Xi en 1179, contient les mêmes arguments sur la pratique désintéressée de l'étude que la fameuse conférence prononcée

À son ami Zhang Shi, grande figure intellectuelle de l'école du Hunan, Zhu Xi reprocha sa complaisance à l'égard du bouddhisme Chan et des techniques de méditation[106]. Zhu Xi désapprouve également son ami de ne pas faire clairement la part entre le terme « étudier » et sa « mise en pratique », conformément à la double notion évoquée dès la première phrase des *Entretiens* de Confucius[107]. Tout en louant l'intelligence de Zhang Shi à qui il venait de rendre visite au Hunan, Zhu Xi le soupçonne de ne pas procéder par étapes dans l'acquisition des connaissances, et accuse les disciples hunanais de Zhang Shi de se complaire dans des discussions ésotériques jugées artificielles[108]. Les deux amis engagèrent le débat au sujet des notions de « Centre » et d'« Harmonie », avant de

par Lu Jiuyuan en 1181 dans cette académie, sur le thème de l'opposition confucéenne classique entre devoir et intérêt, voir Wang Maohong 王懋竑 (Baitian 白田, 1668-1741), *Zhu Xi nianpu* 朱熹年譜, Pékin, Zhonghua shuju, 1998, p. 95-96, 112-113. Traduction du texte de cette conférence par Guillaume Dutournier dans Zhu Xi, Lu Jiuyuan, éd. 2012, p. LXXX-LXXXII. Sur Lu Jiuyuan et ses relations avec Zhu Xi, voir Hoyt Cleveland Tillman, 1992, ch. 8 et 9, p. 187-230.

106. La biographie de Zhang Shi 張栻 (*zi* : Jingfu 敬夫, Qinfu 欽夫, Lezhai 樂齋, *hao* : Nanxuan 南軒) dans le *Songshi* fait immédiatement suite à celle de Zhu Xi, *Songshi* 429, vol. 36, « Daoxue, 3 », p. 12770-12775. Sur Zhang Shi et ses relations avec Zhu Xi, voir Hoyt Cleveland Tillman, 1992, ch. 2 et 3, p. 43-82.

107. Voir « Da Shi Zizhong 答石子重 » (« Réponse [8/12] à Shi Zizhong »), *Wenji* 42, dans *Zhuzi quanshu*, vol. 22, p. 1926-1927.

108. Voir « Da Shi Zizhong » (« Réponse [4/12] à Shi Zizhong, 1167 ») : 欽夫見處, 卓然不可及, 從游之久, 反復開益爲多。但其天啓明敏, 從初不歷階級而得之, 故今日語人亦多失之太高。湘中學者從之游者, 遂一例學爲虛談, 其流弊亦將有害。比來頗覺此病矣, 別後當有以救之 : « Les points de vue de Qinfu (Zhang Shi) sont inégalables, à force de le fréquenter, j'en ai tiré maints profits. Mais naturellement doué d'intelligence, il n'a jamais procédé par paliers, c'est pourquoi lorsqu'il s'exprime aujourd'hui la plupart des gens lui reprochent de se placer à des hauteurs inaccessibles ; les étudiants au Hunan qui le suivent et le fréquentent imitent son exemple et se livrent à des discours creux. C'est un travers qui risque de se révéler fâcheux. Il semble en avoir pris conscience récemment, et a dû, après notre séparation, tenter d'y porter remède. » Voir *Wenji* 42, dans *Zhuzi quanshu*, vol. 22, p. 1922-1923.

parvenir à une forme de convergence intellectuelle, marquée par le ralliement de Zhang Zhi aux idées de Zhu Xi. Ces deux notions sont associées dans le *Zhongyong* (*L'Invariable Milieu*) à celles d'antériorité ou de postériorité par rapport à ce qui est « manifesté » ou « non encore manifesté » parmi les « sentiments » (joie, colère, tristesse, plaisir), mais aussi plus largement parmi les activités cognitives et intellectuelles. Selon le *Zhongyong*, on parle de « Centre » (ou d'équilibre) lorsque les émotions se trouvent encore à l'état latent, antérieurement à toute manifestation phénoménale. Ce n'est qu'une fois que les émotions sont manifestées, dans un cadre contrôlé (*zhòngjie* 中節) – version confucéenne de la *sophrosúnê* (σωφροσύνη) des anciens Grecs, ou de la « tempérance » chez Thomas d'Aquin – que l'on parle d'« Harmonie »[109]. La difficulté tient au fait que la notion de « Centre » peut également être comprise au sens de juste milieu et d'équilibre (ni trop, ni trop peu), mais aussi de neutralité, voire d'un milieu ou d'un centre localisé[110]. À ces « philosophèmes » ou « métaconcepts »[111] hérités du *Zhongyong*, et largement utilisés sous les Song du Nord par les frères Cheng, se superposent les catégories d'« impassible et sans mouvement » et de « communication en résonance », inspirées par le « Grand Commentaire » (« Xici ») du *Livre des Mutations*, et qui ont été employées dans les réflexions spéculatives à propos de la « nature » des

109. *Zhongyong zhangju* 中庸章句, dans *Zhuzi quanshu*, vol. 6, p. 32. Traductions par Séraphin Couvreur, *Les Quatre Livres*, éd. 1992 ; François Jullien, éd. 1993 ; Charles Le Blanc, Rémi Mathieu, éd. 2009, « La Pratique équilibrée », p. 567-616.

110. Le terme *zhong* 中, pour lequel nous gardons ici le terme neutre de « centre » est aussi traduit par « équilibre » (Séraphin Couvreur, *Les Quatre Livres*, éd. 1992, et Charles Le Blanc, Rémi Mathieu, éd. 2009, « La Pratique équilibrée » p. 577), et par « centralité » (François Jullien, éd. 1993, p. 36). Sur les multiples sens du mot *zhong* 中 selon Zhu Xi, voir *Zhuzi yulei* 62 « Zhongyong 1 中庸, 一 », *Zhuzi quanshu*, vol. 16, p. 2004-2008.

111. J'emprunte le terme « philosophème » à Alain Badiou, le plus « maoïste » de nos philosophes contemporains, et le terme « métaconcept » à Joseph Stephen O'Leary, 2011, p. 2.

êtres depuis le milieu de la dynastie Tang[112]. Tout ce qui n'est « pas encore manifesté » est défini par « impassible et sans mouvement », autrement dit relève de la « quiétude », et est associé au « Centre », identifié par le *Zhongyong* à la notion de « Grand fondement » (ou « fondement majeur »). Inversement, ce qui est « manifesté » se traduit par une « communication en résonance » – c'est-à-dire « mouvement » – et est associé à l'« Harmonie » que le *Zhongyong* définit par la formule « la Voie accomplie ». Une citation de Cheng Yi, reprise par Zhu Xi dans le *Jinsilu* résume ces entrecroisements de notions inspirées par le « Xici » et le *Zhongyong*.

> Maître Yichuan (Cheng Yi) dit : [Lorsque le *Zhongyong* écrit :] « Quand joie, colère, tristesse, plaisir ne sont pas encore manifestés, on appelle cela "Centre" », cela correspond à « impassible et sans mouvement » [dans le « Xici »], c'est pour cela que [le *Zhongyong*] parle de « Grand Fondement dans le monde ». [Lorsque le *Zhongyong* écrit :] « Quand joie, colère, tristesse, plaisir] sont manifestés de manière contrôlée, on appelle cela "Harmonie" », cela correspond à « communication en résonance » [dans le « Xici »], c'est pour cela que [le *Zhongyong*] parle de « Voie accomplie »[113].

112. Les formules « impassible et sans mouvement » (*jiran budong* 寂然不動) et « communication en résonance » (*gan'er sui tong* 感而遂通) sont contenues dans les phrases : 易無思也, 無為也。寂然不動, 感而遂動天下之故 : « Le Yi n'a pas de pensée et n'a pas d'action ; il est naturellement le repos sans mouvement. Il influence et aussitôt on comprend et on pénètre sans effort les causes de l'univers » (traduction Paul-Louis-Félix Philastre, éd. 2006, § 1193, p. 907). Autre traduction : « Le Yi / Il est sans réflexion / Il est sans intervention / Naturel au repos, il ne se meut pas / Il influence / Et ainsi on pénètre totalement les causes de ce qui est sous le ciel. » (Michel Vinogradoff, éd. 2000, p. 303). Voir « Xici, shang », éd. *Shisanjing zhushu*, p. 81 ; voir aussi *Zhouyi benyi*, dans *Zhuzi quanshu*, vol. 1, p. 132. Li Ao 李翱 (*ca* 772-836), sous les Tang, a le premier eu recours à ces deux catégories dans son argumentation philosophique, voir Chen Lai, *Zhuzi zhexue yanjiu*, 2000, p. 274.

113. 伊川曰 : 喜怒哀樂之未發謂之中。中也者, 言寂然不動者也, 故曰天下之大本。發而皆中節謂之和, 和也者, 言感而遂通者也, 故曰天下

Le tableau suivant récapitule ces correspondances.

Non manifesté (未發)	Impassible et sans mouvement (寂然不動)	Quiétude (靜)	Centre (中)	Grand Fondement (大本)
Déjà manifesté (已發)	Communication en résonance (感而遂通)	Mouvement (動)	Harmonie (和)	Voie accomplie (達道)

La philosophie néoconfucéenne, depuis les Song du Nord, n'a cessé de raisonner selon ces catégories anciennes dont les propositions étaient déployées à la manière d'axiomes mathématiques, donnant lieu à des constructions intellectuelles proches d'une forme de scolastique. Sous les Song, les catégories contenues dans le « Xici » et le *Zhongyong*, qui relevaient de la cosmologie et de la philosophie morale, deviennent le support d'un perfectionnement individuel associé à des méthodes introspectives sous l'influence de la méditation bouddhique. La « nature » des êtres (*xing* 性) et le « cœur » – ou « cœur-esprit » – (*xin* 心) relèvent-ils du « manifesté » ou du « non manifesté » ? Peut-on saisir par la pensée le passage de ce qui n'est pas encore manifesté au moment où il se phénoménalise ? Quelle est la place du « cœur » par rapport à la « nature » et aux « émotions » ? Telles sont les questions que n'ont cessé de se poser les néoconfucéens et auxquelles Zhu Xi tente d'apporter ses propres éclaircissements.

Li Tong (Li Yanping), le maître de Zhu Xi, et les autres écoles néoconfucéennes ont voulu saisir par la méditation et des techniques introspectives le moment où les « émotions » (passions, affects, idées) à l'état latent et « non manifesté » se réalisent et se traduisent dans les faits, ou, pour le dire autrement, le

之達道。: *Jinsilu*, I-3, *Zhuzi quanshu*, vol. 13, p. 168. Autres traductions : Wing-tsit Chan, éd. 1967, p. 8 ; Wolgang Ommerborn, éd. 2008, p. 13.

passage du monde latent au monde phénoménal. Les discussions portaient sur le moment où devait s'opérer cette saisie mentale, et la meilleure manière de percevoir le passage du latent au manifeste. Zhu Xi juge cette méthode introspective trop proche de la méditation bouddhique, même si son objet est différent. Lui-même reconnaissait n'être jamais parvenu à éprouver une telle expérience de pensée. Zhu Xi récuse le fait que l'on puisse saisir une chose antérieurement à son apparition, rejoignant Cheng Yi qui acceptait l'idée que l'on puisse se perfectionner avant que les « émotions » ne se manifestent, mais refusait d'admettre que l'on puisse en saisir le passage à cet instant précis : « Dire que l'on peut se perfectionner intérieurement juste avant que la joie, la colère, la tristesse, le plaisir ne se manifestent est possible, mais prétendre que l'on peut en appréhender le “Centre” (le point d'équilibre) avant que la joie, la colère, la tristesse, le plaisir ne se soient manifestés est impossible[114]. » Dans le débat qui l'oppose à Zhang Shi à propos de la manifestation ou non des sentiments, Zhu Xi observe, à la suite de Cheng Yi, qu'il n'est pas une seule activité intellectuelle produite par le cœur qui ne soit en réalité en situation de « déjà manifesté ». Dans une première élaboration, Zhu Xi associe le « cœur » à ce qui est « manifesté » : seul ce qui constitue la « nature » des êtres peut être identifié, selon lui, au « non manifesté », rejoignant en cela une thèse déjà avancée avant lui par Hu Hong 胡宏 (1106-1161), chef de file de l'école philosophique du Hunan[115]. Cette théorie développée en 1166, dite « Révélation de l'année

114. 若言存養於喜怒哀樂之前則可, 若言求中於喜怒哀樂未發之前則不可, citée dans *Jinsilu*, IV-53, voir *Zhuzi quanshu*, vol. 13, p. 215. Autre traduction : *If it means to preserve and nourish oneself before the feelings are aroused, that is all right. But if it means to seek equilibrium in the state before the feelings are aroused, that is incorrect.* (Wing-tsit Chan, éd. 1967, p. 146). Zhu Xi cite cette phrase sous forme abrégée (存養於未發之前則可, 求中於未發之前則不可) dans son « Yifa weifa shuo 已發未發說 » (« Traité sur le manifesté et le non manifesté, 1169 »), *Wenji* 67, dans *Zhuzi quanshu*, vol. 23, p. 3267.

115. Voir Hu Hong, éd. 2009 et Duh Bau-Ruei, 2010, p. 15-148.

bing-xu », a fait l'objet d'une série de quatre missives adressées par Zhu Xi à Zhang Shi, désignées par l'expression « Lettres sur l'ancien traité du Centre et de l'Harmonie[116] ».

Le tableau ci-dessous résume la thèse exprimée dans la « Révélation de 1166 ».

Nature *xing* 性	Non manifesté *weifa* 未發	Centre *zhong* 中
Cœur *xin* 心	Déjà manifesté *yifa* 已發	Harmonie *he* 和

Trois ans plus tard, Zhu Xi remet en question cette première élaboration conceptuelle, jugée trop proche des thèses de l'école du Hunan, en associant cette fois les « émotions » au « cœur » et à la « nature ». Les « émotions » sont identifiées désormais par Zhu Xi à ce qui est « manifesté », en lieu et place du « cœur » dans l'ancienne théorie. La « nature » conserve son statut antérieur à toute phénoménalisation, mais représente, plus précisément, le caractère « non manifesté » – ou « non encore manifesté » – du « cœur ». Cette nouvelle théorie, dite « Révélation de l'année *ji-chou* » (1169)[117], accorde cette fois

116. Les quatre lettres à Zhang Shi 張栻 (Jingfu 敬夫, Qinfu 欽夫) à propos de l'« ancienne théorie sur le Centre et l'Harmonie » lors de la « Révélation de l'année *bing-xu* : 1166 » (丙戌之悟) sont les suivantes : « Yu Zhang Qinfu 與張欽夫 » (« Lettres [3 et 4] à Zhang Qinfu, 1166 »), *Wenji* 30, dans *Zhuzi quanshu*, vol. 21, p. 1315-1316, 1316-1317 ; « Da Zhang Jingfu 答張敬夫 » (« Réponses [3 et 4 (ou 34-35)] à Zhang Jingfu, 1166 »), *Wenji* 32, dans *Zhuzi quanshu*, vol. 21, p. 1392-1393, 1393-1395. Voir aussi « Yifa weifa shuo » (« Traité sur le manifesté et le non manifesté, 1169 »), *Wenji* 67, dans *Zhuzi quanshu*, vol. 23, p 3266-3269 ; « Zhong He jiushuo xu 中和舊說序 » (« Préface à l'ancien traité sur le Centre et l'Harmonie, 1172 »), *Wenji* 75, dans *Zhuzi quanshu*, vol. 24, p. 3634-3635. Voir Liu Shuxian, *Zhuzi zhexue sixiang de fazhan yu wancheng*, p. 82-89.

117. « Révélation de l'année *ji-chou* : 1169 » (己丑之悟).

une place déterminante au « cœur », à la fois en situation de « manifesté » (sensible) et de « non manifesté » (suprasensible). Selon cette thèse, la « nature » et les « émotions » représentent respectivement les stades « non manifesté » et « manifesté » du « cœur ». C'est grâce au « cœur » que la « nature », d'abord à l'état de quiétude, peut se déployer, sous l'influence de *stimuli* extérieurs, et s'inscrire dans la réalité des phénomènes. Le « cœur », dans sa dimension à la fois sensible et suprasensible, fait ainsi office de vecteur permettant le passage du stade « non manifesté » (la « nature ») au « manifesté » (les « émotions »). Dans cette configuration, la « nature » est assimilée à la « substance », tandis que les « émotions » représentent la « fonction » du « cœur »[118]. Le « cœur » constitue, selon Zhu Xi, le réceptacle de la connaissance. Zhu Xi le compare à un « récipient » dont la « nature » serait le contenu[119], mais récuse l'idée d'instrospection qui aurait pour objet l'observation du « cœur » par lui-même comme le propose le bouddhisme, niant que le « cœur » puisse constituer son propre objet[120]. Toutes les vérités (ou tous les principes) sont contenues dans le « cœur », dont la dimension spirituelle lui permet chaque fois de répondre aux événements : « Le cœur, c'est l'esprit de l'homme, c'est ce qui lui permet de contenir toutes les

---

118. 蓋聖賢論性無不因心而發 : « Or lorsque les saints et les sages ont traité de la nature, dans tous les cas de figure celle-ci se déployait en fonction du cœur », dans « *Yifa weifa shuo* » (« Traité sur le manifesté et le non manifesté, 1169 »), *Wenji* 67, dans *Zhuzi quanshu*, vol. 23, p. 3268. Voir aussi « Yu Hunan zhugong lun zhong-he diyi shu 與湖南諸公論中和第一書 » (« Première lettre sur le Centre et l'Harmonie à ces messieurs du Hunan »), *Wenji* 64, dans *Zhuzi quanshu*, vol. 23, p. 3130-3131 ; et « Da Zhang Qinfu) » (« Réponse [18 ou 49] à Zhang Qinfu, 1169 »), *Wenji* 21, dans *Zhuzi quanshu*, vol. 21, p. 1418-1422. Voir aussi Chen Lai, *Zhuzi zhexue yanjiu*, 2000, p. 183-225.

119. *Ibid.*, p. 258.

120. « Guan xin shuo 觀心說 » (« Discours sur l'observation du cœur », 1174), *Wenji* 67, dans *Zhuzi quanshu*, vol. 23, p. 3278-3279 ; voir aussi Liu Shuxian, *op. cit.,* p. 255-260.

vérités et de faire face à tous les événements. La nature c'est le Principe contenu dans le cœur[121]. »

Ce redéploiement des grandes catégories de la philosophie traditionnelle (« cœur », « nature », « émotions »), permet à Zhu Xi d'engager le débat avec les écoles rivales et notamment avec Lü Ziyue, frère cadet de Lü Zuqian, et principal représentant de l'école du Zhejiang[122].

Le tableau ci-dessous résume la thèse exprimée dans la « Révélation de 1169 », à laquelle Zhu Xi est resté ensuite attaché jusqu'à la fin.

<table>
<tr><td>Cœur
xin 心</td><td colspan="2">Non manifesté et manifesté
weifa 未發 et yifa 已發
Le cœur régit la nature et les émotions
心統性情</td><td>Suprasensible et sensible
(En amont des formes et en aval des formes)
形而上/形而下</td></tr>
<tr><td>Nature
xing 性
Substance
ti 體</td><td>Non manifesté

weifa
未發</td><td>Centre

zhong
中</td><td>Suprasensible
En amont des formes
形而上</td></tr>
<tr><td>Émotions
qing 情
fonction
yong 用</td><td>Manifesté
yifa
已發</td><td>Harmonie
he
和</td><td>Sensible
En aval des formes
形而下</td></tr>
</table>

121. 心者：人之神明，所以具眾理而應萬事者也。性則心之所具之理, *Mengzi*, VII, A (« Jinxin, shang 盡心, 上 »), *Zhuzi quanshu*, vol. 6, p. 425 ; voir aussi *Sishu zhangju jizhu*, éd. Zhonghua shuju, 1983, rééd. 2005, p. 349.

122. Sur les échanges avec Lü Ziyue 呂子約 (Zujian 祖儉) à propos du « cœur », voir Chen Lai, *Zhuzi zhexue yanjiu*, 2000, p. 272-278. Les quarante-huit lettres adressées par Zhu Xi à Lü Ziyue entre 1173 et 1196 figurent aux chapitres 47 et 48 des *Wenji*, dans *Zhuzi quanshu*, vol. 22, p. 2165-2244. Voir notamment « Da Lü Ziyue 答呂子約 » (« Réponse [13/28] à Lü Ziyue, 1174 »), *Wenji* 47, dans *Zhuzi quanshu*, vol. 22, p. 2189.

Si Zhu Xi n'a pas créé de termes philosophiques nouveaux, reprenant les catégories et les « métaconcepts » traditionnels : « Faîte Suprême » (*Taiji* 太極), « Principe » (*Li* 理)[123], « Vertu d'humanité » (*Ren* 仁), « substance » (*ti* 體), « fonction » (*yong* 用), « Centre » (*zhong* 中), « Harmonie » (*he* 和), « non manifesté » (*weifa* 未發), « manifesté » (*yifa* 已發), « impassible et sans mouvement » (*jiran budong* 寂然不動), « communication en résonance » (*gan'er sui tong* 感而遂通), « quiétude » (*jing* 靜), « mouvement » (*dong* 動), « en amont des formes » (*xing'ershang* 形而上), « en aval des formes » (*xing'erxia* 形而下), « authenticité » (*cheng* 誠), « énergies matérielles » (*Qi* 氣), « cœur » (*xin* 心), « nature » (*xing* 性), « émotions » (*qing* 情), il les a explicités et agencés en un système cohérent, avec un esprit de clarté remarquable. Mais la surdétermination propre à ces catégories n'évite pas une forme d'encodage quasi scolastique, caractéristique de la pensée néoconfucéenne, accentué par l'enchevêtrement de références aux textes classiques et aux devanciers des Song, et qu'il convient chaque fois de démêler.

Zhu Xi a emprunté à Zhou Dunyi le concept cosmologique de « Faîte Suprême », à l'origine de l'univers et des choses, dont il s'est efforcé d'effacer toute connotation taoïste[124]. Ce concept *a priori*, antérieur au monde et suprasensible, dit « en amont des formes », est identifié par lui au « Principe » ordonnateur du monde, et inhérent aux choses, aux êtres et aux événements, tandis que les énergies cosmiques, négatives et positives, *Yin* 陰 et *Yang* 陽, se rattachent à la matérialité

123. Jacques Gernet, dans son livre magistral consacré à Wang Fuzhi (1619-1692), traduit *Li* par la « Raison des choses » (Jacques Gernet, 2005). .

124. *Taijitushuo jie* (*Explication du Commentaire sur le diagramme du Faîte Suprême*), dans *Zhuzi quanshu*, vol. 13, p. 61-86. Le texte du « Taijitushuo » de Zhou Dunyi figure en tête du *Jinsilu*, voir *Zhuzi quanshu*, vol. 13, p. 167. Traduction Wing-tsit Chan, éd. 1967, p. 5-7 ; Wolfgang Ommerborn, éd. 2008, p. 11-12.

impure des « énergies », « en aval des formes », au même titre que les Cinq agents (Eau, Feu, Bois, Métal, Terre). Le Faîte Suprême n'est autre que « le Principe de toutes les choses de l'univers[125] ». Bien que Zhu Xi ne le formule pas exactement en ces termes, le Faîte Suprême peut être envisagé comme la dimension la plus générique et la plus transcendantale, subsumant au niveau cosmologique l'ensemble des choses de l'univers, antérieurement à toute interaction avec les énergies. Dans cette perspective, le *Li* peut ainsi être vu comme le volet ontologique et immanent du Faîte Suprême, aux prises avec la matérialité des énergies, sans que son caractère transcendant ne doive être perdu de vue : le Principe et les énergies sont par définition inséparables et sans mélange. Zhu Xi ajoute : « Le Principe qui généralise toutes les choses de l'univers, c'est le Faîte Suprême[126]. » Chaque chose possède un *Li*, autrement dit le Faîte Suprême déployé dans sa dimension mondaine et ontologique, à la fois *immanent* aux choses, puisque inscrit dans leur existence, et *transcendant*, dans la mesure où le *Li*, également identifié au Faîte Suprême, possède en dernière analyse une antériorité logique par rapport aux énergies. C'est précisément dans le nouage entre le caractère transcendant du *Li* et son inscription immanente au sein des énergies matérielles que s'élabore la pensée de Zhu Xi. Celui-ci précise : « Le Faîte Suprême c'est le Principe que possèdent les Cinq agents, le *Yin* et le *Yang*, il ne s'agit pas d'une chose vide[127]. » Les énergies confèrent aux choses leur puissance matérielle et font fonction de support au Principe qui leur est consubtantiel et qui n'aurait, en leur absence, rien sur quoi reposer. Alors que chez Aristote, les êtres et les choses sont des composés de

125. 太極只是天地萬物之理, noté par Chen Chun 陳淳, *zi* : Anqing 安卿, entre 1190 et 1199, *Zhuzi yulei* 1, dans *Zhuzi quanshu*, vol. 14, p. 113.

126. 總天地萬物之理, 便是太極, noté par Gong Gaiqing 龔蓋卿, 1194, *Zhuzi yulei* 94, dans *Zhuzi quanshu*, vol. 17, p. 3127-3128.

127. 太極是五行陰陽之理皆有, 不是空底物事, noté par Gan Jie 甘節, après 1181, *Zhuzi yulei* 94, dans *Zhuzi quanshu*, vol. 17, p. 3117.

forme et de matière, dans le système onto-cosmologique de Zhu Xi c'est la combinaison du *Li* et du/des *Qi* qui participe de l'existence du monde. Zhu Xi le premier associe Principe et énergies, alors que ses devanciers n'abordaient ces deux notions que de manière séparée. Pour Zhu Xi, les deux sont indissociables et on ne saurait parler de l'un sans évoquer l'autre. Le Principe est partout identique, de manière irréductible, comme la lune se reflète avec la même intensité dans la multitude infinie des lacs et des plans d'eau, mais il se manifeste avec plus ou moins de netteté en fonction du support matériel qui en constitue le réceptacle, d'où l'idée fondamentale chez Zhu Xi, qu'il emprunte à Cheng Yi, d'un « Principe unique en lots différenciés[128] ». L'identité se trouve du côté du Principe, tandis que les différences se situent du côté des énergies, d'où aussi la formule : « Le Principe est identique, les énergies sont différentes[129]. » Un être plus complexe (l'homme par rapport à l'animal, la plante par rapport aux roches) sera doté d'un *Li* moins « masqué » (« recouvert » ou « voilé ») par les énergies qui, du fait de leur nature matérielle, restent soumises aux souillures et aux pollutions. Ainsi le saint ou le sage sera-t-il en possession d'un *Li* moins « voilé », même si, précise Zhu Xi, aucun homme, si saint soit-il, ne saurait être dépourvu de *Qi*. Le caractère à la fois transcendant et immanent du Principe implique donc l'inscription immanente des vérités (*daoli* 道理), au même titre que les vertus fondamentales, ou « principes axiaux » (*gangli* 綱理) qu'il convient de ressaisir grâce au « cœur ». La voie conduisant à la sainteté, à laquelle aspirent les néoconfucéens, vise à retrouver en soi le Principe dans sa substance fondamentale, en se libérant, grâce à la « maîtrise

128. *Li yi fen shu* 理一分殊 : voir Chen Lai, *Zhuzi zhexue yanjiu*, 2000, p. 130-144 ; Chen Lai, *Song Ming lixue*, 2010, p. 183-186 Autre traduction : « Le Principe est un, mais ses différenciations sont multiples. » (Anne Cheng, 1997, p. 452.)

129. 理同而氣異, cité dans *Zhuzi yulei* 4, cité par Liu Shuxian *op. cit.*, p. 210.

de soi » préconisée par Confucius, des « désirs égoïstes » (*siyu* 私欲) qui vont à l'encontre de la loi naturelle, désignée sous le terme de Principe céleste (*Tianli* 天理). Le *Li*, de par son interaction avec le/les *Qi*, n'est jamais pleinement accessible dans sa nature originaire, car « voilé » ou « masqué » du fait de la dimension matérielle des énergies. Aux principes supérieurs *a priori* que sont, au plan cosmologique et métaphysique, le Faîte Suprême et, au plan ontologique et mondain, le *Li*, correspond au niveau humain et éthique, le « cœur » qui commande à la fois la « nature » des êtres et les « émotions », selon un concept emprunté à Zhang Zai : « Le cœur régit la nature et les émotions[130]. » Unique dans son essence comme dans sa dimension anatomique, le « cœur » possède cependant une double dimension, à la fois sensible et suprasensible[131]. Le « cœur » permet d'accéder aux sensations et au savoir.

Dans cette perspective, Zhu Xi envisage la mort comme une simple dispersion des énergies, le Principe ne trouvant dès lors plus rien à quoi s'arrimer : « Lorsque les énergies matérielles sont réunies, il y a vie ; lorsqu'elles sont dispersées, il y a mort[132]. » Selon cette approche, les fantômes et les esprits ne sont que des énergies dont la dispersion reste momentanément en souffrance ou n'est pas encore totalement réalisée[133]. Alors que l'idée de la mort chez les bouddhistes

---

130. 心統性情, voir *Jinsilu*, ch. I, *Zhuzi quanshu*, vol. 13, p. 175 ; Chen Lai, *Zhuzi zhexue yanjiu*, 2000, p. 292-298 ; Chen Lai, *Song Ming lixue*, 2000, p. 189-191. Voir aussi *Renshuo* 仁說 (*Traité sur la Vertu d'humanité*), *Wenji* 67, dans *Zhuzi quanshu*, vol. 23, p. 3279-3281 ; *Zhuzi yulei* 105, dans *Zhuzi quanshu*, vol. 17, p. 3454-3455 ; traduction dans Wing-tsit Chan, 1989, « Chu Hsi's "Jen-shuo" (Treatise of Humanity) », p. 151-183. Sur cette formule, voir Anne Cheng, 1997, p. 478.

131. Chen Lai, *Zhuzi zhexue yanjiu*, 2000, p. 258.

132. 氣聚則生, 氣散則死, *Zhuzi yulei* 3, noté par Tang Yong 湯泳 (année *yi-mao* : 1195), dans *Zhuzi quanshu*, vol. 14, p. 157.

133. 鬼神不過陰陽消長而已。, *Zhuzi yulei* 3, noté par Huang Shengqing 黃升卿 (année *xin-hai* : 1191), dans *Zhuzi quanshu*, vol. 14, p. 154.

contribue à valider les notions d'impermanence et de vacuité, elle est ramenée par Zhu Xi au rang d'événement inéluctable sur lequel il n'y a pas lieu de s'appesantir : « Là où il y a la vie, il y a nécessairement la mort ; là où il y a un début, il y a inéluctablement une fin[134]. » Zhu Xi reste fidèle à Confucius qui refusait que l'on parle de la mort tant que l'on ne connaissait pas la vie[135]. Zhu Xi refuse d'accorder foi à la métempsychose et à la transmigration des âmes[136]. La mort est vue comme un départ sans retour : « Celui qui meurt s'en va sans revenir. La seule chose qui reste immuable, c'est le Principe ; il n'existe aucune chose qui reste constamment sans changer[137]. »

Zhu Xi reprend à Cheng Yi l'identification entre la « nature » des êtres et des choses et le Principe : « La nature c'est le Principe » (性即理也). Dans son commentaire du *Mengzi*, Zhu Xi précise : « La nature, c'est le Principe céleste dont l'homme est loti[138]. » Aucune chose ne saurait être dépourvue de « nature ». C'est du côté de la « nature », donc du *Li*,

134. *Zhuzi yulei* 3, noté par Li Hongzu 李閎祖, après l'année *wu-shen* : 1188, dans *Zhuzi quanshu*, vol. 14, p. 158.

135. 季路問事鬼神。子曰：未能事人, 焉能事鬼？敢問死。曰：未知生, 焉知死？: « Ji Lu (Zilu) demanda comment servir les fantômes et les esprits. Le Maître répondit : "Si on ne sait pas servir les hommes, comment saurait-on servir les esprits ? – Puis-je vous interroger sur la mort ? – Si on ne comprend pas la vie, comment comprendrait-on la mort ?" » ; voir *Lunyu*, XI, 11, dans *Zhuzi quanshu*, vol. 6, p. 159 ; voir aussi *Sishu zhangju jizhu*, p. 125. Autre traduction : « Zilu demande comment il convient de servir les esprits. Le Maître lui dit : "Tant que l'on ne sait pas servir les hommes, comment peut-on servir leurs mânes ?" Zilu l'interroge alors sur la mort. Le Maître répond : "Tant que l'on ne sait pas ce qu'est la vie, comment peut-on savoir ce qu'est la mort ?" » (Anne Cheng, éd. 1998, p. 89).

136. *Zhuzi yulei* 3, noté par Zhou Mingzuo 周明作, post. à l'année *ren-zi* : 1192, dans *Zhuzi quanshu*, vol. 14, p. 157-160.

137. 死者去而不來, 其不變者只是理, 非有一物常在而不變也。: « Da Cheng Yunfu 答程允夫 » (« Réponse [8/13] à Cheng Yunfu [Cheng Xun 程洵], 1172 »), *Wenji* 41, dans *Zhuzi quanshu*, vol. 22, p. 1879.

138. 性者：人生所禀之天理也 : « Commentaire de Zhu Xi au *Mengzi*, VI, A » (« Gaozi, shang 告子, 上 »), dans *Zhuzi quanshu*, vol. 6, p. 395, voir aussi *Sishu zhangju jizhu*, p. 325.

que Zhu Xi place les vertus fondamentales, ou « principes axiaux », au premier rang desquels la Vertu d'humanité (*ren* 仁), inscrite de manière innée dans l'homme et, à des degrés moindres, dans les autres êtres, notant que certains animaux semblent aussi, dans une certaine mesure, en possession de vertus qui figurent en revanche à l'état complet en l'homme. En conférant une origine transcendante aux vertus fondamentales qui s'expriment notamment dans les relations humaines, Zhu Xi attribue un fondement métaphysique à l'ordre social, envisagé de manière préétablie et immuable. Tel est évidemment le point rédhibitoire de la pensée de Zhu Xi aux yeux des révolutionnaires modernes qui n'ont pas manqué de rejeter en bloc son système, même s'il est aujourd'hui réévalué en Chine continentale dans un contexte de « restauration » et de promotion d'une « société harmonieuse », associées au retour des valeurs traditionnelles[139]. Selon Zhu Xi, la Vertu d'humanité, au sens large, englobe les autres vertus propres à l'homme (Justice, Rites, Sagesse), de la même manière que le printemps prime sur les autres saisons et porte les prémices des autres périodes de l'année[140]. Ces qualités fondamentales, envisagées par Zhu Xi, dans le sillage de Mengzi, comme inhérentes à la nature de l'homme, se déploient sous la forme d'« émotions » (compassion, honte devant le mal, politesse, connaissance) à la suite des différentes stimulations extérieures

139. Le 880e anniversaire de la naissance de Zhu Xi en Chine, le 18 octobre 2010, a donné lieu à diverses célébrations dans la province du Fujian, en présence des autorités locales, ainsi qu'à une cérémonie officielle qui s'est tenue au palais de l'Assemblée du peuple sur le côté occidental de la place Tian'anmen, le mardi 19 octobre 2010.

140. Voir Chen Lai, *Zhuzi zhexue yanjiu*, 2000, p. 244 ; Zhu Xi, « Yushan jiangyi 玉山講義 » (« Conférence à Yushan, 1194 »), *Wenji* 74, dans *Zhuzi quanshu*, vol. 24, p. 3587-3593 ; voir aussi « Da Chen Qizhi, wen Yushan jiangyi 答陳器之, 問玉山講義 » (« Réponse [2/2] à Chen Qizhi à propos de ses questions sur la Conférence à Yushan, post. à 1194 »), *Wenji* 58, dans *Zhuzi quanshu*, vol. 23, p. 2778-2780 ; lettre reproduite dans Liu Shuxian, *op. cit.*, p. 261-263.

éprouvées par le cœur. Pour Mengzi, ces « émotions » sont les « germes » de vertus supérieures inhérentes à l'être humain[141]. Mais alors que chez Mengzi ces vertus cardinales sont associées au « cœur » sans que soit précisé le lien entre « nature » et « émotions[142] », Zhu Xi, à la lumière de la « Révélation de 1169 », met en équation le rapport entre « cœur », « nature » et « émotions » qu'il intègre à son système.

> Vertu d'humanité, Justice, Rites, Sagesse relèvent de la *nature*.
>
> Compassion, honte devant le mal, politesse, connaissance relèvent des *émotions*.

141. 惻隱之心, 仁之端也；羞惡之心, 義之端也；辭讓之端, 禮之端也；是非之端, 智之端也。人之有四端, 猶其有四體也。；*Mengzi*, II, A, 6 (« Gongsun Chou, shang » 公孫丑, 上 »), dans *Zhuzi quanshu*, vol. 6, p. 289. Ce passage est traduit par Séraphin Couvreur : « La compassion est le principe de la bienfaisance ; la honte et l'horreur du mal sont le principe de la justice ; la volonté de refuser pour soi et de céder à autrui est le principe de l'urbanité ; l'inclination à approuver le bien et à réprouver le mal, est le principe de la sagesse. Tout homme a naturellement ces quatre principes comme il a quatre membres. » (*Les Quatre Livres*, éd. 1992, p. 376). Autre traduction, Charles Le Blanc, Rémi Mathieu, éd. 2009, p. 328.

142. 惻隱之心人皆有之；羞惡之心人皆有之；恭敬之心人皆有之；是非之心人皆有之。惻隱之心, 仁也；羞惡之心, 義也；恭敬之心, 禮也, 是非之心, 智也。仁義理智, 非有外鑠我也, 我固有之, 弗思耳矣。故曰：求則得之, 舍則失之。；*Mengzi*, VI, A, 6 (« Gaozi, shang »), dans *Zhuzi quanshu*, vol. 6, p. 399. Ce passage est traduit par Séraphin Couvreur : « Tout homme a des sentiments de compassion pour les malheureux, de pudeur et d'aversion pour le mal, de déférence et de respect pour les autres hommes. Il sait discerner le vrai du faux et le bien du mal. La commisération c'est la bienveillance. La honte et l'horreur du mal, c'est la justice. […]. La déférence et le respect constituent l'urbanité. La vertu par laquelle nous discernons le vrai du faux et bien du mal, c'est la prudence. La bienveillance, la justice, l'urbanité, la prudence ne nous viennent pas du dehors comme un métal fondu qu'on verse dans un moule. La nature les a mises en nous. (Mais la plupart des hommes) n'y font pas attention. Aussi dit-on : “Si vous les cherchez, vous les trouverez ; si vous les négligez, vous les perdrez.” » (*Les Quatre Livres*, éd. 1992, p. 564-565). Autre traduction, Charles Le Blanc, Rémi Mathieu, éd. 2009, p. 476.

> Ce qui permet la compassion, grâce à la Vertu d'humanité ; la honte du mal, grâce à la Justice ; la politesse, grâce aux Rites ; la connaissance, grâce à la Sagesse, c'est le *cœur*.
>
> La *nature* est le Principe du cœur ;
> les *émotions* sont les fonctions du cœur ;
> Le *cœur* est le maître de la nature et des émotions [143].

Dans cette optique, les émotions ne doivent pas être interprétées comme contraires à la « nature », mais comme la dimension *fonctionnelle* du « cœur ». L'amour, vu comme le déploiement phénoménal, n'est rien d'autre que la « fonction de la Vertu d'humanité », tandis que la Vertu d'humanité est le « Principe de l'amour ». Il n'y a donc pas lieu de vouloir l'anéantissement des passions (émotions) comme le préconise le bouddhisme, il importe simplement de les contrôler par la « maîtrise de soi » mise en avant par Confucius[144]. Zhu Xi précise : « Le cœur (l'esprit) commande au corps. Ce qui en fait une substance, c'est la nature ; ce qui en fait une fonction, ce sont les émotions.[145] »

Le tableau ci-après résume ces idées.

143. 仁義理智性也；惻隱、羞惡、辭讓、是非，情也；以仁愛，以義惡，以禮讓，以智知者，心也。性者，心之理也；情者，心之用也；心者，性情之主也。 : « Yuan, Heng, Li, Zhen shuo 元亨利貞說 », *Wenji* 67, dans *Zhuzi quanshu*, vol. 23, p. 3254.

144. 仁者，愛之理。愛者，仁之用，*Zhuzi yulei* 95, cité par Liu Shuxian, p. 220.

145. 心主於身，其所以爲體者性也，所以爲用者情也。 : « Da He Shujing » (« Réponse [29/33] à He Shujing, 1172 »), *Wenji* 40, dans *Zhuzi quanshu*, vol. 22, p. 1839.

Nature 性 **Substance** 體 (La nature est le Principe du Cœur) 心之理	Non manifesté 未發	Quiétude 寂然不動	Vertu d'humanité 仁 Principe de l'amour 愛之理	Justice 義	Rites 禮	Sagesse 智
Émotions 情 **Fonction** 用 (Les émotions sont la fonction du cœur) 心之用	Manifesté 已發	Mouvement 感而遂通	Compassion (Amour) 惻隱 (愛)	Honte du mal 羞惡	Politesse 辭讓	Connaissance 是非 （知）
Cœur 心	Non manifesté et manifesté 未發 已發	Permet le passage de la nature aux émotions	Permet la compassion par la Vertu d'humanité 以仁愛	Permet la honte du mal par la Justice 以義惡	Permet la politesse par les Rites 以禮讓	Permet la connaissance par la Sagesse 以智知

Pour les confucéens, la « nature » des êtres est envisagée à la manière d'un « mandat céleste », conformément à la première proposition du *Zhongyong*[146]. Zhu Xi reprend à Cheng Yi la formule : « Ce que le Ciel confère, c'est le mandat ; ce que les êtres reçoivent, c'est la nature[147]. » Mais l'identification du « Principe » à la « nature » ne signifie pas pour autant équivalence parfaite. La « nature » des êtres n'étant chaque fois que la partie d'un tout incommensurablement supérieur, à l'image de l'eau contenue dans un gobelet qui, bien qu'identique dans son essence aux flots qui composent l'océan, en diffère dans son ordre de grandeur.

L'empreinte matérielle des énergies sur la « nature » est telle que Zhu Xi distingue entre une « nature propre au Principe céleste » (ou « nature originaire ») et une « nature des énergies et de la matière », terme qu'il emprunte à Zhang Zai et aux frères Cheng[148] dans laquelle le Principe se trouve comme obstrué par les énergies propres aux êtres et aux choses[149]. Cette double caractérisation de la « nature » ne signifie cependant pas qu'il existerait deux natures séparées. La « nature des énergies et de la matière » et la « nature propre au Principe céleste » ne sont que les deux modalités d'une seule et même « nature ». Il en est de même pour le « cœur », unique par essence, mais dont la perfection originaire subit les altérations liées aux énergies matérielles « captées » ou « reçues » (*bing*

146. *Tianming zhi wei xing* 天命之謂性 : « Le mandat du Ciel c'est ce qu'on appelle nature. » Autre traduction : « On nomme *nature* la vie commandée par le Ciel » (Charles Le Blanc, Rémi Mathieu, éd. 2009, « La Pratique équilibrée », p. 576). Voir *Zhongyong zhangju*, dans *Zhuzi quanshu*, vol. 6, p. 32.

147. 天所賦爲命, 物所受爲性, cité par Chen Lai, *Zhuzi zhexue yanjiu*, p. 229.

148. Anne Cheng, 1997, p. 434.

149. « Nature propre au Principe céleste » (*tianli zhi xing* 天理之性), également appelée « nature originaire » (*benran zhi xing* 本然之性 ou *benyuan zhi xing* 本原之性), et « nature des énergies et de la matière » (氣質之性) reçue par les êtres (*qibing* 氣稟).

禀) à la naissance. La « nature » est le Principe déployé dans sa dimension mondaine, et reste chaque fois indissociable des énergies. Zhu Xi s'appuie sur une phrase des frères Cheng : « Parler de nature sans parler des énergies serait incomplet ; parler des énergies sans parler de nature ne serait pas claivoyant. Dans les deux cas, on serait dans l'erreur[150]. » La « nature » relève du suprasensible, « en amont des formes », au même titre que le Principe, tandis que les énergies relèvent de l'« aval des formes ». Dans son commentaire du *Mengzi*, Zhu Zi précise une nouvelle fois : « La *nature*, c'est le Principe que l'homme reçoit du Ciel ; la *vie*, ce sont les énergies que l'homme reçoit du Ciel. La *nature* c'est l'amont des formes ; les *énergies* sont l'aval des formes[151]. » Ailleurs, il ajoute : « La *nature*, c'est le Principe dont l'homme est doté par le Ciel pour vivre[152] ».

Zhu Xi emprunte au « Xici » une formule fameuse pour exprimer l'idée du passage du Principe de sa dimension cosmique au plan ontologique et mondain : « Un *Yin*, un *Yang* c'est ce qu'on appelle le *Dao*. Ce qui le suit, c'est le bien ; ce qui le constitue, c'est la nature[153]. » De cette formule

---

150. 論性不論氣不備, 論氣不論性不明, 二之則不是, citation reprise dans *Jinsilu*, ch. II-30, *Zhuzi quanshu*, vol. 13, p. 182 ; autre traduction : *Talk about nature but not about material force is incomplete, and talk about material force but not about the nature is unintelligible. (It is wrong to consider them as two.)* (Wing-tsit Chan, éd. 1967, p. 54). Chen Lai, *Zhuzi zhexue yanjiu*, 2000, p. 231.

151. 性者, 人之所得於天之理也 ; 生者, 人之所得於天之氣也。性, 形而上者也 ; 氣, 形而下者也。, *Mengzi*, VI, A (« Gaozi, shang »), dans *Zhuzi quanshu*, vol. 6, p. 395, voir aussi *Sishu zhangju jizhu*, p. 326.

152. 性者, 人所禀於天以生之理也。, *Mengzi*, III, A (« Teng Wengong, shang 滕文公, 上 »), dans *Zhuzi quanshu*, vol. 6, p. 395, voir aussi *Sishu zhangju jizhu*, p. 251.

153. 一陰一陽之謂道, 繼之者善也 ; 成之者性也 : « Un *Yin*, un *Yang* c'est ce qu'on appelle la Voie. Ce qui le suit, c'est le bien, ce qui le constitue, c'est la nature » ; voir « Xici shang », dans *Zhouyi benyi*, *Zhuzi quanshu*, vol. 1, p. 126. Voir aussi *Shisanjing zhushu*, p. 78. Autres traductions : « Une négativité et une positivité sont ce qu'on appelle la voie rationnelle. / Ce qui succède immédiatement, c'est le bien ; ce qui en résulte immédiatement, c'est

onto-cosmologique, déjà reprise par Zhou Dunyi[154], Zhu Xi retient les deux dernières propositions qu'il associe au Principe, identifié au *Dao*, à la fois dans son déploiement dynamique (« ce qui le suit, c'est le bien ») et dans son agrégation constituante et statique aux êtres et aux choses (« ce qui le constitue, c'est la nature »). Zhu Xi associe respectivement ces deux assertions au *Yang* (le Principe dans son « écoulement » inchoatif antérieur à toute constitution) et au *Yin* (le Principe dans sa dimension *constituée*). Ces deux propositions (« ce qui le suit, c'est le bien » et « ce qui le constitue, c'est la nature ») sont à leur tour associées aux notions de « non manifesté » et de « manifesté » inspirées du *Zhongyong*, ouvrant de nouvelles élaborations conceptuelles caractéristiques de la pensée à la fois analytique et synthétique de Zhu Xi[155].

Zhu Xi reprend à Mengzi la thèse d'une nature humaine bonne[156], mais la nature affectée par la matière et les énergies altère la perfection de la « nature originaire ». Cette distinction permet d'expliquer la présence du mal, vu comme un simple accident, telle l'eau, claire et pure à sa source, qui peut devenir sale et polluée par la boue et les impuretés, sans changer

---

la nature » (Paul-Louis-Félix Philastre, éd. 2006, § 1155 et 1156, p. 795) ; « Une fois du *yin*, une fois du *yang* / Et voici ce qui est nommé Tao / S'y conformer est le bien / L'accomplir est la nature. » (Michel Vinogradoff, éd. 2000, p. 294).

154. Voir *Tongshu* 通書, § 1, « Cheng 誠, shang 上 », dans *Zhou Dunyi ji* 周敦頤集, p. 13-14 ; voir aussi *Zhuzi quanshu*, vol. 13, p. 97-98. Zhu Xi reprend ces arguments dans son commentaire au *Taijitushuo* de Zhou Dunyi ; voir Zhu Xi, *Taijitushuo jie*, dans *Zhuzi quanshu*, vol. 13, p. 72-73, 76-77 ; voir aussi *Zhou Dunyi ji*, p. 4, 8-9.

155. Voir les commentaires de Zhu Xi à ces formules du « Cixi », *Zhuzi yulei* 65 (« Yi, 1 易, 一 ») dans *Zhuzi quanshu*, vol. 16, p. 2158-2159 ; *Zhuzi yulei* 74 (« Yi, 10 易, 十 ») dans *Zhuzi quanshu*, vol. 16, p. 2522-2529 ; *Zhuzi yulei* 94 (« Zhouzi zhi shu 周子之書 »), dans *Zhuzi quanshu*, vol. 17, p. 3142-3147. Voir aussi Chen Lai, *Zhuzi zhexue yanjiu*, 2000, p. 227.

156. Sur la nature bonne (*xing shan* 性善) chez Mengzi, voir *Mengzi*, VI, A (« Gaozi, shang ») ; notice et traduction Charles Le Blanc, Rémi Mathieu, éd. 2009, p. 461-485.

de nature pour autant. Zhu Xi écrit dans son commentaire au *Mengzi* : « La *nature* correspondant au Principe céleste, il n'est pas de cas où elle ne soit pas bonne[157]. » Dans ses *Questions-réponses sur* La Grande Étude, Zhu Xi livre la réflexion suivante :

> La Voie du Ciel se résume à deux choses : le bien et le mal. Mais si l'on se penche sur leur origine et leur hiérarchie, on observe que le bien représente l'état originaire conféré par le Ciel, alors que le mal représente les perversions engendrées par les désirs humains. Ainsi dans la nature foncière de l'homme se trouve le bien et non le mal ; son cœur fondamental le porte vers l'amour du bien et la détestation du mal. Mais dès lors que nous subissons le poids de notre enveloppe corporelle, auquel s'ajoutent les entraves dues aux énergies dont nous sommes dotés, les égoïsmes liés aux désirs humains viennent masquer tout cela, et l'état originaire que nous a conféré le Ciel ne parvient pas à se déployer dans sa plénitude[158].

La prépondérance accordée par Zhu Xi au Principe sur les énergies matérielles, contrairement à Zhang Zai, fait que l'on parle à son propos d'« Étude du *Li* », terme équivalant sous les Song à l'« Étude de la Voie », et qui désigne ce que l'on appelle en Occident le néoconfucianisme[159]. À l'époque de Zhu Xi, l'« Étude de la Voie » fit l'objet de critiques virulentes, le terme prenant dans la bouche de ses détracteurs une conno-

---

157. 性即天理, 未有不善者也, *Mengzi*, VI, A (« Gaozi, shang »), *Zhuzi quanshu*, vol. 6, p. 395, voir aussi *Sishu zhangju jizhu*, p. 325.

158. 天下之道二, 善與惡而已矣。然揆厥所元, 而循其次第, 則善者天命所賦之本然, 惡者物欲所生之邪穢也。是以人之常性, 莫不有善而無惡, 其本心莫不好善而惡惡。然既有是形體之累, 而又爲氣稟之拘, 是以物欲之私, 得以蔽之, 而天命之本然者, 不得而著。, dans *Daxue huowen* (*Questions-réponses sur* La Grande Étude), dans *Zhuzi quanshu*, vol. 6, p. 532.

159. Le terme *Daoxue* (Étude de la Voie), synonyme de *Lixue* 理學, que l'on peut aussi traduire par « école de la Voie », pose de redoutables difficultés de définition, voir Robert P. Hymes et Conrad Schirokauer, 1993, avant-propos. Pierre Hoang (1902) traduit par « système philosophique ».

tation fortement négative, assimilée à une posture hypocrite, voire factieuse, comme le rappelle le *Mémoire scellé de 1188*.

Si la distinction entre *Li* et *Qi* n'est pas explicitement reprise dans le *Mémoire scellé de 1188* adressé à Xiaozong, Zhu Xi cite cependant une phrase de Cheng Yi : « Substance et fonction procèdent d'une origine unique ; manifeste et subtil ne connaissent pas d'écart », dans laquelle Zhu Xi, à la suite de Cheng Yi, interprète le « subtil » au sens de Principe immatériel contenu dans les choses sensibles et phénoménales (ce qui est manifeste)[160]. Cette phrase, régulièrement utilisée par Zhu Xi pour étayer sa thèse sur l'unité entre Principe et énergies, suprasensible et sensible, deviendra un des piliers de sa philosophie. Selon Zhu Xi, le manifeste se rapporte au sensible, tandis que le « subtil » correspond au Principe et relève du suprasensible, au même titre que la substance. Dans une lettre à un disciple, le maître du Fujian affine cette idée :

> « Substance et fonction procèdent d'une origine unique » signifie que vu sous l'angle du « Principe », celui-ci correspond à la « substance », tandis que les « figures » correspondent à la « fonction » ; or les « figures » sont immanentes au « Principe », d'où « l'origine unique ».
>
> « Manifeste et subtil ne connaissent pas d'écart », vu sous l'angle des « images », celles-ci correspondent à ce qui est « manifeste », tandis que le Principe correspond au

160. 體用一原, 顯微無間, phrase tirée du « Yizhuan xu 易傳序 » (« Préface au Commentaire sur le *Yijing* ») par Cheng Yi ; voir Chen Lai, *Song Ming lixue*, 2000, p. 103-106 ; phrase citée dans *Jinsilu*, ch. III, 49, voir *Zhuzi quanshu*, vol. 13, p. 201. Autres traductions : « Constitution et fonction proviennent d'une même source, entre manifeste et subtil point d'intervalle. » (Anne Cheng, 1997, p. 473) ; *Substance and function come from same source and there is no gap between the manifest and the hidden.* (Wing-tsit Chan, éd. 1967, p. 109).

« subtil », or le « Principe » est immanent aux « images », d'où « absence d'écart »[161].

Dans le *Mémoire scellé de 1188*, Zhu Xi insiste sur l'opposition entre « désirs humains et « Principe céleste », deux notions essentielles de sa philosophie morale et qui traduisent respectivement la double dimension du « cœur », dans lequel Zhu Xi distingue le « cœur humain », fragile et soumis aux passions, et le « cœur du *Dao* », ténu par définition, et dont la nature idéale risque d'être obstruée par le « cœur humain ». Fidèle aux principes énoncés par Confucius et Mencius, le confucianisme rénové des Song met l'accent sur la tension entre l'intérêt personnel, « égoïste », et le bien commun, lié à la notion d'impartialité. On retrouve, *mutatis mutandis,* cette thématique dans la religion chrétienne, entre ce que Sainte-Beuve appelle le « vice de propriété » et l'esprit de communauté[162]. Il existe en effet une dimension à la fois politique et ritualiste, sinon religieuse, au cœur du « confucianisme philosophique »[163] des Song, dont les sages et les saints rois de l'Antiquité offraient le modèle idéal. Pour se mettre au service désintéressé de l'État, le disciple tendait vers ce modèle. Il se perfectionnait grâce à une acquisition des connaissances menée avec un recueillement et un sérieux révérenciel, défini par le terme *jing* 敬, aussi traduit par les termes « gravité » ou « seriousness », et que l'on peut comprendre au sens de respect attentif, de

161. 體用一源, 顯微無間者, 自理而觀則理爲體象爲用而理中有象, 是一源也。顯微無間者, 自象而觀則象爲顯理爲微而象中有理, 是無間也。Voir « Da He Shujing » (« Réponse [30/32] à He Shujing »), *Wenji* 40, dans *Zhuzi quanshu*, vol. 22, p. 1841. Voir aussi Liu Shuxian, *op. cit.*, p. 322-333, (citation p. 325).

162. Sainte-Beuve, *Port-Royal*, t. I, Paris, Gallimard, « Bibliothèque de la Pléiade », 1953, vol. 1, p. 125.

163. J'emprunte à Jean-François Billeter la notion de « confucianisme philosophique », voir « Questions sur un philosophe chinois », *Critique*, n° 713, oct. 2006, p. 811.

« concentration » ou de présence à soi[164]. Cette attention révérencielle exige un véritable travail sur soi, pratiqué à la manière d'un *gongfu*工夫. Alors que Zhang Shi et l'école du Hunan envisagent l'introspection avant toute autre forme de perfectionnement, Zhu Xi inverse les termes de l'alternative, aboutissant à l'idée d'une recherche introspective dissociée de la méditation, qui ne viendrait que dans un second temps[165]. Ce qui constituait une forme de méditation opérée *a priori* chez ses devanciers devient pour Zhu Xi une investigation philosophique, associée à l'effort intellectuel et à la maîtrise de soi. Zhu Xi trouve une nouvelle fois chez Cheng Yi une formule destinée à résumer cette thèse : « Le perfectionnement requiert la concentration ; l'avancée dans l'étude réside dans l'accès à la connaissance[166]. » Zhu Xi conditionne la « concentration » au perfectionnement individuel et à l'acquisition des connaissances : « Le mot concentration est à la base de tout ce qui est excellent, qu'il s'agisse du perfectionnement et de l'examen de soi, de scruter les choses et atteindre à la connais-

164. Sur la notion de *jing* 敬, voir Chen Lai, *Song Ming lixue*, 2000, p. 193-195. Citations des frères Cheng dans *Jinsilu*, IV, dans *Zhuzi quanshu*, vol. 13, p. 213 ; traductions dans Wing-tsit Chan, éd. 1967, p. 128-144.

165. Le perfectionnement individuel (*hanyang* 涵養) est envisagé à la manière de se « nourrir intérieurement » et va de pair avec l'idée d'examen introspectif (*chashi* 察識). Le terme est aussi traduit par « enrichissement moral » ou « culture morale » (Anne Cheng, 1997, p. 454 et 468), et par *cultivates oneself* ou *cultivates the mind* (Wing-tsit Chan, éd. 1967, IV, 40 et 45, p. 139 et 142). *Hanyang* est souvent remplacé par le terme *cunyang* 存養, abréviation de *cunxin yangxing* 存心養性, soit « maintenir son esprit, nourrir sa nature ». Sur la phrase 先察識後涵養, voir Liu Shuxian, *op. cit.*, p. 118-137.

166. 涵養須是（用）敬, 進學則在致知, voir « Yifa weifa shuo » (« Traité sur le manifesté et le non manifesté, 1169 »), *Wenji* 67, *Zhuzi quanshu*, vol. 23, p. 3268. Phrase reprise dans le *Jinsilu*, ch. II, *Zhuzi quanshu*, vol. 13, p. 185. Autres traductions : « L'enrichissement moral demande de la gravité (*jing* 敬), et le progrès dans l'étude réside dans l'extension de la connaissance » ; « La culture morale exige de la gravité, et les progrès dans l'étude résident dans le développement de la connaissance. » (Anne Cheng, 1997, p. 454 et 468) ; *Self-cultivation requires seriousness ; the pursuit of learning depends on the extension of knowledge.* (Wing-tsit Chan, éd. 1967, p. 65.)

sance, tous les différents *gongfu* en procèdent, et trouvent sur quoi s'appuyer[167]. » Ce faisant, Zhu Xi a donné à l'étude et à l'apprentissage du savoir la dimension d'une véritable méthode, prônant une lecture lente et systématique, opérée dans un état de concentration intellectuelle maximale[168]. Le cœur (l'esprit) toujours prompt à s'égarer doit être ressaisi : il convient de se « mettre en quête du cœur lorsque l'attention est relâchée » (*qiu fang xin* 求放心). Le *Mengzi* cite une phrase de Confucius à propos du « cœur-esprit » qu'il convient de maîtriser : « On le contrôle, il reste ; on le relâche, il disparaît ; il va et vient à tout moment, sans qu'on sache dans quelle direction[169]. » Zhu Xi livre une citation de son maître Li Tong (Li Yanping) à propos de l'étude :

> Au début de toute étude, il convient de garder son cœur concentré, et ne pas lui permettre de laisser d'autres choses prendre le dessus. Pour chaque chose à laquelle on est confronté, il convient de se pencher sur elle à plusieurs reprises afin d'en épuiser le principe. Une fois que cette chose

---

167. 敬之一字,萬善根本,涵養省察、格物致知,種種功夫皆從此出,方有據依。, « Da Pan Gongshu 答潘恭叔 [Pan Yougong 潘友恭] » (« Réponse [8/9] à Pan Gongshu, 1187 »), *Wenji* 50, dans *Zhuzi quanshu*, vol. 22, p. 2313.

168. De nombreux chapitres des *Propos classés de maître Zhu* sont entièrement consacrés à l'étude et à l'apprentissage de la connaissance, voir *Zhuzi yulei*, ch. 7-13 et 113-121, dans *Zhuzi quanshu*, vol. 14, p. 268-418 et vol. 18, p. 3588-3849.

169. 操之存, 舍之亡, 出入無時, 莫知其向, *Mengzi*, VI, A, 8 (« Gaozi, shang »). Ces quatre phrases attribuées à Confucius dans le *Mengzi* ne figurent pas dans le *Lunyu*, elles sont suivies par une cinquième proposition, 惟心之謂歟, dont l'attribution à Confucius est sujette à caution, voir Chen Lai, *Zhuzi zhexue yanjiu*, 2000, p. 273. Ces cinq phrases sont traduites par Couvreur : « Confucius disait : "Si vous les tenez fermes, ils se conserveront ; si vous les laissez aller, ils se perdront. Ils vont et viennent sans avoir de temps déterminé." Il disait cela en parlant des sentiments du cœur. » (Séraphin Couvreur, *Les Quatre Livres*, éd. 1992, p. 570). Elles sont glosées par Zhu Xi par ce commentaire : 孔子言心, 操之則在此, 舍之則失去, 其出入無定時, 亦無定處如此 : « Maître Kong parle ici du cœur, on le contrôle il reste là, on le lâche, il s'en va. Ses va-et-vient sont irréguliers, de même il n'a pas un lieu fixe », voir Zhu Xi, *Mengzi jizhu*, dans *Zhuzi quanshu*, vol. 6, p. 402.

> est dégagée, il devient possible d'avancer en procédant par ordre et de s'attaquer à autre chose. À la longue, les choses s'accumulent et l'on éprouve alors une aisance naturelle, que ni l'écriture ni le langage ne sauraient atteindre[170].

Zhu Xi cite Mengzi quand il observe que les hommes mettent davantage de soin à rattraper un animal échappé que de veiller à ressaisir leur « cœur »[171]. Ce qui était dans un premier temps d'ordre moral chez Mengzi devient essentiellement d'ordre intellectuel et cognitif chez Zhu Xi. Le *Jinsilu* reproduit cette phrase de Cheng Hao : « Les myriades de propos tenus par les saints et les sages se ramènent au désir que les gens retrouvent en eux leur cœur égaré.[172] » Cette méthode, associée à un art de la mémoire, n'avait d'autre but que d'intérioriser et de percer le sens de textes anciens qui présentent souvent des difficultés d'interprétation considérables, et de tendre vers un idéal de perfection à l'égal des anciens.

En rejetant à la fois l'ascèse et la méditation, Zhu Xi se place dans la continuation de Confucius qui avait écarté toute forme de mortification et de privation de nourriture au profit d'une conduite vertueuse, renforcée par l'étude et un mode de vie frugal. Zhu Xi emprunte au *Zhongyong*, au *Mengzi*, aux

---

170. 間獨惟念昔聞延平先生之教, 以爲爲學之初, 且當常存此心, 勿爲他事所勝, 凡遇一事, 即當且就此事反復推尋, 以究其理, 待此一事融釋脱落, 然後循序稍進, 而別窮一事, 如此既久, 積累之多, 胸中自當有灑然處, 非文字言語之所及也。, dans *Daxue huowen* 大學或問 (*Questions-réponses sur* La Grande Étude), dans *Zhuzi quanshu*, vol. 6, p . 532.

171. 人有雞犬放, 則知求之 ; 有放心而不求。學問之道無他 : 求其放心而已。, *Mengzi*, VI, A, 11 (« Gaozi, shang »). Ces phrases sont traduites par Couvreur : « Une poule ou un chien s'échappe, on sait chercher cet animal. On perd ses bons sentiments et on ne cherche pas à les recouvrer. Tous les efforts du disciple de la sagesse doivent tendre à recouvrer ses bons sentiments perdus. » (Séraphin Couvreur, *Les Quatre Livres*, éd. 1992, p. 574-575).

172. 聖賢千言萬語只是欲人將已放之心使反復入身來。, *Jinsilu* IV-8, dans *Zhuzi quanshu*, vol. 13, p. 208 ; autre traduction : *Sages and worthies have uttered thousands and thousands of words primarily from that desire that people should recover their lost mind and keep them under control.* (Wing-tsit Chan, éd. 1967, p. 126).

frères Cheng et à Zhou Dunyi la notion d'« authenticité », réquisit fondamental pour vivre dans un rapport de sincérité avec le monde et parvenir à une forme de « vérité » que Zhu Xi assimile au Faîte Suprême[173].

En se proclamant l'héritier spirituel des philosophes confucéens des Song du Nord, crédités d'avoir renoué avec une tradition perdue depuis Confucius et Mengzi, en déniant toute légitimité à l'héritage des époques impériales antérieures aux Song, Zhu Xi s'inscrit dans la filiation de la « transmission de la Voie » (*daotong* 道統) héritée de Confucius et des saints rois de l'Antiquité. Cette ambition lui imposait un immense travail d'interprétation des classiques de la période pré-impériale, antérieurs au IIe siècle avant notre ère, annotant, commentant, explicitant sans relâche les ouvrages canoniques, rétablissant au besoin l'ordre de certains passages, allant même jusqu'à compléter d'un court texte de sa composition la section V de la *Grande Étude* qui résume les idées de Zhu Xi en matière d'acquisition des connaissances.

> Ce qu'on appelle « porter la connaissance à son plus haut degré » consiste à « scruter les choses ». Cela signifie que vouloir porter au plus haut degré ses connaissances consiste à appréhender les choses et aller au bout de leur Principe. Dans le cœur humain, il n'existe en effet aucune intelligence qui ne soit dépourvue de connaissance, et il n'est aucune chose sous le Ciel qui ne soit dépourvue de Principe. Or le

173. Dans son commentaire au premier paragraphe du *Tongshu*, « Cheng, shang », Zhu Xi écrit : 誠者, 至實而無妄之謂, 天所賦, 物所受之正理也。[…] 誠即所謂太極也 : « L'authenticité désigne ce qui est au plus près du réel sans mensonge, c'est le vrai Principe conféré par le Ciel et reçu par les êtres et les choses. […] L'authenticité, c'est ce qu'on appelle le Faîte Suprême. » Voir *Zhou Dunyi ji*, p. 13 ; *Zhuzi quanshu*, vol. 13, p. 97. Sur la notion de *cheng* 誠, voir *Zhongyong zhangju*, § 20-26, dans *Zhuzi quanshu*, vol. 6, p. 48-52. Voir aussi Maud M'Bondjo, *Néo-confucianisme et Cosmologie. La notion de* cheng *dans la pensée de Zhou Dunyi (1017-1073)*, thèse de doctorat soutenue en 2010 à l'Inalco, sous la direction de Mme le professeur Anne Cheng.

> Principe est sans limite, c'est pourquoi la connaissance de celui-ci est infinie. C'est la raison pour laquelle *La Grande Étude* commence son enseignement en enjoignant ceux qui apprennent à appréhender les choses sous le Ciel, de sorte qu'il n'y ait personne qui, suivant le Principe de ce qu'il connaît déjà, ne puisse aller plus loin en visant à atteindre leur point ultime (au faîte). En y déployant ses forces, on finit un jour par accéder aux choses de part en part. Il n'est rien de la multitude des choses, tant dans leur dimension superficielle qu'intérieure, fine ou grossière, où on ne puisse arriver ; et il n'est rien dans notre cœur, tant dans sa substance tout entière que dans ses principales fonctions, qui ne soit éclairé. C'est cela qu'on appelle les « choses scrutées » ; c'est cela qu'on appelle « la connaissance portée à son plus haut degré »[174] !

Zhu Xi n'a cessé de réfléchir au sens et à la portée des *Entretiens* de Confucius et de *La Grande Étude*. Son entreprise intellectuelle et philosophique relève à la fois d'une herméneutique et d'une pensée politique ou, si l'on préfère, d'une idéologie. Le travail qu'il a mené jusqu'à son lit de mort sur le texte de *La Grande Étude,* texte au cœur du dispositif de l'« Étude de la Voie », visait moins à en dégager une fois de plus la signification qu'à en accorder les principes fondamentaux avec sa propre vision philosophique, politique et morale[175]. *La Grande Étude*, qui forme à l'origine un chapitre du *Liji* 禮記 *(Traité sur les rites)*, un des classiques du confucianisme, propose un modèle de gouvernement dont l'axiome principal repose sur le modèle idéal incarné par le souverain. Si l'on veut

174. 所謂致知在格物者, 言欲致吾之知, 在即物而窮其理也。蓋人心之靈莫不有知, 而天下之物莫不有理, 惟於理有未窮, 故其知有不盡也。是以大學始教, 必使學者即凡天下之物, 莫不因其已知之理而益窮之, 以求至乎其極。至於用力之久, 而一旦豁然貫通焉, 則眾物之表裏精粗無不到, 而吾心之全體大用無不明矣。此謂物格, 此謂知之至也。Voir *Daxue zhangju*, dans *Zhuzi quanshu*, vol. 6, p. 20. Autres traductions, Séraphin Couvreur, *Les Quatre Livres*, éd. 1992, p. 112 ; Anne Cheng, 1997, p. 490.

175. Yu Yingshi, 2004, p. 417-423.

gouverner efficacement l'Empire, il convient de s'améliorer, préalable à l'harmonie familiale puis, de fil en aiguille, à l'équilibre de la société. L'élargissement des connaissances obtenu par une réflexion systématique sur les choses fait partie intégrante de ce dispositif. Selon ce modèle, idéal politique et perfectionnement individuel, acquis grâce à l'étude, sont intimement liés. C'est ce système que préconise invariablement Zhu Xi auprès du souverain, toujours soumis à la tentation de favoriser son entourage aux dépens de l'intérêt général et dont il développe les grandes lignes dans le *Mémoire scellé de 1188*. Convertir l'empereur à ces thèses et le remettre sur la voie du bien en « corrigeant son cœur » étaient aux yeux de Zhu Xi et de ses alliés le moyen le plus sûr de réformer l'Empire.

Mémoire scellé
sur la situation de l'Empire

戊申封事

戊申封事

十一月一日, 朝奉郎、直寶文閣、主管西京嵩山崇福宮臣朱熹謹齋沐具疏, 昧死再拜, 獻于皇帝陛下.

臣猥以庸陋, 蒙被聖知, 有年於此矣. 而兩歲以來, 受恩稠疊, 有加於前, 顧視輩流, 無與爲比, 其爲感激之深, 固有言所不能諭者.

1. Les chiffres en marge correspondent à la pagination de l'édition de référence des œuvres de Zhu Xi, éditées par Zhu Jieren 朱傑人, Yan Zuozhi 嚴佐之, Liu Yongxiang 劉永翔, *Zhuzi quanshu* 朱子全書 (*Œuvres complètes de maître Zhu*), Shanghai guji, Anhui jiaoyu, 2002, vol. 20.

2. Premier jour du onzième mois lunaire : 20 novembre 1188.

3. « Gentilhomme du service de cour » (*chaofenglang* 朝奉郎), grade honorifique attribué à des fonctionnaires de rang 6a et 7a. Voir Charles O. Hucker, 1988, § 321, p. 118. Zhu Xi a été promu à ce grade au milieu du 7e mois lunaire (début août 1188), voir Shu Jingnan, 2001, vol. 2, p. 911.

4. « Pavillon des belles-lettres », ou « Cabinet de la culture valorisée » (Baowenge 寶文閣), l'un des douze pavillons dans le palais sous les Song, parmi lesquels on trouvait également le Longtuge 龍圖閣. Voir Charles O. Hucker, 1988, § 4502, p. 370. La nomination de Zhu Xi à ce poste honorifique remonte au 26e jour du 7e mois (20 août 1188) : Shu Jingnan, 2001, p. 913.

Wu-shen fengshi[1]
(1188)

589 Au premier jour du onzième mois lunaire[2], votre serviteur, Zhu Xi, gentilhomme du service de cour[3], attaché au Pavillon des belles-lettres[4], responsable[5] du temple du Grand Bonheur, au pic Songshan, à la capitale de l'Ouest[6], présente ce mémoire, non sans s'être préalablement purifié par un jeûne et un bain. Saluant par deux fois, il le soumet, avec une témérité digne de mort[7], à Votre Auguste Majesté.

Votre humble serviteur, aussi médiocre soit-il, a bénéficié depuis des années de votre sainte attention. Les bontés qu'il a reçues se sont multipliées depuis deux ans, dépassant même celles qui lui avaient été prodiguées jusqu'alors. Observant autour de lui, votre serviteur n'a rien vu de comparable parmi ses pairs. Les mots ne sauraient exprimer la profonde reconnaissance qu'il en éprouve.

5. « Responsable » (*zhuguan* 主管), Charles O. Hucker, 1988, § 1399, p. 181.

6. Le temple du Grand Bonheur (Chongfugong 崇福宮) était situé au pied du mont Songshan 嵩山, le pic du Centre, à proximité de Luoyang 洛陽, la capitale annexe de l'ouest ; la région était alors aux mains des Jin 金. La nomination de Zhu Xi à ce poste honorifique, qui lui permettait de rester au Fujian福建, remonte également au 20 août 1188 : Shu Jingnan, 2001, p. 913.

7. « Saluant par deux fois, il le soumet avec une témérité digne de mort » (*meisi zaibai jinyan* 昧死再拜進言) ; cette formule appartient depuis la dynastie Han (-206 à 220) au langage de cour.

然竊惟念狂妄之言, 抵觸忌諱, 雖蒙聽納, 不以爲罪, 而伏俟數月, 未見其有略施行者. 臣誠不自知, 求所以堪陛下非常之恩者, 而未知所出也, 以是慚懼, 久不自安. 不意陛下又欲召而見之, 臣愚於此仰窺聖意, 尤不識其果何謂也. 以爲欲聽其計策, 則言已陳而不可用 ; 以爲欲加之恩意, 則寵既厚而無以加. 二者之間, 未有所當, 此臣之所以徘徊前却, 懇扣辭避而不能已也. 然而陛下猶未之許.

則臣又重思之, 前日進對之時, 口陳之說, 迫於疾作而猶有未盡焉者, 蓋嘗請以封事上聞, 而久未敢進, 豈非陛下偶垂記憶而欲卒聞之乎, 抑其別有以乎 ? 臣不得而知也.

8. Référence à l'audience du 3 juillet 1188, voir « Wu-shen Yanhe zouzha, yi-wu 戊申延和奏箚, 一-五 » (« Communication orale de l'année *wu-shen* (1188) salle Yanhe, 1 à 5 »), *Wenji* 14, dans Zhu Jieren *et al.* (éd.), *Zhuzi quanshu*, vol. 20, p. 656-665 ; autre édition Guo Qi 郭齊, Yin Bo 尹波 (éd.), *Zhu Xi ji* 朱熹集 (*Œuvres de Zhu Xi*), Chengdu, Sichuan jiaoyu, 2001, vol. 2, p. 532-543.

9. Allusion à la nomination qui a suivi l'audience de Zhu Xi à la capitale, le 3 juillet 1188, voir *supra* notre présentation du texte.

10. Allusion à l'audience au palais du 3 juillet 1188, voir *supra* notre présentation du texte.

Pourtant, humblement, il a pensé que ses paroles, bien qu'ayant été écoutées sans être tenues pour un crime, malgré leur impertinence qui allait à l'encontre des interdits, n'avaient cependant pas été, après plusieurs mois d'attente, suivies du moindre effet[8]. Ignorant sincèrement ce qui lui avait valu les faveurs extraordinaires de Votre Majesté, votre serviteur a vainement cherché ; il en a alors conçu une forme de gêne panique qui l'a plongé dans une vive inquiétude, ne s'attendant pas, de surcroît, à ce que Votre Majesté désirât à nouveau le convoquer en audience. Dans sa sottise, il s'est efforcé de percer vos saintes intentions, ignorant notamment ce que cette convocation signifiait. Votre Majesté souhaitait-elle entendre à nouveau ses plans ? Or, les précédents avis de son serviteur s'étaient avérés inapplicables. Votre Majesté était-elle simplement désireuse de lui manifester une nouvelle fois sa bonté ? Pourtant, les largesses dont son serviteur avait bénéficié jusqu'alors étaient suffisamment généreuses pour qu'il fût encore possible de les étendre davantage. Aucune de ces deux éventualités ne paraissant adéquate, votre serviteur a longtemps hésité, sans savoir s'il devait donner suite ou renoncer ; il n'a eu de cesse d'implorer, front à terre, de pouvoir se dérober, mais Votre Majesté n'était pas disposée à le lui permettre[9].

Votre serviteur a alors repensé à ce qu'il avait exposé oralement lors de la dernière audience, lorsque, pressé par le temps, il n'avait pu aller au terme de sa pensée[10]. Il avait alors prié qu'on lui accordât la possibilité de porter à votre haute connaissance la suite de son propos par le biais d'un mémoire scellé[11], bien qu'il soit resté longtemps depuis sans oser le soumettre ; il ignore si Votre Majesté a bien voulu condescendre à s'en souvenir et souhaite entendre la suite, ou s'il s'agit de tout autre chose.

11. « Mémoire scellé » (*fengshi* 封事), littéralement : « événements scellés », le terme remonte à la dynastie Han lorsque l'empereur sollicitait une information confidentielle sur l'état réel des régions ; les planches sur lesquelles était rédigé le texte étaient placées dans une sacoche noire et scellée.

然君父之命至于再下, 而爲臣子者堅臥於家, 則臣於此實有所未安者. 其所深慮, 獨恐進見之後, 所言終不可用, 而又徒竊誤寵如前之爲, 則臣之辭受將有所甚難處而終得罪者.

是以輒因前請而悉其所言以獻, 以爲雖使得至陛下之前, 所言不過如此. 伏惟聖慈幸賜觀省.

若以其言爲是而次第行之, 則臣之志願千萬滿足, 退伏巖穴, 死無所憾. 萬一聖意必欲其來, 則臣亦不過求一望見清光, 而後懇請以歸而已.

若見其言果無可取, 則是臣所學之陋, 他無所有, 政使冒進, 陛下亦將何所用之 ? 不若因其懇請而許其歸休, 猶足以兩有所全也.

又况陛下之庭, 侍從之列方有造爲飛語以中害

Or, les ordres du Souverain et Père sont arrivés à nouveau chez votre serviteur et fils, qui se tient reclus chez lui. Votre serviteur en a ressenti une véritable inquiétude. Ce qui l'angoisse profondément, c'est avant tout la crainte que tout ce qu'il aurait à dire, au terme d'une nouvelle audience, ne serve en définitive à rien, et qu'il abuse une nouvelle fois de vos faveurs. Se soumettre ou refuser risquent dans les deux cas de le mettre dans une situation extrêmement délicate et de le rendre fautif.

C'est la raison pour laquelle il s'en est tenu à sa précédente requête, et soumet ci-dessous l'intégralité de ce qu'il aurait à dire, estimant que même s'il obtenait de comparaître devant Votre Majesté, tout ce qu'il pourrait déclarer n'irait pas au-delà de ces lignes. Prosterné, il espère simplement que Votre Majesté lui fera la grâce de les parcourir et de les examiner.

590 Si Votre Majesté juge ces propos justes et les applique avec méthode, votre serviteur s'estimera parfaitement comblé. Dût-il périr, après s'être retiré pour vivre caché parmi les falaises et les grottes, il n'éprouvera aucun remords. Si Votre Majesté, dans ses saintes intentions, tient encore absolument à le faire venir, votre serviteur n'aura d'autre désir que de contempler, fût-ce un instant, le pur éclat [de Votre Visage], avant d'implorer de pouvoir s'en retourner.

Si au contraire Votre Majesté ne voit effectivement rien à retenir dans ces propos, cela tient simplement à la trivialité des connaissances de son serviteur, qui constituent pourtant l'unique chose dont il dispose. Même s'il prenait la liberté de se présenter devant vous, à quoi Votre Majesté pourrait-elle l'employer ? Mieux vaut dans ce cas accéder à la demande pressante de son serviteur, en l'autorisant à s'en retourner et à cesser toute activité, ce qui constituera une solution satisfaisante pour les deux parties.

S'ajoute qu'à la cour de Votre Majesté, on trouve, parmi les gens à votre service, des individus enclins à forger des rumeurs

善良,唱爲橫議以脅持上下,其巧謀陰計,又有甚於前日之不思而妄發者.陛下無爲使臣輕犯其鋒而復蹈已覆之轍也.

蓋臣竊觀今日天下之勢,如人之有重病,內自心腹,外達四肢,蓋無一毛一髮不受病者.雖於起居飲食未至有妨,然其危迫之證,深於醫者固已望之而走矣.是必得如盧扁、華佗之輩,授以神丹妙劑,爲之湔腸滌胃以去病根,然後可以幸於安全.如其不然,則病日益深而病者不覺,其可寒心,殆非俗醫常藥之所能及也.故臣前日之奏,輒引«藥不瞑眩,厥疾不瘳»之語,意蓋爲此.而其言有未盡也.

12. Allusion à l'attaque de Lin Li 林栗 (Lin Huangzhong 林黃中) contre Zhu Xi durant l'été 1188. Voir *supra* notre présentation du texte.

13. « Ornière laissée par le char renversé » (*yi fu zhi che* 已覆之轍) : allusion au *Hou Hanshu* 後漢書, « Biographie de Fan Sheng 繁盛 », évoquant un échec dont il convient de tirer la leçon.

14. « Bian du pays de Lu » (Lu Bian 盧扁, ou Bian Que 扁鵲) et Hua Tuo 華佗 : deux médecins célèbres de l'Antiquité. Bian Que, à l'époque des Royaumes combattants, soigna le Prince Wu de Qin 秦, et fut assassiné par le médecin de Qin, jaloux de son succès. Voir « Biographie de Bian Que par Sima Qian 司馬遷 », dans *Shiji* 史記, 105, traduction dans Lisa Bresner, *Pouvoirs de la mélancolie. Chamans, poètes et souverains dans la Chine antique,* Paris, Albin Michel, 2004, p. 227-234. Hua Tuo (mort en 208), fut exécuté pour avoir refusé de se mettre au service de Cao Cao 曹操 (155-220) ; on lui attribue les premières opérations sous anesthésie. Sa biographie figure dans le *Hou Hanshu*.

visant à nuire aux gens de bien et à répandre des calomnies dans le dessein de faire pression sur leurs supérieurs et leurs inférieurs[12]. Leurs brigues et les stratagèmes qu'ils fomentent sont plus redoutables encore que les bruits qui étaient lancés autrefois. La neutralité dont fait preuve Votre Majesté entraîne son serviteur à affronter leurs attaques, et à s'engager à nouveau dans « l'ornière laissée par le char renversé[13] ».

Votre serviteur, humblement, observe que la situation actuelle de l'Empire ressemble à celle d'un individu atteint d'une maladie grave, qui s'étendrait du cœur et des entrailles jusqu'aux différents membres, et à laquelle pas un poil ni un cheveu n'échapperait. Bien que n'entravant pas les activités essentielles, ni des fonctions telles que boire ou manger, les symptômes de la menace qu'elle fait peser sont tels que les médecins prennent la fuite dès qu'ils les diagnostiquent. Il faudrait un Bian du pays de Lu ou un Hua Tuo[14], capables d'administrer un remède divin ou un élixir magique, voire de procéder à une purge ou à un lavage d'estomac permettant d'expulser le mal à la racine, pour ramener miraculeusement le malade à la santé. Autrement, le mal ne fera qu'empirer, sans même que le malade en soit conscient, ce qui a de quoi vous glacer le cœur. Ce ne sont pas de vulgaires docteurs qui seront en mesure d'y porter remède à l'aide de médicaments ordinaires. Voilà ce que votre serviteur voulait exprimer, sans être allé au bout de sa pensée, quand il a eu recours, dans son précédent exposé, à la formule : « Faute d'un remède qui vous étourdit, le mal ne saurait être guéri[15] ! »

15. *Yao bu mingxuan, jue ji bu liao* 藥不瞑眩, 厥疾不瘳, expression tirée du *Shangshu* 尚書, ch. « Shuo ming, shang 說命, 上 » (la négation *fu* 弗 est remplacée par Zhu Xi par l'adverbe *bù* 不), éd. *Shisanjing zhushu*, p. 174 ; « Un remède qui ne produit pas un trouble violent (dans le corps du malade), ne guérira pas la maladie. » (Traduction Séraphin Couvreur, éd. 1999, 3e partie, ch. VIII, p. 153). Ce passage, déjà repris dans *Mengzi* 孟子, III, A, 1 (« Tengwengong, shang 滕文公, 上 ») apparaît dans la cinquième communication orale prononcée devant l'empereur, salle Yanhe en juillet 1188, « Wu-shen Yanhe zouzha, wu 戊申延和奏劄, 五 », *Wenji* 14, *Zhuzi quanshu*, vol. 20, p. 665.

然天下之事,所當言者不勝其衆,顧其序有未及者,臣不暇言,且獨以天下之大本與今日之急務深爲陛下言之.

蓋天下之大本者,陛下之心也.今日之急務,則輔翼太子、選任大臣、振舉綱維、變化風俗、愛養民力、脩明軍政六者是也.臣請昧死而悉陳之,惟陛下之留聽焉.

臣之輒以陛下之心爲天下之大本者,何也?

天下之事千變萬化,其端無窮而無一不本於人主之心者,此自然之理也.故人主之心正,則天下

16. *Daben* 大本. Le terme apparaît dans le *Zhongyong* 中庸 où il est identifié au « milieu » – ou « centre » (*zhong* 中) –, *Liji* 禮記, chap. « Zhongyong », éd. *Shisanjing zhushu* 十三經注疏, p. 1625 ; « Le centre/milieu est le fondement majeur du monde » (中也者,天下之大本也). Autres traductions : « L'équilibre est le point de départ de toutes les transformations et de tous les changements qui s'opèrent dans l'univers. » (Séraphin Couvreur, *Les Quatre Livres*, éd. 1992, p. 29) ; « La centralité est le grand fondement du monde. » (François Jullien, éd. 1993, p. 36). Voir *supra* notre présentation du texte.

Tant de choses seraient à dire sur les affaires de l'Empire qu'il est impossible de les aborder systématiquement. Votre serviteur, n'ayant pas le loisir de tout évoquer, se contentera d'exposer auprès de Votre Majesté ce qui constitue le « fondement majeur[16] » de l'Empire, ainsi que les priorités actuelles.

Le « fondement majeur » de l'Empire réside en réalité dans le cœur de Votre Majesté. Les priorités actuelles, quant à elles, consistent dans les six points suivants : la formation du prince héritier ; la désignation des hauts dignitaires ; le rétablissement des principes fondamentaux ; la réforme des mœurs ; le maintien de la vigueur du peuple ; la réforme du gouvernement des armées. Votre serviteur prie de pouvoir les exposer en détail, au péril de sa vie, avec pour seul espoir que Votre Majesté saura l'entendre.

Votre serviteur tient le cœur de Votre Majesté pour le « fondement majeur » de l'Empire[17]. Pourquoi ?

Les affaires dans l'Empire sont sujettes à mille variations et changements dont les causes sont innombrables, mais il n'en est aucune qui n'ait pour fondement le cœur du Maître des hommes[18]. Ceci représente un principe naturel[19]. C'est pourquoi, lorsque le cœur du Maître des hommes est correct[20],

17. Le *Zhongyong*, § 29, contient déjà cette idée : 故君子之道本諸身，徵諸庶民 : « Ce gouvernement d'un prince sage a pour base la vertu du prince, et se manifeste par ses effets sur tout le peuple. » (Traduction Séraphin Couvreur, *Les Quatre Livres*, éd. 1992, p. 60). Autres traductions : « C'est pourquoi la voie du Souverain / a son fondement dans la personnalité morale de celui-ci / et serait attestée au niveau du peuple tout entier. » (François Jullien, éd. 1993, p. 129) ; « C'est la raison pour laquelle la voie de l'homme de bien a pour origine sa propre personne, mais se manifeste dans le peuple. » (Charles Le Blanc, Rémi Mathieu, éd. 2009, « La Pratique équilibrée », p. 596). Voir *Zhongyong zhangju* 中庸章句, dans *Zhuzi quanshu*, vol. 6, p. 55 et *Sishu zhangju jizhu* 四書章句集注, p. 37.

18. « Le maître des hommes » (*renzhu* 人主), autrement dit le souverain.

19. « Principe naturel » (ou principe spontané) (*ziran zhi li* 自然之理).

20. « Correct » (*zheng* 正) ou droit.

之事無一不出於正；人主之心不正，則天下之事無一得由於正.

蓋不惟其賞之所勸，刑之所威，各隨所向，勢有不能已者，而其觀感之間，風動神速，又有甚焉．是以人主以眇然之身，居深宮之中，其心之邪正，若不可得而窺者，而其符驗之著於外者，常若«十目所視、十手所指»而不可掩．此大舜所以有«惟精惟一»之戒，孔子所以有«克己復禮»之云，皆所以正吾此心而爲天下萬事之本也.

此心既正，則視明聽聰，周旋中禮，而身無不

21. Cet axiome est repris par Zhu Xi dans son commentaire du *Zhongyong*, § 1 : 蓋天地萬物本吾一體，吾之心正，則天地之心亦正；吾之氣順，則天地之氣亦順矣 : « En effet, toutes les choses dans le monde se fondent sur ma substance : lorsque mon cœur est correct, le cœur du monde est également correct ; lorsque mes énergies vont dans le bon sens, les énergies du monde vont également dans le bon sens », voir *Zhongyong zhangju*, dans *Zhuzi quanshu*, vol. 6, p. 33 et *Sishu zhangju jizhu*, p. 19.

22. *Miaoran zhi shen* 眇然之身, terme de modestie utilisé par les empereurs et les impératrices, équivalent à « mon insignifiante personne ».

23. *Shimu suoshi, shishou suozhi* 十目所視，十手所指, phrase du *Daxue* 大學 attribuée à Zengzi 曾子, décrit le jugement que l'entourage porte sur des conduites mauvaises : « Tseng tzeu dit : Ce que tous les yeux voient, ce que tout le monde montre du doigt, n'exige-t-il pas toute notre attention ? » (Traduction Séraphin Couvreur, *Les Quatre Livres*, éd. 1992, p. 13). Autre traduction : « Ce que tous les yeux voient, ce que toutes les mains montrent du doigt, quelle attention n'exige-t-il pas ? » (Séraphin Couvreur, éd. 1950, ch. 39, t. II, p. 618). Voir *Daxue zhangju* 大學章句, dans *Zhuzi quanshu*, vol. 6, p. 21 ; *Shisanjing zhushu,* p. 1673.

aucun événement dans l'Empire n'émane de ce qui n'est pas correct ; mais lorsque le cœur du Maître des hommes ne l'est pas, aucun événement dans l'Empire ne parvient à émerger de ce qui est correct[21].

591 Les encouragements et les avertissements imputables aux récompenses et aux châtiments que le souverain prodigue se déploient en effet selon des trajectoires que rien ne saurait entraver. De plus, la vitesse prodigieuse avec laquelle le souverain observe et ressent les choses surpasse même celle du vent. C'est la raison pour laquelle, bien qu'il puisse paraître *a priori* impossible de surprendre si le cœur du Maître des hommes est correct ou pervers, dans la mesure où son « infime personne[22] » demeure confinée dans le secret de son palais, les effets de ses actes, qui se manifestent clairement à l'extérieur, sont en revanche impossibles à celer : ils apparaissent « au vu et au su de tout le monde, et sont montrés du doigt par tout un chacun[23] ». D'où l'exhortation du Grand Shun[24] : « Concentré ! Un[25] ! » ; à laquelle s'ajoute le propos de Confucius : « Se maîtriser et rétablir les rites[26]. » Dans les deux cas, il s'agit de « corriger notre cœur », fondement de toutes les affaires de l'Empire.

Le cœur une fois correct, la vision s'éclaircit, l'ouïe s'affine, « les actes deviennent conformes aux rites[27] » : il n'est rien

24. Shun 舜 (règne conventionnel : 2255-2206 avant notre ère), un des cinq souverains de la haute Antiquité, successeur de Yao 堯 ; Yu le Grand 大禹 lui succéda.

25. *Wei jing wei yi* 惟精惟一, voir ci-dessous. Le *Grand Dictionnaire Ricci de la Langue Chinoise* propose : « Concentrer son esprit sur une seule chose ». *Cf. infra*, note.

26. *Keji fuli* 克己復禮, *Lunyu*, XII, 1, *cf. infra*, note.

27. « Actes conformes aux rites » (*zhouxuan zhongli* 周旋中禮), allusion à *Mengzi*, VII, B, « Jinxin, xia 盡心、下 » : 動容周旋中禮者盛德之至也 : « La bienséance dans les mouvements, dans la tenue et la démarche est l'indice de la plus haute perfection. » (Traduction Séraphin Couvreur, *Les Quatre Livres*, éd. 1992, p. 646).

正. 是以所行無過不及而能執其中, 雖以天下之大, 而無一人不歸吾之仁者.

臣謹按.

尚書舜告禹曰 :

« 人心惟危,
道心惟微,
惟精惟一,
允執厥中. »

28. « Au-delà » (*guo* 過), ni « en deçà » (*buji* 不及), allusion au *Zhongyong*, voir *Zhongyong zhangju,* § 4, dans *Zhuzi quanshu,* vol. 6, p. 34 : 子曰 : 道之不行矣乎, 我知之矣, 知者過之, 愚者不及也, soit « Les hommes intelligents et éclairés vont au-delà, et les ignorants restent en deçà (du juste milieu). » (Traduction Séraphin Couvreur, *Les Quatre Livres*, éd. 1992, p. 31) ; autres traductions : « Les hommes éclairés (s'imaginent qu'elle [la voie de la vertu] ne suffit pas et) vont au-delà des limites. Les ignorants (ne savent pas comment il faut agir et) restent en deçà des limites. » (Séraphin Couvreur, éd. 1950, t. II, ch. 28, p. 430) ; « Pourquoi la voie n'est-elle point pratiquée, moi, je le sais : les savants vont au-delà, les ignorants restent en deçà. » (François Jullien, éd. 1993, p. 44).

29. *Cf.* note *infra*.

30. La longue remarque qui fait suite, et se termine avec « Ne se produira pas [par rapport au Juste Milieu] », est reprise, à quelques mots près, par Zhu Xi dans sa préface au *Zhongyong*, datée de l'année suivante (*ji-you* 己酉 : 1189), « Zhongyong zhangju xu 中庸章句序 », dans *Zhuzi quanzhu*, vol. 6, p. 29, vol. 24, p. 3673-3775.

31. Yu le Grand, l'un des cinq souverains mythiques de l'Antiquité, fondateur des Xia 夏 (dates conventionnelles : 2205-1767 avant notre ère), célèbre pour ses travaux hydrauliques.

32. « Subtil » (*wei* 微) au sens d'imperceptible, ténu, fragile, prompt à disparaître. Zhu Xi associe par ailleurs ce terme au Principe (*Li* 理) et au suprasensible.

dans ma personne qui ne soit alors correct. C'est pourquoi, si ma conduite ne va ni « au-delà », ni « en deçà[28] », mais reste capable de « s'en tenir au Juste Milieu », il ne sera personne, malgré l'immensité de l'Empire, qui « ne se ralliera à ma vertu d'humanité[29] ».

Remarque respectueuse de votre serviteur[30].

Dans *Le Livre des Documents*, Shun avertit Yu[31] en ces termes :

« Cœur humain est péril,
Cœur du *Dao* est subtil[32].
Sois concentré ! Sois Un !
Scrupuleusement, tiens le [Juste] Milieu[33]. »

33. *Renxin wei wei, daoxin wei wei, wei jing wei yi, yun zhi jue zhong* 人心惟危, 道心惟危, 惟精惟一, 允執厥中, cette formule en seize caractères tient un rôle fondamental dans la pensée de Zhu Xi ; *Shangshu*, « Da Yu mo 大禹謨 », éd. *Shisanjing zhushu*, p. 136 ; « Le cœur de l'homme (soumis aux impressions des sens) est sujet à s'égarer ; dans la voie de la vertu, sa raison et sa volonté sont faibles. Pour tenir constamment le juste milieu, il a besoin de s'appliquer à discerner (le vrai du faux, le bien du mal), et de tendre toujours à un but unique (à la pratique du bien) » (Traduction Séraphin Couvreur, éd. 1999, 1ère partie, ch. III, § 15, p. 39) ; autre traduction : *The mind of man is restless – prone to err; its affinity for the right way is small. Be discriminative, be undivided, that you may sincerely hold fast the Mean.* (James Legge, éd. 1975, p. 61-62.) Les quatre derniers caractères sont repris dans le *Lunyu*, XX, 1 : le pronom archaïque possessif *jue* 厥, présent dans le *Shangshu*, est modernisé en *qi* 其 dans le *Lunyu* 論語 : *yun zhi qi zhong* 允執其中, soit « D'une main ferme, conduis-la par le Juste Milieu. » (Traduction Anne Cheng, éd. 1998, p. 151). Selon Zhu Xi, seule la dernière des quatre propositions (*Yun zhi jue zhong* 允執厥中) fut d'abord adressée par Yao à Shun, avant d'être reprise par ce dernier, complétée par les trois autres phrases, à l'intention de Yu, voir « Zhongyong zhangju xu », dans *Zhuzi quanshu*, vol. 6, p. 29 ; voir aussi édition *Sishu jizhu* 四書集注, *Zhonghua shuju*, éd. 2005, p. 14.

夫心之虛靈知覺，一而已矣. 而以爲有人心、道心之別者，何哉？蓋以其或生於形氣之私，或原於性命之正，而所以爲知覺者不同，是以或危殆而不安，或精微而難見耳. 然人莫不有是形，故雖上智，不能無人心；亦莫不有是性，故雖下愚，不能無道心. 二者雜于方寸之間，而不知所以治之，則危者愈危，微者愈微，而天理之公，卒無以勝乎人欲之私矣.

34. *Zhijue* 知覺. Nous traduisons ici par un seul terme la double notion de « connaître » (*zhi* 知) et « ressentir » (*jue* 覺) que l'on rencontre déjà dans le *Mengzi*.

35. « Vide et intelligente », la traduction de *xu-ling* 虛靈 par deux termes est motivée par la seconde lettre mémoire lue devant Guangzong en 1194, « Jia-yin xinggong biandian zouzha, er 甲寅行宮便殿奏箚, 二 », dans laquelle Zhu Xi définit le cœur comme l'organe « le plus vide et le plus intelligent » (*zhi xu zhi ling* 至虛至靈), *Wenji* 14, dans *Zhuzi quanshu*, vol. 20, p. 669. « Vide » est à prendre au sens de « sans *a priori* ».

36. « Cœur du Dao » (*daoxin* 道心), en harmonie avec le « Principe céleste » (*tianli* 天理), mais « subtil » (*wei* 微) au point de devenir imperceptible.

37. « Égoïsme » ou particularisme (*si* 私).

38. « Formes et énergies matérielles » (*xingqi* 形氣) ou « formes et souffles vitaux ».

39. « Nature et destin/mandat » (*xing ming* 性命), notions associées au 1er § du *Zhongyong* : « Tianming zhi wei xing 天命之謂性 », *Liji*, ch. « Zhongyong », éd. *Shisanjing zhuzhu*, p. 1624 ; voir *Zhongyong zhangju,* p. 32 : « La loi, que le Ciel a mise dans le cœur de l'homme, s'appelle la loi naturelle. » (Traduction Séraphin Couvreur, *Les Quatre Livres*, éd. 1992, p. 28) ; « La loi que le ciel a gravée dans le cœur de l'homme s'appelle la loi naturelle. » (Séraphin Couvreur, éd. 1950, t. II, p. 427). Autre traduction : « Ce dont nous sommes investis par le Ciel constitue notre nature. » (François Jullien, éd. 1993, p. 35.)

Or, si la conscience[34], vide et intelligente[35], du cœur est une, comment se fait-il que l'on distingue entre « cœur humain » et « cœur du *Dao* »[36] ? Cela tient au fait qu'elle peut soit naître dans l'égoïsme[37] des formes et des énergies matérielles[38], soit se fonder sur ce qui est correct dans la nature [humaine] et son destin[39], c'est la raison pour laquelle la conscience présente cette disparité. Voilà pourquoi le cœur peut être soit dans un état périlleux, et donc sujet à inquiétude, soit dans une dimension subtile[40], et donc difficile à voir. Or, il n'est aucun homme qui ne possède de forme ; ainsi même les gens dotés d'une intelligence supérieure ne sauraient être dépourvus de « cœur humain[41] ». De même, il n'est personne qui ne soit dépourvu d'une « nature » ; ainsi même les gens affectés de la bêtise la plus crasse ne sauraient être dépourvus du « cœur du *Dao* ». Les deux[42] s'entremêlent dans le pouce carré que constitue le cœur[43]. Lorsqu'on ignore comment le gouverner, le *péril* devient d'autant plus périlleux, et le *subtil* d'autant plus subtil, de sorte que l'universalité[44] du Principe céleste ne parvient plus à triompher de l'égoïsme des désirs humains.

40. « Subtile » (*jingwei* 精微), comme pour le terme précédent, Zhu Xi substitue au monosyllabisme du texte du *Shangshu* un terme en deux syllabes, destiné à le rendre plus explicite. Dans la préface du *Zhongyong*, *jingwei* est remplacé par *weimiao* 微妙 (« délicat/subtil »), voir « Zhongyong zhangju xu », dans *Zhuzi quanshu*, vol. 6, p. 29, vol. 24, p. 3674.

41. « Le cœur humain » (*renxin* 人心), autrement dit le cœur-esprit, en proie aux « désirs humains » (*renyu* 人欲) et aux particularismes égoïstes, d'où les « périls » (*wei* 危) qui le guettent.

42. « Les deux », c'est-à-dire « cœur humain » et « cœur du *Dao* ».

43. « Pouce carré » (*fangcun* 方寸), le cœur dans sa dimension anatomique.

44. *Gong* 公, propre du « Principe céleste » et du « cœur du *Dao* », en opposition avec les particularismes « égoïstes » (*si* 私), liés aux « désirs humains » et au « cœur humain ».

精, 則察夫二者之間而不雜也 ;

一, 則守其本心之正而不離也.

從事於斯, 無少間斷, 必使道心常爲一身之主, 而人心每聽命焉, 則危者安, 微者著, 而動靜云爲自無過不及之差矣.

又按.

論語, 顏淵問仁, 子曰 :

« 克己復禮爲仁. 一日克己復禮, 天下歸仁焉. 爲仁由己, 而由人乎哉 ? »

夫仁者, 本心之全德也.

己者, 一身之私欲也.

禮者, 天理之節文也.

45. « Entre les deux », c'est-à-dire entre « cœur humain » et « cœur du *Dao* ».

46. « Cœur fondamental » (*benxin* 本心), autrement dit le cœur dans sa dimension essentielle : le « cœur du *Dao* ».

47. « Au-delà » ou « en deçà », *Zhongyong, cf.* note *supra*. Ici prend fin le passage repris quasiment tel quel par Zhu Xi dans sa Préface du *Zhongyong*, *cf.* note *supra*.

48. *Ren* 仁, aussi traduit par « vertu parfaite » (Séraphin Couvreur), « *Ren* » (Anne Cheng), « Vertu suprême » (Pierre Ryckmans), « Bonté » (André Lévy) ; « Humanité » (Charles Le Blanc).

49. *Lunyu*, XII, 1 : 克己復禮為仁, 一日克己復禮天下歸仁焉. 為仁由己而由人乎哉 ?, soit « Ien Iuen ayant interrogé Confucius sur la vertu parfaite, le Maître répondit : " Se vaincre soi-même (maîtriser ses passions), rendre à son cœur l'honnêteté qu'il tenait de la nature, voilà la vertu parfaite. Si un jour vous parvenez à vous vaincre vous-même, à recouvrer entièrement l'honnêteté du cœur, aussitôt tout l'univers dira que votre vertu est parfaite.

Être « concentré », c'est faire la part entre les deux[45], sans les mélanger.

Être « Un », c'est préserver ce qui est correct dans le cœur fondamental[46], sans s'en écarter.

En s'y appliquant sans faillir un instant, l'on permettra au « cœur du Dao » de rester toujours maître du corps, et au « cœur humain » d'obéir chaque fois à ses ordres. Ainsi le « péril » deviendra quiétude, et le « subtil » se muera en quelque chose de manifeste ; que ce soit en parole ou en action, aucun manquement – « au-delà » ou « en deçà » – ne se produira [par rapport au Juste Milieu][47].

Autre remarque.

Dans les *Entretiens de Confucius,* on lit ceci :

« À Yan Yuan qui l'interrogeait sur la vertu d'humanité, le Maître dit : “ Se maîtriser, rétablir les rites, voilà la vertu d'humanité[48]. Le jour où quelqu'un parviendra à se maîtriser et à rétablir les rites, l'Empire se ralliera à son humanité. Le mettre en oeuvre vient de soi, comment cela pourrait-il émaner d'autrui[49] ?” »

La « vertu d'humanité », c'est la vertu parfaite du cœur original.

Le « soi », ce sont les désirs égoïstes du corps humain.

Les « rites », ce sont les détails de l'étiquette du Principe céleste[50].

Il dépend de chacun d'être parfaitement vertueux”. » (Séraphin Couvreur, *Les Quatre Livres*, p. 198). Autre traduction : « Qu'est-ce que le *ren* ? Yan Hui pose la question au Maître, qui lui répond : L'homme de *ren* est celui qui fait effort sur lui-même pour revenir au rituel ; quiconque s'en montrerait capable, ne serait-ce qu'une journée, verrait le peuple entier honorer son *ren*. N'est-ce pas de soi-même, et non des autres, qu'il faut en attendre l'accomplissement ? » (Anne Cheng, éd. 1998, p. 95). Voir aussi Pierre Ryckmans, éd. 1994, p. 65 ; André Lévy, éd. 1994, p. 84 ; Charles Le Blanc, Rémi Mathieu, éd. 2009, p. 138.

50. « Détails de l'étiquette » (*jiewen* 節文) : rites des cérémonies. Cette définition des rites est reprise par Zhu Xi dans son commentaire au *Lunyu*, I, 12 : 禮者, 天理之節文, 人事之儀則也 : « Les rites, ce sont les détails de l'étiquette du Principe céleste, les règles cérémonielles des affaires humaines », dans *Zhuzi quanshu*, vol. 6, p. 72 ; voir aussi édition *Sishu jizhu*, p. 51.

蓋人心之全德莫非天理之所爲, 然既有是身, 則亦不能無人欲之私以害焉. 故爲仁者, 必有以勝其私欲而復於禮, 則事皆天理而本心之德復全於我也. 心德既全, 則雖以天下之大而無一人不歸吾之仁者.

然其機則固在我而不在人也. 日日克之, 不以為難, 則私欲凈盡, 天理流行, 而仁不可勝用矣.

此大舜、孔子之言, 而臣輒妄論其所以用力之方如此.

伏乞聖照.

然邪正之驗著於外者, 莫先於家人而次及於左右, 然後有以達於朝廷而及於天下焉. 若宮闈之內, 端莊齊肅, 后妃有關雎之德, 後宮無盛色之

51. Ce passage et la suite découlent du paragraphe canonique introductif du *Daxue* dont ils constituent pour ainsi dire l'explication.

52. Premier poème du *Shijing* 詩經, interprété comme célébrant la conduite vertueuse de l'impératrice et des concubines : 關關雎鳩, 在河之洲, 窈窕淑女, 君子好逑 : « Les Tins kiou (se répondant l'un à l'autre) crient Kuan Kuan sur un îlot de la rivière. Une fille vertueuse (T'ai Seu), qui vivait retirée et cachée (dans la maison maternelle), devint la digne compagne d'un prince sage (Wenn Wang). » (Traduction Séraphin Couvreur, *Cheu king*, éd. 1992, p. 5). Autre traduction : « Guanguan, crie l'aigle-pêcheur / Sur un îlot au milieu du fleuve. / La jolie fille est charmante, / Le seigneur la recherche. » (Jacques Pimpaneau, éd. 2004, p. 59). Voir *Shisanjing zhushu,* p. 269. Le poème est évoqué dans le *Lunyu*, III, 20 : 子曰 : 關雎樂而不淫, 哀而不傷 : « Le Maître dit : "Cette ode *Guanju*, quelle merveille d'équilibre ! Elle exprime le plaisir sans verser dans l'excès, le chagrin sans se complaire dans le tourment." » (Traduction Anne Cheng, éd. 1998, p. 42).

53. « Arrière-palais » ou « Palais arrière » (*hougong* 後宮), désigne les appartements de concubines.

La vertu parfaite du « cœur humain » n'est pas autre chose que l'œuvre du Principe céleste ; or dès l'instant où le corps humain (*id est* le moi) existe, il n'est pas possible qu'il n'y ait pas d'égoïsmes dus aux désirs humains pour lui porter tort. C'est pourquoi qui pratique la vertu d'humanité doit triompher de ses désirs égoïstes et « rétablir les rites » afin que les choses soient en conformité avec le Principe céleste, et que la vertu du cœur fondamental se rétablisse en moi dans sa perfection. La vertu du cœur une fois dans sa perfection, il n'est personne dans l'Empire, malgré son étendue, qui ne se ralliera à ma vertu.

Mais ce mécanisme repose assurément sur moi-même, et non sur autrui. Qui se « maîtrise » chaque jour ne trouvera pas cela difficile ; les désirs égoïstes seront purifiés et le Principe céleste circulera ; la vertu d'humanité deviendra alors inépuisable.

Telles furent les paroles du Grand Shun et de maître Kong, et telle est la méthode que votre serviteur s'efforce d'appliquer à travers ses billevesées.

Prosterné, il implore votre sainte attention.

592

Or, les manifestations sensibles de ce qui est déviant ou correct commencent toujours par la famille, suivie par l'entourage immédiat, avant de s'étendre à la cour puis à l'Empire[51]. Lorsque l'ordre et la dignité règnent dans le palais au sein du gynécée, quand l'impératrice et les concubines possèdent la vertu chantée dans le poème « Guanju[52] » ; lorsque les arrière-palais[53] ne sont pas raillés pour leur luxure ; lorsqu'un ordre impeccable prévaut, à l'exemple d'un banc de « poissons évoluant alignés[54] » ; lorsque personne n'ose se prévaloir d'une

54. Allusion au *Livre des Mutations* (*Yijing* 易經), hexagramme 23 : « Bo 剝 », ligne 5. L'image des poissons alignés évoque l'absence de partialité à l'égard des concubines et de jalousie entre les favorites : 六五. 貫魚以宮人寵. 无不利. . Le terme *guanyu* 貫魚 est aussi interprété comme des « poissons enfilés par les ouïes » (Traduction Cyrille Javary, Pierre Faure, éd. 2002, p. 392). Voir *Shisanjing zhushu*, p. 38.

譏, 貫魚順序, 而無一人敢恃恩私以亂典常, 納賄賂而行請謁, 此則家之正也.

退朝之後, 從容燕息, 貴戚近臣, 攜僕奄尹陪侍左右, 各恭其職, 而上憚不惡之嚴, 下謹戴盆之戒, 無一人敢通內外, 竊威福, 招權市寵, 以紊朝政, 此則左右之正也.

內自禁省, 外徹朝廷, 二者之間洞然, 無有毫髮私邪之間, 然後發號施令, 群聽不疑, 進賢退姦, 眾志咸服. 紀綱得以振而無侵撓之患, 政事得以脩而無阿私之失, 此所以朝廷百官、六軍萬民無敢不出於正而治道畢也.

55. Allusion aux dissensions opposant l'empereur Xiaozong à la concubine Li (李妃) de son fils, futur Guangzong 光宗 ; cette mésentente préfigure le conflit opposant Guangzong à son père Xiaozong 孝宗 après l'abdication de celui-ci ; voir Shu Jingnan, 1992, p. 712.

56. *Yanxi* 燕息, allusion au poème n° 205 du *Shijing*, « Beishan 北山 », § 4 : 或燕燕居息, 或盡瘁國事, 或息偃在牀, 或不已于行, soit « Parmi les citoyens, les uns sont en repos et à leur aise, les autres se dépensent entièrement au service de l'État. Les uns se reposent étendus sur leur lit ; les autres sont toujours en voyage. » (Traduction Séraphin Couvreur, *Cheu king*, éd. 1992, p. 269-270.)

57. *Bu e zhi yan* 不惡之嚴, allusion au *Yijing*.

faveur particulière pour semer le désordre dans les règles ou verser des pots-de-vin pour solliciter des avantages, voilà en quoi consiste rendre correcte sa famille[55].

[Lorsque l'Empereur] se retire de la cour afin de se détendre et de « prendre du repos »[56], les membres du clan impérial, les ministres, les domestiques, les eunuques, les serviteurs et l'entourage à son service vaquent avec déférence à leurs occupations, craignant au-dessus d'eux sa « rigueur dépourvue de malveillance[57] », tout en veillant à s'abstenir de tout comportement incompatible avec leur charge, à l'inverse de celui qui voudrait « une cuvette sur la tête[58] » [observer le ciel] ; personne n'ose favoriser de collusion entre les appartements des impératrices et la cour extérieure où œuvrent les fonctionnaires, ni s'arroger le pouvoir de distribuer les privilèges ou de faire régner la menace, ni se prévaloir de son autorité pour vendre des faveurs, jetant la confusion dans la politique de la cour. Voilà en quoi consiste rendre correct son entourage.

La transparence doit régner entre le palais à l'intérieur, et la cour extérieure, de sorte qu'il ne puisse exister la plus petite faille, fût-elle de l'épaisseur d'un cheveu, autorisant le moindre favoritisme. Alors, la masse obéira aux ordres sans douter. En attirant les sages et en refoulant les traîtres, la volonté générale vous sera acquise ; les principes fondamentaux pourront être rétablis, sans qu'on ait à souffrir aucune agression ou perturbation ; les affaires politiques pourront être perfectionnées, sans les tares inhérentes au favoritisme ; plus personne parmi les fonctionnaires de la cour ou au sein des six armées[59] n'osera transgresser la voie correcte ; le bon gouvernement pourra alors être mené à bien.

58. *Daipen* 戴盆, allusion à l'expression *daipen wangtian* 戴盆望天 (« observer le ciel affublé d'une cuvette sur la tête »), que l'on rencontre dans la fameuse lettre de Sima Qian adressée à Ren Shaoqing 任少卿, et qui évoque un comportement absurde ; voir « Bao Ren Shaoqing shu 報任少卿書 », éd. *Wenxuan* 文選, ch. 41, Pékin, Zhonghua shuju, 1977, rééd. 1990, p. 577.

59. Les « six armées » (*liujun* 六軍) désignent les troupes impériales : terme tiré du *Zhouli* 周禮.

心一不正，則是數者固無從而得其正. 是數者一有不正，而曰心正，則亦安有是理哉？是以古先聖王兢兢業業，持守此心，雖在紛華波動之中、幽獨得肆之地，而所以精之一之，克之復之，如對神明，如臨淵谷，未嘗敢有須臾之息. 然猶恐其隱微之間或有差失而不自知也，是以建師保之官以自開明，列諫諍之職以自規正. 而凡其飲食酒漿、衣服次舍、器用財賄，與夫宦官宮妾之政，無一不領於冢宰之官，使其左右前後，一動一靜，無不制以有司之法，而無纖芥之隙、瞬息

60. « Préserver son cœur » (*shouxin* 守心, littéralement « garder son cœur »), formule utilisée dans le *Zuozhuan*, « 28e année du Duc Zhao 昭公 » (-513), opposée à la notion de débordement dans les conduites (*yinxing* 淫行) : 有守心而無淫心 : « Il règne ses désirs et s'abstient de toute action licencieuse. » (Traduction Séraphin Couvreur, *La Chronique de la principauté de Lòu*, éd. 1951, t. III, p. 441). Voir *Shisanjing zhushu,* p. 2119.

61. *Shi-Bao* 師保, abréviation pour le Grand précepteur (*taishi* 太師) et le Grand protecteur (*taibao* 太保), institués sous les Zhou de l'Ouest 西周 (-1121 à -770), supprimés dans la seconde partie des Zhou (-796 à -256), puis rétablis sous la dynastie Han (-206 à 220) et les dynasties suivantes. Ils correspondent, aux côtés du Grand tuteur (*taifu* 太傅), aux trois Gong (*Sangong* 三公) de l'Antiquité. Voir *Shangshu*, section « Zhouguan 周官 » : 立太師, 太傅, 太保茲惟三公. 論道經邦, 燮理陰陽, soit « Je constitue le grand précepteur, le grand maître et le grand gardien, ce sont les sankoung [*sangong*] (les plus hauts dignitaires). Ils exposent les principes, établissent l'ordre dans l'empire, et mettent en harmonie les deux éléments constitutifs de toute chose. » (Traduction Séraphin Couvreur, éd. 1999, « Officiers de Tcheou », p. 333). Voir *Shisanjing zhushu*, p. 235. Ces fonctions devenues honorifiques désignaient les précepteurs du prince héritier et de l'empereur. Voir Charles O. Hucker, 1988, § 6213, p. 481, § 6195, p. 480.

Si le cœur n'est pas correct, aucune de ces dispositions ne sera en mesure de le devenir. Comment raisonnablement prétendre qu'on a le cœur correct lorsque ces dispositions ne le sont pas ? C'est la raison pour laquelle les saints rois de l'Antiquité faisaient preuve d'une extrême circonspection dans la manière de « préserver leur cœur[60] » ; ils avaient beau se trouver au sein de l'agitation la plus trépidante ou se tenir en des lieux isolés où ils eussent pu tout se permettre, ils ne s'autorisaient pas, fût-ce un instant, de négliger de rester « concentré », d'être « un », de se « maîtriser », de « rétablir » [les rites], comme s'ils étaient face à des divinités, ou qu'ils se tenaient au bord de l'abîme. Et comme ils redoutaient encore que des fautes intervinssent à leur insu dans ce qui leur était caché ou peu perceptible, ils créèrent les fonctions de Grand précepteur et de Grand protecteur afin de les éclairer[61], et instituèrent la fonction de remontrance afin de les corriger. Pour tout ce qui concernait le boire et le manger, les habits qu'ils portaient, le lieu de leur résidence, les objets et les biens dont ils se servaient, les finances, ainsi que le gouvernement des eunuques et des concubines du palais, il n'était rien qui ne relevât des attributions du Grand administrateur[62]. Dans leur « maintien[63] », il n'y avait pas le moindre geste qui ne fût soumis à des règles relevant d'autorités compétentes et il n'existait pas le moindre espace, fût-il de l'épaisseur d'un cheveu, ou le plus bref laps de temps qui eussent permis aux

62. *Zhongzai* 冢宰, titre de fonction à l'époque archaïque, évoqué dans le *Zhouli* (*cf. infra*), voir *ibid.*, § 1632, p. 194-195.

63. *Zuoyou qianhou* 左右前後, littéralement : « gauche droite, devant derrière », allusion possible au *Lunyu*, X, 4 : 君召使擯, 色勃如也, 足躩如也. 揖所與立, 左右手, 衣前後, 襜如也, soit « Lorsque le souverain le charge de recevoir un invité, il change de visage et de démarche. Il s'incline et salue, à gauche et à droite, les hôtes rangés des deux côtés, sans déranger un pli de sa tunique ni devant ni derrière. » (Traduction Anne Cheng, éd. 1998, p. 80). La mention du « temple des ancêtres et de la cour » (宗廟朝廷), quelques lignes plus loin, apparaît au même chapitre du *Lunyu*, X, 1 ; voir *Zhuzi quanshu*, vol. 6, p. 148, 149 ; voir aussi édition *Sishu jizhu*, p. 117.

之頃,得以隱其毫髮之私.蓋雖以一人之尊,深居九重之邃,而懍然常若立乎宗廟之中,朝廷之上,此先王之治所以由內及外,自微至著,精粹純白,無少瑕翳,而其遺風餘烈猶可以爲後世法程也.

臣竊見周禮«天官冢宰»一篇,乃周公輔導成王、垂法後世,用意最深切處.欲知三代人主正心誠意之學,於此考之,可見其實.

伏乞聖照.

陛下試以是而思之,吾之所以精一克復而持守其心者,果嘗有如此之功乎?所以脩身齊家而正

64. Allusion au *Lunyu*, X, 1 : 孔子於鄉黨, 恂恂如也, 似不能言者, 其在宗廟朝廷, 便便言, 唯謹爾, soit « Chez lui, au village de ses ancêtres, il se montre simple et effacé, comme s'il n'avait pas le don de parole. Mais à la Cour ou dans le Grand Temple ancestral, il parle avec aisance, tout en pesant ses mots. » (Traduction Anne Cheng, éd. 1998, p. 81) ; voir *Zhuzi quanshu*, vol. 6, p. 148, voir aussi édition *Sishu jizhu*, Zhonghua shuju, 1983, rééd. 2005, p. 117.

65. *Zhouli*, « section Tianguan 天官 », *Shisanjing zhushu,* p. 639-645.

66. Le Duc de Zhou (Zhou Gong 周公 ou Zhou Gong Dan 周公旦), frère cadet du roi Wu 武, régent de son neveu le roi Cheng (Chengwang 成王, -1115 à -1078), deuxième souverain des Zhou de l'Ouest.

67. « Les Trois dynasties » (*sandai* 三代) : Xia 夏 (-2205 à -1767), Shang 商 (-1766 à -1122), Zhou 周 （-1121 à -256).

68. « Corrigeaient [leur] cœur » et « idées authentiques » (*zhengxin chengyi* 正心誠意), double notion empruntée au *Daxue* (*La Grande Étude*), fondue en une seule expression de quatre caractères. Zhu Xi revendique cette

intérêts égoïstes de se cacher. Bien qu'ils fussent en effet seuls à régner dans le secret de leur palais, protégés par une succession de neuf portes, les anciens rois n'en conservaient pas moins une attitude de crainte révérencielle, comme s'ils se tenaient dans le « temple des ancêtres » ou au « centre de la cour[64] ». Voilà comment leur gouvernement parvint à se diffuser à l'intérieur et au dehors, du subtil au manifeste, concentré et pur, dépourvu de toute souillure ou imperfection. Le style qu'ils ont légué et l'exemple qu'ils ont laissé méritent de servir de modèle aux générations futures.

593

> Votre serviteur, humblement, a lu le chapitre « Zhongzai » du *Rituel des Zhou*[65]à la section « Tianguan » ; la manière dont le duc de Zhou assista et dirigea le roi Cheng[66] offre un modèle pour les générations futures. On pourra se reporter à ce passage, dont la signification est particulièrement profonde, si l'on veut connaître de manière concrète comment les souverains des Trois dynasties[67] « corrigeaient leur cœur » et rendaient leurs « idées authentiques[68] ».
>
> Prosterné, il implore votre sainte attention.

Votre Majesté devrait essayer d'y réfléchir et se demander : ai-je effectivement connu des succès comparables en « préservant mon cœur » par la « concentration », le « un », la « maîtrise » [de soi], le « rétablissement » [des rites][69] ?

expression comme « l'unique chose que j'ai apprise durant ma vie », ajoutant : « comment pourrais-je rester dans le vague et tromper mon souverain ? » 我平生所學, 只有此四字, 豈可回互而欺吾君乎 ?, alors qu'on tente de le dissuader de l'évoquer devant l'empereur ; voir Huang Gan 黃榦, « […] Zhu xiansheng xingzhuang, […] 朱先生行狀 », *Zhuzi quanshu*, vol. 27, p. 546.

69. La formule *jing-yi-ke-fu* 精、一、克、復 (« concentration », « un », « maîtriser » et « rétablir ») fait référence aux citations *weijing weiyi* et *keji fuli* du *Shangshu* et du *Lunyu*, *cf. supra*.

其左右者, 果嘗有如此之效乎？

宮省事禁, 臣固有不得而知者. 然不見其形而視其影, 不覩其內而占其外, 則爵賞之濫、貨賂之流, 閭巷竊言, 久已不勝其籍籍矣. 臣竊以是窺之, 則陛下之所以脩之家者, 恐其未有以及古之聖王也.

至於左右便嬖之私, 恩遇過當, 往者淵、覿、說、抃之徒, 勢焰熏灼, 傾動一時, 今已無可言矣. 獨有前日臣所面奏者, 雖蒙聖慈委曲開譬, 然臣之愚終竊以爲此輩但當使之守門傳命, 供掃除之

70. Nouvelle référence au schéma conceptuel présenté au début du *Daxue* (*La Grande Étude*).

71. Long Dayuan 龍大淵 (mort en 1168), Zeng Di 曾覿 (1109-1180), Zhang Shuo 張說, Wang Bian 王抃, désignés par leur prénom, entier ou abrégé : Yuan, Di, Shuo, Bian 淵、覿、說、抃. Voir *Songshi* 470, « Ningxing zhuan 佞幸傳 » (« Biographie des favoris »), éd. Zhonghua shuju, vol. 39, p. 13688-13694. Voir aussi Yu Yingshi, 2004, p. 740, 774. Zeng Di et Long Dayuan furent écartés de la cour au printemps 1167, Zhu Xi déplorait quelques mois plus tard que leur influence continue toujours à se faire sentir : 今日狐鼠雖去, 主人未知窒其穴, 繼來者數倍於前, soit « Les “renards et les rats” ont beau avoir été éloignés récemment, leur maître (l’empereur) n’a pas su étouffer leur terrier, et ceux qui arrivent à leur suite sont encore plus nombreux qu’avant », « Da He Shujing 答何叔京 » (« Réponse [11/33] à He Shujing [He Gao 何鎬], 1167 »), *Wenji* 40, dans *Zhuzi quanshu*, vol. 22, p. 1823.

Ai-je obtenu une efficacité comparable en rendant correct mon entourage grâce au « perfectionnement de soi » et à la « mise en ordre de ma famille[70] » ?

Votre serviteur n'est certes pas capable de connaître le détail des affaires propres aux administrations internes du palais, mais s'il ne peut en distinguer les formes, il peut en revanche en discerner les contours ; point besoin de voir ce qui se passe à l'intérieur pour être en mesure d'en interpréter les effets à l'extérieur ! Innombrables sont les rumeurs qui se répandent depuis longtemps parmi les quartiers populaires et la rue sur les abus dans l'attribution des titres et des récompenses et les cas de corruption. Si votre serviteur en juge à cette aune, il est à craindre que pour ce qui est du « perfectionnement » et de la « famille », Votre Majesté ne soit pas encore parvenue à égaler les saints rois de l'Antiquité.

Pour ce qui est des égoïsmes liés à l'entourage et aux favoris et des traitements de faveur abusifs, des gens comme Long Dayuan, Zeng Di, Zhang Shuo, Wang Bian[71] ont à une époque fait la démonstration de leur puissance, faisant la pluie et le beau temps. Il n'y a plus lieu à présent d'en parler. Reste simplement ce dont votre serviteur vous a entretenu de vive voix lors de la précédente audience[72]. Bien qu'il ait bénéficié des explications minutieuses de Votre Sainte Bonté[73], votre serviteur, en toute sottise, persiste humblement à penser que de tels gens devraient être uniquement employés à garder les entrées et à transmettre les ordres, ou se voir commis aux

72. Référence à l'audience devant l'empereur en juillet 1188, voir *supra* notre présentation du texte.

73. Référence probable à l'objection de Xiaozong à propos de Gan Bian 甘昪, *cf.* note *infra*.

役, 不當假借崇長, 使得逞邪媚, 作淫巧於內, 以蕩上心, 立門庭、招權勢於外, 以累聖政. 而其有才無才、有罪無罪, 自不當論. 況其有才適所以爲姦, 有罪而不可復用乎 ?

且如向來主管喪事、欽奉几筵之命, 遠近傳聞, 無不竊笑. 臣不知國史書之, 野史記之, 播于夷狄, 傳於後世, 且以陛下爲何如主也 ? 縱有曲折, 如前日所以諭臣者, 陛下亦安能家置一喙而人曉之耶 ?

刑餘小醜, 不比人類, 顧乃熒惑聖心, 虧損聖德以至此極, 而公卿大臣拱手熟視, 無一言以救其失. 臣之痛心, 始者惟在於此. 比至都城, 則又

74. Cet argument est repris dans *Zhuzi yulei*, 107, à propos de Gan Bian (orthographié Gan Sheng, *cf.* note *infra*), éd. *Zhuzi quanshu*, vol. 17, p. 3487.

75. Allusion au rappel de Gan Bian, eunuque influent sous le règne de Gaozong 高宗 et de Xiaozong (*cf. infra*), chargé, à la demande de l'impératrice mère, des funérailles de Gaozong (10e mois de la 14e année Chunxi : novembre 1187), voir *Songshi* 35, vol. 3, p. 687.

corvées de balayage et de nettoyage. Il n'est pas convenable que de tels individus puissent se prévaloir de fonctions obtenues par privilège pour donner libre cours à leur vilenie et à leur obséquiosité ; qu'ils se livrent, dans l'enceinte du palais, à des turpitudes susceptibles de troubler le cœur de Votre Majesté ; et qu'à l'extérieur du palais ils érigent des coteries et s'allient à des puissants qui en viennent à compromettre votre sainte politique. Quant à savoir s'ils sont talentueux ou pas, ou s'ils ont ou non commis des fautes, cela ne devrait même pas entrer en ligne de compte, surtout quand c'est précisément leur talent qui leur a permis de se livrer à des fourberies, et n'est-ce pas leurs fautes qui devraient empêcher qu'on les remploie[74] ?

Si le bruit venait à se répandre que de tels individus ont assuré la direction des funérailles impériales[75], et qu'ils ont pour fonction de sacrifier à l'autel des mânes des ancêtres impériaux, il n'est personne qui ne rirait sous cape. Votre serviteur ignore si l'histoire officielle a consigné ces faits, et si les histoires privées[76] en garderont la mémoire, mais quelle vision aura-t-on du règne de Votre Majesté si cela se diffusait parmi les barbares ou se transmettait aux générations futures ? Ainsi que Votre Majesté le faisait observer lors de l'audience accordée à son serviteur, si une présentation déformée se répandait, comment serait-elle à même d'intervenir dans chaque famille afin que les gens sachent la vérité ?

Les eunuques, ces misérables pitres, résidus de leur castration, indignes de l'humanité, sont pourtant parvenus à ce point à aveugler Votre Cœur Sacré et à porter préjudice à Votre Sainte Vertu. Or, les ministres et les dignitaires, pourtant parfaitement au fait de la situation, restent les bras ballants ; aucun ne dit mot ni n'intervient pour porter remède à ces

76. Littéralement « histoires sauvages » (*yeshi* 野史) : autrement dit les histoires non officielles.

知此曹之用事者非獨此人, 而侍從之臣蓋已有出其門者.

臣伏見陛下即位以來, 臣下稍有知識, 無不以此事爲言者.

既皆不蒙聽納, 甚者至或抵罪, 故自近年以來, 無復有言此者. 蓋知其根株牢固, 不可動搖, 言之無益, 徒取乖牾, 以致所言他事亦不見用, 故置此事於度外, 而姑論其次耳.

不唯如此, 亦以過失之萌, 人所創見, 故以爲異而爭言之. 及其既久, 則習熟見聞, 以爲常事而不足言. 正如近年冬雷秋雪時時有之, 人遂不以爲異. 然此豈可常之理哉 ?

77. *Ciren* 此人, le terme désigne, selon toute vraisemblance, Gan Bian, un eunuque favori de Gaozong qui le recommanda à Xiaozong ; son influence dans l'attribution des postes s'est signalée pendant plus de vingt ans. Biographie dans *Songshi* 228, « Huanzhe 宦者 », 4, éd. Zhonghua shuju, vol. 39, p. 13672-13673. Cette hypothèse semble confirmée par un entretien de Zhu Xi avec ses disciples portant sur le règne de Xiaozong et évoquant les cinq communications orales lues en audience dans la salle Yanhe le 3 juillet 1188. L'empereur avait interrompu Zhu Xi dans sa lecture de la cinquième communication pour lui exprimer ses réserves. Dans sa réponse Zhu Xi recourt au terme « cet individu » (此人), une note interlinéaire précise qu'il s'agit de Gan Bian 甘昪 (Bian 昪 orthographié par erreur Sheng 昇), voir *Zhuzi yulei* 107, « Xiaozong chao 孝宗朝 », noté par Li Hongzu 李閎祖, *zi* : Shouyue 守約, post. à l'année *wu-shen* 戊申 : 1188, dans *Zhuzi quanshu*, vol. 17, p. 3487. Pour le philosophe des Ming 明 Li Zhi 李贄 (1527-1602), le texte serait dirigé contre l'influence exercée par Gan Bian, *Cangshu* 藏書 (*Le Livre à cacher*), cité par Shu Jingnan, 1992, p. 730 (note 28). Gan Bian est critiqué par d'autres fonctionnaires comme Wang Xin 王信, voir *Songshi* 400, biographie de Wang Xin, citée par Yu Yingshi, 2004, p. 468-469.

défauts. La peine ressentie par votre serviteur portait au départ uniquement sur ce point, mais en arrivant à la capitale, il a compris que les abus de pouvoir ne se réduisaient pas à cet individu[77], et que parmi les serviteurs de votre suite figuraient probablement des gens formés à son école.

Votre serviteur, prosterné, observe que depuis l'accession au trône de Votre Majesté, il n'est pas un de ses serviteurs un tant soit peu avisé qui n'ait manqué d'aborder ces faits.

594 Non seulement aucun d'entre eux n'a été écouté, mais, dans les pires des cas, certains ont été incriminés. C'est la raison pour laquelle, ces dernières années, plus personne n'en reparle. Les gens ont en effet compris que les choses étant solidement enracinées, il n'était plus possible de les faire bouger. En parler ne s'avèrerait non seulement d'aucun bénéfice, ce serait passer uniquement pour un récalcitrant. On en est arrivé au point que même lorsqu'on évoque d'autres sujets, cela n'est pas davantage suivi d'effet, si bien qu'on renonce à aborder cette affaire pour ne débattre que de choses secondaires.

Ce n'est pas la seule raison. Lorsque des fautes interviennent pour la première fois, ceux qui les découvrent commencent par s'en étonner et en discuter. Mais, à la longue, habitués à les voir et à en entendre parler, ils les tiennent pour des choses normales, indignes d'être mentionnées. Il en est de même que les orages en hiver ou les neiges en automne, survenus à répétition ces dernières années ; les gens ont fini par ne plus s'en étonner. Peut-on pour autant considérer ces phénomènes comme normaux[78] ?

78. Les orages hivernaux étaient considérés comme des présages de mauvais augure et consignés dans l'histoire officielle. Le 11e mois de la 14e année *Chunxi* 淳熙 (décembre 1187) fut marqué par des coups de tonnerre en plein hiver, voir *Songshi* 35, « Xiaozong, 3 », *op. cit.,* p. 688.

惟臣愚暗，不識時宜，故今日猶復論此人所諱言而厭道之事．雖幸未蒙誅斥，而亦未見有所施行也．

臣竊思之，必使陛下聽疏遠之言而逐其平日深所愛幸之人，誠有所難能者，然此事利害既陳於前，而臣所深憂，又恐其不可爲後聖法也．伏惟陛下深爲宗社子孫萬世之慮，忍而行之．

天下幸甚．

至其納財之塗，則又不於士大夫而專於將帥，臣於前日亦嘗輒以面奏，而陛下諭臣以爲誠當深察而痛懲之矣．退而始聞陛下比於環列之尹，已嘗有所易置，乃知陛下固已深察其弊而無所待

79. *Zongshe* 宗社, littéralement : le temple des ancêtres impériaux et les temples des esprits de la terre et des récoltes.

80. « Fonctionnaires civils », lettrés (*shidafu* 士大夫).

C'est simplement parce que votre serviteur est inconscient, dans sa sotte ignorance, du caractère intempestif de ses propos qu'il persiste aujourd'hui à revenir une nouvelle fois sur ces sujets tabous, dont tout le monde déteste parler. Bien qu'il n'ait, par bonheur, subi aucune mise en accusation, il n'a cependant pas constaté la moindre initiative venue infléchir cette situation.

Votre serviteur, humblement, a réfléchi à la question. Il est assurément difficile pour Votre Majesté de se ranger à l'avis de gens qui vivent loin d'elle, et de chasser ceux qu'elle chérit et auxquels elle accorde chaque jour ses faveurs. Les avantages et les inconvénients d'un tel état de fait ont pourtant été exposés précédemment. Votre serviteur craint surtout que vous ne soyez pas en mesure d'offrir un saint exemple à la postérité. Prosterné, il espère que Votre Majesté aura le souci de l'État[79] et des générations futures, qu'elle saura adopter des mesures en prenant sur elle.

Ce serait un bonheur immense pour l'Empire !

Les pots-de-vin versés pour acheter des postes sont une voie qui ne concerne pas les fonctionnaires civils[80], mais uniquement les généraux et les commandants militaires. Lors de la précédente audience, votre serviteur vous en a fait part de vive voix. Votre Majesté, dans les instructions qu'elle lui a accordées, a fait observer qu'il convenait de procéder avec authenticité à un examen approfondi et de punir sévèrement les coupables. Une fois retiré dans sa région, votre serviteur a appris que Votre Majesté venait récemment d'opérer certains remaniements « parmi sa garde rapprochée[81] » ; il a su que Votre Majesté avait bel et bien procédé à un examen approfondi de

81. *Huanlie zhi yin* 環列之尹, allusion au *Chunqiu Zuozhuan*, « Duc Wen 文公, 1ère année » (-625) : 使文大師, 且掌環列之尹 : « Il le nomma grand précepteur et commandant des gardes placés autour du palais. » (Traduction Séraphin Couvreur, *La Chronique de la principauté de Lòu*, éd. 1951, p. 447). Voir *Shisanjing zhushu*, p. 1837.

於人言,然猶未能明正其罪,而反寵以崇資巨鎮,使即便安.此曹無知,何所忌憚?况中外將帥,其不爲此者無幾,陛下亦未能推其類而悉去之也.

臣竊聞之道路,自王抃既逐之後,諸將差除多出此人之手.蓋抃與此人專爲諸將交通內侍,納賂買官,得其指意,風喻軍中,等第論薦,以欺陛下,實將帥之牙儈也.今雖去之,而未正其罪.

又聞向者鄂帥尅剝之事,亦是此人內外營救,遂致罪人漏網,言者被罪,中外至今爲之不平.

82. Wang Bian, *cf.* note *supra*.

83. Gan Bian, *cf.* note *supra*.

84. « Préfecture E » (*Ezhou* 鄂州), préfecture au nord-est du lac Dongting 洞庭 dans le circuit Jing-Hu beilu 荊湖北路, dont le siège, sur la rive méridionale du Yangtsé, correspondait à l'agglomération de Wuhan 武漢 dans l'actuel Hubei 湖北.

ces malversations, sans attendre que d'autres viennent lui en parler. Mais on s'est montré incapable de corriger clairement leurs crimes ; on a au contraire favorisé ces individus par de confortables prébendes et de vastes apanages, leur permettant de couler des jours tranquilles. Qu'auraient à redouter des ignares de cet acabit ? *A fortiori* quand il n'est guère de généraux et d'officiers, à la capitale et dans les régions, qui ne se livrent à des malversations et que Votre Majesté n'a pas su promouvoir les bonnes personnes ou les a toutes écartées.

> Votre serviteur, humblement, a entendu dire en chemin que, depuis que Wang Bian[82] a été chassé, la plupart des nominations d'officiers passaient entre les mains de cet individu[83]. En effet, Wang Bian et cet individu se sont voués à soudoyer les eunuques et à verser des pots-de-vin en vue d'obtenir leur assentiment, afin qu'ils influent sur les nominations ainsi que sur les grades et sur les promotions au sein de l'armée, trompant ainsi Votre Majesté. Ce ne sont en réalité que de vulgaires courtiers à la solde des officiers. Même s'ils ont à présent été éloignés, leurs crimes n'ont cependant pas été corrigés.
>
> On entend également parler de l'affaire de détournement mettant en cause l'ancien commandant militaire de la préfecture de E[84]. C'est à nouveau cet individu qui est intervenu auprès du palais et en région afin de lui porter secours, permettant au criminel d'échapper aux mailles du filet, tandis que les censeurs qui se sont exprimés à ce sujet ont été incriminés[85]. Aujourd'hui encore, on crie à l'injustice, tant à la capitale que dans les régions ; ceux qui se sont ensuite risqués à

85. *Les Propos classés de Maître Zhu* évoquent une affaire de corruption similaire impliquant un certain Hong Bangzhi 洪邦直 qui dut son blanchiment à une intervention de Gan Bian 甘昪, le prénom Bian 昪 y est orthographié selon un caractère homophone différent correspondant au prénom du favori Wang Bian, voir *Zhuzi yulei* 132, « Benchao 本朝, 6 », noté par Bao Yang 包揚, *zi* : Xiandao 顯道, années *gui-mao* 癸卯, *jia-chen* 甲辰 et *yi-si* 乙巳 : 1183, 1184, 1185, dans *Zhuzi quanshu*, vol. 18, p. 4142.

既而又有匿名揭榜，暴其過惡者，亦被决配. 此不惟行遣太偏，足爲聖政之累，而自此之後，遂無復有人敢言諸將之罪者. 以小人握重兵，或在周廬肘腋之間，或在江湖千里之外，而中外無一人敢白其奸，此於國計，深恐未便. 前代之監，蓋亦非遠.

伏乞陛下少留聖慮.

陛下竭生靈之膏血，以奉軍旅之費，本非得已，而爲軍士者，顧乃未嘗得一溫飽，甚者採薪織履、掇拾糞壤以度朝夕，其又甚者，至使妻女盛塗澤、倚市門以求食也. 怨詈謗讟，悖逆絕理，至有不可聞者. 一有緩急，不知陛下何所倚仗？

是皆爲將帥者巧爲名色，頭會箕斂，陰奪取其糧賜以自封殖，而行貨賂於近習，以圖進用. 彼此

86. *Xiaoren* 小人, littéralement « petit homme », « minable », « minus », « gens mesquins » que Confucius oppose à « l'homme de bien » (*junzi* 君子). Le terme est souvent traduit de manière différente : « homme de peu » (Anne Cheng, André Lévy, Charles Le Blanc) ; « homme de rien » (François Jullien) ; « gens de rien » (Jacques Gernet).

87. *Toukuai jilian* 頭會箕斂, littéralement : « Recenser les têtes et [collecter les grains] par paniers entiers », cette expression tirée du *Shiji*, ch. 89 « Zhang Er, Chen Yu liezhuan 張耳陳餘列傳 », est synonyme d'impôts abusifs.

> dénoncer cette affaire par le biais de placards anonymes ont été condamnés au bannissement. Non seulement ces mesures sont excessivement partiales et affectent de manière négative votre sainte politique, mais depuis cette affaire, plus personne n'ose prendre la parole pour dénoncer les crimes commis par les généraux et les officiers. En confiant à des misérables[86] le commandement des troupes stratégiques – qu'il s'agisse de la garde chargée de la protection du palais, ou des troupes postées à des milliers de *li*, parmi les fleuves et les lacs –, sans que personne, à la capitale ou dans les régions, n'ose faire état de leur félonie, il est à craindre que cela ne facilite pas les plans du pays. L'exemple offert par les dynasties précédentes n'est pas loin.
>
> Prosterné, votre serviteur supplie Votre Majesté d'y accorder une part de ses saints soucis.

595 C'est en quelque sorte malgré elle que Votre Majesté se voit contrainte d'épuiser le sang et la graisse des vivants, afin de pourvoir aux dépenses des armées. En dépit de cela, les soldats ne disposent même pas de quoi manger à leur faim ni de vêtements qui tiennent chaud, et en sont réduits à ramasser du bois et à tresser leurs sandales, quand ils ne collectent pas des immondices pour survivre. Dans le pire des cas, certains en viennent à pousser leurs filles et leurs épouses à se farder outrageusement afin de monnayer leurs charmes, adossées aux portes des marchés, afin de gagner leur nourriture. Les invectives et les récriminations qui en résultent sont insupportables à entendre et font injure à toute morale. Votre serviteur ignore sur qui Votre Majesté trouverait à s'appuyer en cas de situation urgente.

Tout ceci est lié au fait que les officiers ont recours aux prétextes les plus fallacieux pour lever des impôts exorbitants[87]. Dans l'ombre, ils détournent les grains destinés aux troupes et amassent pour eux-mêmes de véritables fortunes, distribuant des pots-de-vin à vos proches et à vos intimes en vue d'obtenir de l'avancement. Les deux parties une fois repues, ils lèvent

既厭足矣, 然後時以薄少號爲羨餘, 陰奉燕私之費, 以嫁士卒怨怒之毒於陛下. 且幸陛下一受其獻, 則後日雖知其罪, 而不得復有所問也.

出入禁闥腹心之臣, 外交將帥, 共爲欺蔽, 以至於此, 豈有一毫愛戴陛下之心哉! 而陛下不悟, 反寵暱之, 以是爲我之私人, 至使宰相不得議其制置之得失, 給諫不得論其除授之是非, 以此而觀, 則陛下所以正其左右, 未能及古之聖王又明矣.

且私之得名, 何爲也哉? 據己分之所獨有, 而不得以通乎其外之稱也. 故自匹夫而言, 則以一家爲私, 而不得以通乎其鄉; 自鄉人而言, 則以一鄉爲私, 而不得以通乎其國; 自諸侯而言, 則以一國爲私, 而不得以通乎天下.

88. *Xianyu* 羨餘, voir Christian Lamouroux, 2003. Le chapitre 179 du *Songshi*, p. 110 (« surcharges fiscales »).

89. *Yansi* 燕私, littéralement : « banquets et privautés », désigne les banquets entre membres d'un même clan à l'issue des sacrifices rituels dans l'Antiquité ; le terme s'applique également aux relations sexuelles.

90. « Grand conseiller » ou Premier ministre (*zaixiang* 宰相), chef du pouvoir exécutif, équivalent aux Grands secrétaires (*daxueshi* 大學士) sous les Ming 明 (1368-1644) et les Qing 清 (1644-1911), voir Charles O. Hucker, 1988, § 6819, p. 514-515.

au besoin des « taxes additionnelles[88] », sous prétexte que le reste s'avérait insuffisant, afin de les consacrer subrepticement aux « plaisirs égoïstes[89] », détournant sur Votre Majesté le poison du ressentiment et de la rage de la soldatesque. Or dès l'instant où Votre Majesté accepte leur hommage, même si le lendemain elle vient à apprendre leurs forfaits, il devient impossible de leur en faire répondre.

Les ministres de confiance qui ont leurs entrées au sein du palais s'entendent à l'extérieur avec des officiers afin de vous abuser. Dans une telle situation, comment pourraient-ils porter le moindre amour à Votre Majesté ? Pourtant Votre Majesté n'en a pas conscience, continuant à leur accorder sa protection, et à les considérer comme des gens à elle, au point que le Grand conseiller[90] ne peut plus discuter des mérites et des défauts dont ils font preuve dans le cadre de leurs fonctions, ni les censeurs[91] débattre du bien-fondé de leur nomination. Observant cela, il est manifeste là aussi que Votre Majesté n'est pas parvenue à égaler les saints rois de l'Antiquité pour ce qui est de corriger son entourage.

D'où provient le mot « égoïste[92] » ? Le terme désignait à l'origine la part que l'on possédait à titre exclusif et que l'on refusait d'associer avec ce qui était extérieur. Ainsi les gens ordinaires considéraient leur famille en fonction de leurs intérêts égoïstes et refusaient d'être en communication avec le canton ; les gens du canton considéraient le canton en fonction de leurs intérêts égoïstes et refusaient d'être en communication avec la principauté ; les seigneurs féodaux considéraient la principauté en fonction de leurs intérêts égoïstes et refusaient pareillement d'être en communication avec le reste de l'Empire.

91. *Jijian* 給諫 : appellation pour les censeurs (*jishizhong* 給事中), rang 4a, voir *ibid.*, § 539, p. 130, § 587, p. 133.

92. *Si* 私 : le terme désigne également ce qui est privé, partial ou personnel.

93. 天之所覆, 地之所載, *Zhongyong*, § 31.

至於天子, 則際天之所覆, 極地之所載, 莫非己分之所有, 而無外之不通矣, 又何以私爲哉? 今以不能勝其一念之邪而至於有私心, 以不能正其家人近習之故而至於有私人, 以私心用私人, 則不能無私費, 於是內損經費之入, 外納羨餘之獻, 而至於有私財.

陛下上爲皇天之所子, 全付所覆, 使其無有私而不公之處, 其所以與我者亦不細矣. 乃不能充其大, 而自爲割裂以狹小之, 使天下萬事之弊莫不由此而出, 是豈不可惜也哉!

> 臣竊聞太祖皇帝改營大內既成, 躬御正殿, 洞開重門, 顧謂侍臣曰: « 此如我心, 少有邪曲, 人皆見之. »

94. Taizu 太祖, nom posthume de Zhao Kuangyin 趙匡胤 (927-976), fondateur des Song, a régné de 960 à 976. Biographie dans *Songshi* 1-5, vol. 1, p. 1-102.

Le Fils du Ciel, pour sa part, incarne le point de jonction entre « ce que recouvre le Ciel et ce que porte la Terre[93] » ; il n'est rien dont il n'ait la possession, et il n'est rien en dehors de quoi il ne soit en communication. En quoi devrait-il agir de manière égoïste ? Or, faute de parvenir à triompher de pensées déviantes, on en arrive à avoir un cœur égoïste ; faute d'être capable de corriger les gens de sa famille, ses proches et ses favoris, on en vient à n'avoir auprès de soi que des gens voués à ses intérêts égoïstes. Recourir d'un cœur égoïste à ces gens rend inévitable la mise en œuvre de dépenses égoïstes, ce qui grève de l'intérieur le revenu destiné aux dépenses courantes, et impose à l'extérieur des contributions fiscales en surnombre qui entraînent de surcroît l'accaparement des richesses.

Votre Majesté entretient au-dessus d'elle un lien de filiation avec l'Auguste Ciel qui lui a confié la totalité de ce qu'il recouvre, et fait en sorte qu'elle soit dépourvue de tout trait égoïste ou manque d'impartialité. Le don qu'il nous fait n'est pas mince. Ne serait-il pas dommage que, incapable d'en assumer la grandeur, on se lèse soi-même, et qu'on ampute ce legs au point de le rendre plus étriqué, créant ainsi une brèche d'où tous les maux de l'Empire ne manqueront pas de surgir ?

596 Votre serviteur, humblement, a entendu dire que lorsque l'empereur Taizu[94] eut achevé le réaménagement du Grand Intérieur[95], il prit place dans la salle principale dont il fit largement ouvrir les portes redoublées. S'adressant à ses ministres, il leur déclara : « Il en est de même dans mon cœur : si la moindre déviance venait à se produire : tout le monde pourrait l'apercevoir[96]. »

95. *Danei* 大内, autrement dit le palais impérial.
96. Citation reprise dans *Songshi* 3, « Taizu benji 太祖本紀 », vol. 1, p. 49.

臣竊謂太祖皇帝不爲文字言語之學, 而其方寸之地正大光明, 直與堯舜之心如合符節, 此其所以肇造區夏而垂裕無疆也.

伏惟陛下, 遠稽前聖, 而近以皇祖之訓爲法, 則一心克正, 而遠近莫敢不一於正矣.

伏乞聖照.

若以時勢之利害言之, 則天下之勢合則彊, 分則弱. 故諸葛亮之告其君曰 :

97. *Zhengda guangming* 正大光明, le terme *zhengda* 正大 provient du *Yijing*, hexagramme n° 34, « Dazhuang 大壯 », commentaire « Tuan 彖 » : 正大而天地之情可見矣, soit « En conformant la grandeur à la droiture, les sentiments du ciel et de la terre sont visibles. » (Traduction Paul-Louis-Félix Philastre, éd. 2006, p. 436). Zhi Xi semble être à l'origine de cette locution en quatre caractères reprise ensuite dans la terminologie impériale, elle fut notamment associée à un nom de salle du Palais d'été sous la dynastie sino-manchoue des Qing (1644-1911). Voir *Shisanjing zhushu*, p. 48.

98. « Donner au pays ses fondations » (*zhao zao qu xia* 肇造區夏), allusion au *Shangshu*, chapitre « Kang gao 康誥 », éd. *Shisanjing zhushu,* p. 203 : 先民用肇造我區夏, 越我一二邦, soit « Sa vertu [Wen Wang] (…) donna le commencement à la puissance de notre principauté de Tcheou, qui n'était qu'une parcelle de l'empire. » (Traduction Séraphin Couvreur, éd. 1999, « Avis donnés à K'ang shou », p. 234) ; *It was thus he laid the first beginning of the sway of our small portion of the empire.* (Traduction James Legge, *The Shoo King*, éd. 1994, p. 383).

99. « Léguant un exemple propice » (*chuiyu* 垂裕), allusion au *Shangshu*, ch. « Zhonghui zhi gao 仲虺之誥 ». La citation proposée est insérée dans le passage suivant : 德日新, 萬邦惟懷 ; 志自滿, 九族乃離. 王懋昭大德, 建中于民, 以義制事, 以禮制心, 垂裕後昆. 予聞曰 : 能自得師, 王 ; 謂人莫己若者, 亡 ; 好問則裕, 自用則小, soit « Celui qui chaque jour se renouvelle dans la vertu, sera aimé de tous les peuples ; celui qui est enflé d'orgueil, sera abandonné de toute sa parenté. Prince, efforcez-vous de vous signaler par de grandes vertus, faites que le peuple garde en toutes choses le juste milieu, réglez les affaires d'après les lois de la justice, réglez votre cœur d'après les convenances et les générations futures recueilleront abondamment (les fruits

Humblement, votre serviteur affirme que même si l'empereur Taizu ne maniait pas la langue littéraire, il restait cependant parfaitement correct et lumineux[97] dans le pouce carré de son cœur, en totale adéquation avec les saints rois Yao et Shun. C'est ainsi qu'il a « le premier su donner au pays ses fondations[98] », « léguant un exemple propice » à la postérité[99].

Prosterné, votre serviteur souhaiterait que Votre Majesté examine, pour le passé lointain, l'exemple des anciens sages, et se fonde, pour le passé récent, sur l'enseignement de son auguste ancêtre. Qu'Elle s'applique de tout son cœur à « se maîtriser » et à se « corriger », de sorte qu'on n'osera jamais, tant pour les affaires proches que lointaines, ne pas demeurer « un » et « correct ».

Prosterné, il implore votre saint examen.

Si l'on aborde la situation actuelle sous l'angle des avantages et des inconvénients[100], on peut dire que l'Empire est fort lorsqu'il connaît une situation d'unité, et qu'il est faible en cas de division. C'est pourquoi Zhuge Liang s'est adressé en ces termes à son souverain[101] :

de vos vertus et de vos travaux). J'ai entendu dire : "Celui qui sait (chercher et) trouver un maître qui l'enseigne, possédera l'empire ; celui qui se vante de n'avoir pas son semblable, périra ; celui qui ne suit que son propre conseil décroîtra." » (Traduction Séraphin Couvreur, éd. 1999, 3e partie, ch. II « Avis de Tchoung houei », p. 107-108). Autre traduction du passage 垂裕後昆 : *Shall you transmit a grand exemple to posterity* (James Legge, *The Shoo King*, éd. 1994, p. 182). Voir *Shisanjing zhushu*, p. 161.

100. « Avantages et inconvénients » (*lihai* 利害), argument « utilitariste » auquel Zhu Xi oppose l'argument moral du « devoir et des principes » (*yili* 義理).

101. Zhuge Liang 諸葛亮 (181-234), *zi* : Kongming 孔明, ministre de Shu 蜀 (ou Shu-Han 蜀漢), un des trois États qui ont coexisté après la tripartition des Han : période dite des Trois Royaumes (220-280). Prononcé en 227 (5e année *Jianxing* 建興), le discours de Zhuge Liang est adressé à Liu Shan 劉禪 (207-271, règne 223-266), second souverain des Shu-Han (221-263), successeur de Liu Bei 劉備 (règne 221-222), et qui capitula devant Wei 魏 en 263.

« 宮中府中, 俱爲一體, 陟罰臧否, 不宜異同. 若有作姦犯科及爲忠善者, 宜付有司論其刑賞, 以昭陛下平明之理, 不宜偏私, 使内外異法也. »

當是之時, 昭烈父子以區區之蜀抗衡天下十分之九, 規取中原, 以興漢室, 以亮忠智爲之深謀, 而其策不過如此, 可謂深知時務之要而暗合乎先王之法矣. 夫以蜀之小, 而於其中又以公私自分彼此如兩國, 然則是將以梁益之半圖吳魏之全. 又且内小人而外君子, 廢法令而保姦回, 使内之所出者日有以賊乎外, 公之所立者常不足以勝

102. Biographie de Zhuge Liang dans *Sanguozhi* 三國志, « Weishu 魏書 », « Zhuge Liang zhuan 諸葛亮傳 ».

103. Liu Bei et Liu Shan, *cf.* note *supra*.

104. Replié au Sud-Ouest de la Chine, le royaume de Shu (correspondant aux provinces actuelles du Sichuan 四川, du Yunnan 雲南, du Guizhou 貴州, et à une partie du Shânxi 陝西), fut considéré comme le successeur légitime de la dynastie Han (-206 à 220). Il dut faire face au royaume de Wu 吳 (222-280) à l'Est, ainsi qu'au royaume de Wei 魏 (ou Cao-Wei 曹魏, 220-265) qui contrôlait la Chine du Nord et occupait Luoyang, dernière capitale de la dynastie Han.

105. « L'antique préfecture de Liang-Yi 梁益 », une des neuf préfectures (Jiuzhou 九州) citées dans le *Shangshu*, rebaptisée Yizhou 益州, correspondait en partie au territoire de Shu.

« Le palais et les administrations forment un seul et même corps, il n'est pas convenable que des disparités se produisent pour tout ce qui concerne les promotions et les punitions, le bien et le mal. Si quelqu'un a commis une faute et enfreint la loi, ou s'il s'est au contraire comporté avec loyauté et selon le bien, il convient de soumettre son cas aux services compétents, de sorte qu'ils décident du châtiment ou de la récompense appropriés, afin d'illustrer les principes d'équité et de clarté de Votre Majesté. Aucun favoritisme ou partialité susceptibles d'entraîner des lois différentes à l'intérieur et à l'extérieur du palais ne sont tolérables[102]. »

Depuis leur royaume réduit de Shu, Zhaolie et son fils[103] ont su alors tenir tête à des ennemis dix fois plus puissants, planifiant la reconquête de la Plaine centrale en vue de rétablir la maison des Han[104]. Zhuge Liang a mis sa loyauté et son génie au service de ce dessein ; sa stratégie ne visait pas à autre chose. C'est dire qu'il a véritablement su saisir l'essentiel de la tâche du moment, tout en se conformant implicitement à l'exemple des anciens rois. L'ambition du royaume de Shu de reconquérir la totalité des régions occupées par Wu et Wei, à partir d'un territoire qui ne représentait pas la moitié de l'antique préfecture de Liang-Yi[105], échoua en raison de sa dimension exiguë, conjuguée au fait qu'une frontière s'était instaurée entre intérêt général et intérêts égoïstes, à la manière de deux contrées distinctes. Son souverain, sous les dehors d'un homme de bien, avait l'âme d'un vaurien[106] : il abrogea les lois et couvrit les malhonnêtes, de sorte que ce qui émanait du palais venait corrompre chaque jour davantage l'extérieur,

106. Allusion à Liu Shan (*cf.* note *supra*), désigné ici implicitement par la formule : *Nei xiaoren, er wai junzi* 内小人, 而外君子 : « Vaurien au-dedans, mais homme de bien au-dehors », jouant sur l'opposition confucéenne entre homme de bien (*junzi* 君子) et homme de rien (*xiaoren* 小人). Le surnom de Liu Shan, Adou 阿斗, est devenu synonyme d'homme politique manipulable et incompétent.

乎私, 則是此兩國者又自相攻, 而其內之私者常勝, 外之公者常負也. 外有鄰敵之虞, 內有陰邪之寇, 日夜夾攻而不置, 爲國家者, 亦已危矣.

夫以義理言之既如彼, 以利害言之又如此, 則今日之事如不蚤正, 臣恐陛下之心雖勞於求賢, 而一有所妨乎此, 則賢人必不得用, 而所用者皆庸繆憸巧之人, 雖勤於立政, 而一有所礙乎此, 則善政必不得立, 而所行者皆阿私苟且之政.

日往月來, 養成禍本, 而貽燕之謀未遠, 輔相之職不脩.

紀綱壞於上, 風俗壞於下, 民愁兵怨, 國勢日卑, 一旦猝有不虞, 臣竊寒心, 不知陛下何以善其後也?

107. *Yili* 義理, ou *Jingyi mingli* 經義明理 : la portée morale des classiques, autrement dit la dimension philosophique et morale par rapport à la dimension utilitariste.

108. *Yiyan* 貽燕 ou 詒燕, littéralement « léguer la tranquillité », ou *yimou* 貽謀 （詒謀）, « transmettre ses projets [à ses descendants] », allusion au *Shijing*, poème n° 244, « Wenwang yousheng 文王有聲 » : 風水有芑, 武王豈有仕, 詒厥孫謀, 以燕翼子, 武王烝哉, soit « L'eau de la Foung [Feng] arrose la plante potagère nommée *ki* [*qi*] : Ou wang [Wuwang] ne remplit-il aucun office ? Il assura l'empire à ses descendants, et la tranquillité à (Tch'eng wang [Chengwang]) son fils respectueux. Ou wang fut un vrai souverain ! » (Traduction Séraphin Couvreur, *Cheu King*, éd. 1992, p. 347) ; *He would leave his plans to his descendants, and secure comfort and support to his son.* (Traduction James Legge, *The She King*, éd. 1994, p. 463.) Voir *Shisanjing zhushu*, p. 527.

et que ce qui avait été établi sur un principe d'intérêt général n'était plus en mesure de triompher des égoïsmes. Les deux contrées commencèrent à se déchirer ; les égoïsmes, au-dedans, obtenaient le plus souvent l'avantage, tandis que l'intérêt général, au-dehors, était le plus souvent défait. Le péril lié à des voisins hostiles et les exactions commises en secret à l'intérieur prirent le pays en tenaille, l'agressant jour et nuit sans désemparer. Face à une telle situation, tout autre État serait pareillement en péril.

Or, ce qui est vrai sous l'angle des avantages et des inconvénients, l'est tout autant sous l'angle du devoir et des principes[107]. Si l'on ne corrige pas au plus tôt la situation présente, votre serviteur craint que même si Votre Majesté voulait de tout cœur quérir des sages, pas un ne réussirait à se faire employer. Tant que l'on se heurtera aux obstacles actuels, seuls des individus médiocres ou de vils flatteurs parviendront à se faire engager ; Votre Majesté aura beau s'efforcer de restaurer la politique, aucune bonne politique ne pourra être établie. Tant que l'on se heurtera aux obstacles actuels, la politique menée restera basée sur le favoritisme et le laxisme.

Les jours et les mois passent, nourrissant la catastrophe à la source, sans qu'une stratégie visant à « léguer la paix[108] » à la postérité se profile à l'horizon, et que les dignitaires accomplissent leur tâche.

597 Les principes fondamentaux se corrompent au sommet tandis que les mœurs se dégradent à la base ; le peuple est affligé et les troupes récriminent ; l'état du pays décline au fil des jours. Si quelque chose de catastrophique advenait, votre serviteur, humblement, se sent saisi d'effroi, ne sachant comment Votre Majesté ferait pour « remédier à ses conséquences[109] ».

109. *Shan qi hou* 善其後, allusion à *Sunzi* 孫子, éd. *Sunzi shijia zhu* 孫子十家注 (*Maître Sun par dix commentateurs*), éd. *Zhuzi jicheng* 諸子集成, vol. 6, p. 114.

然則臣之所謂天下大本惟在陛下之一心者，可不汲汲皇皇而求有以正之哉？

臣昨來面奏箚子內一節云：

« 伏願陛下自今以往，一念之萌，則必謹而察之，此爲天理耶，爲人欲耶？果天理也，則敬以擴之，而不使其少有壅閼；果人欲也，則敬以克之，而不使其少有凝滯．推而至於言語動作之間，用人處事之際，無不以是裁之．

知其爲是而行之，則行之惟恐其不力，而不當憂其力之過也； 知其爲非而去之，則去之惟恐其不果，而不當憂其果之甚也．知其爲賢而用之，則任之惟恐其不專，聚之惟恐其不眾，而不當憂其爲黨也；知其爲不肖而退之，則退之惟恐

110. Ce passage est repris de la cinquième partie de la communication orale prononcée salle Yanhe le 3 juillet 1188, « Wu-shen Yanhe zouzha, wu », *Wenji* 14, dans *Zhuzi quanshu*, vol. 20, p. 664-665.

111. *Dang* 黨, synonyme de clique, parti, secte ou coterie, le terme était généralement connoté de manière négative. Confucius recourt à l'expression *wudang* 吾黨 (« notre parti »), qui sera souvent reprise par Zhu Xi dans ses échanges épistolaires avec ses amis et disciples. *Lunyu*, V, 21 : 子在陳曰：歸與！歸與！吾黨之小子狂簡，斐然成章，不知所以裁之, soit « Le Maître en voyage au pays de Chen, s'exclame soudain : Rentrons à Lu sans tarder ! Mes jeunes disciples là-bas sont maintenant pleins d'ambitions et de hâte, ils brillent tous de l'éclat de la culture, mais ne connaissent pas encore la juste mesure. » (Traduction Anne Cheng, éd. 1998, p. 52) ; voir *Lunyu jizhu* 論語集注, dans *Zhuzi quanshu*, vol. 6, p. 106.

Ne faudrait-il pas dès lors chercher de toute urgence à corriger ce dont votre serviteur a parlé quand il a dit que le cœur de Votre Majesté constituait le « fondement majeur de l'Empire » ?

Dans un passage de la communication dont il vous a donné lecture lors de la dernière audience, votre serviteur déclarait[110] :

« Prosterné, il forme le vœu que désormais, sitôt qu'une pensée naîtra dans son esprit, Votre Majesté examine avec soin si elle relève du Principe céleste ou des désirs humains. S'il s'agit du Principe céleste, il conviendra de la déployer avec recueillement, sans tolérer le moindre obstacle. S'il s'agit de désirs humains, il conviendra d'en triompher pareillement, sans tolérer le moindre manquement. Ce principe devra non seulement servir à arbitrer chaque propos et chaque geste, mais aussi la manière dont on emploiera les gens et dont on traitera des affaires.

Lorsqu'on sait qu'on est dans le vrai, on s'y tient, en craignant simplement de ne pas y mettre suffisamment d'énergie. Il n'y a pas lieu de craindre d'agir avec une vigueur excessive. Lorsqu'on sait qu'on est dans l'erreur, on s'en écarte, en craignant seulement de ne pas être suffisamment déterminé. Il n'y a pas lieu de s'alarmer de l'être trop. Quand on sait que l'on a affaire à des sages, on les emploie, en craignant simplement que leur emploi ne soit pas à la hauteur de leurs compétences ; on les rassemble, en craignant seulement qu'ils ne soient pas suffisamment nombreux. Il n'y a pas lieu de s'alarmer qu'ils forment des "factions[111]". Quand on sait que l'on a affaire à des mauvais sujets[112], on les

112. *Buxiao* 不肖.

其不速, 去之惟恐其不盡, 而不當憂其有偏也.

如此則聖心洞然, 中外融徹, 無一毫之私欲得以介乎其間, 而天下之事將惟陛下之所爲, 無不如志矣. »

今恐日久, 元本不存, 再此具奏, 伏乞聖照.

至於輔翼太子之說, 則臣前日所謂數世之仁者, 蓋已微發其端, 而未敢索言之也. 夫太子, 天下之本, 其輔翼之不可不謹. 見於保傅傳者詳矣.

113. Notion inspirée du *Daxue*, § 10, *Daxue zhangju*, dans *Zhuzi quanshu*, vol. 6, p. 26 : 見賢而不能舉, 舉而不能先, 命也. 見善而不能退, 退而不能遠, 過也, soit « Connaître un homme probe et capable, et ne pas vouloir l'élever aux charges, ou le promouvoir tard, c'est négligence. Connaître un homme vicieux et ne pas vouloir le chasser, ou le chasser à peu de distance, c'est une indulgence excessive. » (Traduction Séraphin Couvreur, *Les Quatre Livres*, éd. 1992, p. 22).

114. Ici prend fin le passage repris de la cinquième partie de la communication orale prononcée salle Yanhe le 3 juillet 1188, « Wu-shen Yanhe zouzha, wu », *Wenji* 14, dans *Zhuzi quanshu*, vol. 20, p. 664-665.

115. Allusion au chapitre « Bao-Fu 保傅 » du *Xinshu* 新書 (*Nouveaux écrits*) de Jia Yi 賈誼 (-200 à -168) ; voir *Xinshu jiaozhu*, Pékin, Zhonghua shuju, 2000 p. 183-196. La référence à Jia Yi est explicitement formulée dans le « Ji-you ni shang fengshi 己酉擬上封事 » (« Projet de mémoire scellé de l'année *ji-you* :1189 »), *Wenji* 12, *Zhuzi quanshu,* vol. 20, p. 622. Sur le *taibao* 太保 et *taifu* 太傅, voir *Liji*, ch. « Wen wang shizi 文王世子 », éd. *Shisanjing zhushu*, p. 1404-1407 : 立大傅少傅以養之, 欲其知父子君臣之道也. 大傅審父子君臣之道以示之 ; 少傅奉世子以觀大傅之德, 行而

rejette, en craignant seulement de n'être pas assez prompt ; on les éloigne en craignant seulement de ne pas aller jusqu'au bout[113]. Il n'y a pas lieu de s'alarmer d'avoir été partial.

En agissant de la sorte, Votre Cœur Sacré deviendra limpide ; la transparence régnera entre le centre et les régions, sans que le moindre soupçon de désir égoïste ne vienne s'immiscer. Les événements dans l'Empire répondront tous aux actes de Votre Majesté ; et il n'est rien qui ne sera conforme à sa volonté[114]. »

Craignant que l'original de ce texte n'ait pas été conservé depuis ce temps, votre serviteur le soumet derechef, implorant, prosterné, votre sainte attention.

Pour ce qui est d'assister et d'épauler le prince héritier, votre serviteur a parlé la dernière fois de « Vertu d'humanité étendue à plusieurs générations », se contentant d'évoquer la question, sans oser aller jusqu'au terme de son propos. Or, le prince héritier incarnant le fondement de l'Empire, il est exclu de ne pas prendre le plus grand soin à l'assister et à l'épauler. Les commentaires consacrés au Grand protecteur et au Grand tuteur[115] abordent cette question avec précision.

審喩之；大傅在前，少傅在後；入則有保，出則有師, soit « On donnait à l'héritier présomptif un grand précepteur (*taifu*) et un second précepteur (*shaofu*) chargés de l'instruire, et de lui enseigner les devoirs mutuels du père et du fils, du prince et du sujet. […] Le jeune prince avait à la maison un gardien (*bao*) et au dehors un maître (*shi*). Ces quatre officiers l'instruisaient, éclairaient son intelligence et cultivaient ses vertus nouvelles. Le maître lui enseignait les choses pratiques et lui donnait une connaissance exacte. Le gardien veillait sur sa conduite, l'aidait, affermissait ses pas et le dirigeait dans la voie de la vertu. » (Traduction Séraphin Couvreur, éd. 1950, t. I, 2e partie, ch. 6, § 17, p. 473-474.)

陛下聖學高明, 洞貫今古, 宜不待臣言而喻. 然臣嘗竊怪陛下所以調護東宮者, 何其疏略之甚也? 由前所論而觀之, 豈非所以自治者猶未免於疏略, 因是亦以是爲當然而不之慮耶?

夫自王十朋、陳良翰之後, 宮寮之選, 號爲得人, 而能稱其職者蓋已鮮矣. 而又時使邪佞儇薄; 闒冗庸妄之輩或得參錯於其間, 所謂講讀, 聞亦姑以應文備數, 而未聞其有箴規之效. 至於從容朝夕、陪侍游燕者, 又不過使臣宦者數輩而已.

皇太子睿性夙成, 閱理久熟, 雖若無待於輔導, 然人心難保, 氣習易汙, 習於正則正, 習於邪

116. *Donggong* 東宮, résidence du prince héritier, désigne également celui-ci.

117. Wang Shipeng 王十朋 (1112-1171), *zi* : Guiling 龜齡, *hao* : Meixi 梅溪, reçu premier à l'examen de *jinshi* 進士 en 1157, partisan de réformes politiques et de la reconquête de la Plaine centrale, même après la défaite de 1163 (1ère année *Longxing* 隆興) face au Jürchens, au début du règne de Xiaozong, prélude à un nouveau traité de paix avec les Jin. Voir *supra* notre présentation du texte.

118. Chen Lianghan 陳良翰, favorable à la reconquête du Nord, intendant général de la maison du prince héritier, le futur Xiaozong.

Les saintes connaissances et la haute perspicacité de Votre Majesté lui assurent une vision parfaite du passé et du présent, elle n'a donc rien à apprendre de votre serviteur ; il s'étonne pourtant de voir à quel point Votre Majesté néglige de prendre soin du « palais de l'Est[116] ». Si l'on en juge à la lumière de ce qui a été discuté précédemment, n'est-ce pas parce qu'elle se montre négligente dans sa propre conduite qu'elle considère un tel état de fait comme normal et qu'elle refuse de s'en préoccuper ?

Depuis le départ de Wang Shipeng[117] et de Chen Lianghan[118], même lorsque l'on prétendait avoir trouvé les bonnes personnes pour le palais de l'Est, rares furent les gens à la hauteur de leur fonction. On a vu des gredins, des esprits frivoles, des bons à rien et des médiocres réussir à s'imposer comme soi-disant professeurs de l'Académie[119]. On raconte qu'ils se contentent de faire acte de présence, mais jamais on n'entend parler de leur efficacité à prodiguer des conseils ou à rappeler les règles. Quant à ceux qui, matin et soir, confortent le prince dans ses habitudes, et lui tiennent compagnie dans ses excursions ou ses banquets, il s'agit simplement d'eunuques et de policiers du palais[120].

598 Le prince impérial est d'une nature précoce et intelligente ; sa maturité, acquise de longue date, lui permet de discerner les principes. Bien qu'il puisse paraître superflu de l'assister et de l'épauler, le « cœur humain » reste cependant difficile à préserver ; les habitudes se prennent facilement : elles deviennent correctes quand ce qu'on a appris est correct, elles deviennent déviantes quand ce qu'on a appris est déviant. C'est la raison pour laquelle, lorsque les saints rois de l'Antiquité

119. *Jiangdu* 講讀 : abréviation pour le *shijiang* 侍講 (« chargé de l'explication ») et le *shidu* 侍讀 (« lecteur du prince »), membres de l'académie Hanlin 翰林. Voir Charles O. Hucker, 1988, § 715, p. 141, § 5215, p. 423, § 5325, p. 430.

120. « Policiers » (*shichen* 使臣). Voir *ibid.*, § 5209, p. 422.

則邪. 此古之聖王教世子者, 所以必選端方正直, 道術博聞之士與之居處, 而又使之逐去邪人, 不使見惡行, 蓋常謹之於微, 不待其有過而後規也.

今三代之制雖不可考, 且以唐之六典論之, 東宮之官, 師傅、賓客既職輔導, 而詹事府、兩春坊實擬天子之三省, 故以詹事、庶子領之, 其選甚重. 今則師傅、賓客既不復置, 而詹事、庶子有名無實, 其左右春坊遂直以使臣掌之, 何其輕且褻之甚邪 ? 夫立太子而不置師傅、賓客, 則無以發其隆師親友、尊德樂義之心 ; 獨使春坊

121. « Les Trois dynasties antiques » : Xia 夏 (2205-1767), Shang 商 (1766-1122) Zhou 周 （-1121 à -256).

122. *Six Règles des Tang* (*Tang Liudian* 唐六典), ouvrage en 31 *juan*, compilé en 738, sous le règne de Xuanzong 玄宗 (712-755), par Zhang Jiuling 張九齡 (687-740) et Li Linfu 李林甫 (mort en 752), mentionné dans le chapitre bibliographique du *Xin Tangshu* 新唐書 (*Nouvelle Histoire des Tang*). Les six règles font allusion aux institutions archaïques du *Zhouli*, section « Tianguan », éd. *Shisanjing zhushu*, p. 645, et aux « six supérieurs » (*liuda* 六大) cités dans le *Liji*, « Quli 曲禮. II », voir *Shisanjing zhushu*, p. 1261. Zhu Xi rappelle que le livre a été remis au goût du jour par Shenzong 神宗 (règne 1068-1078) des Song, avant d'être contesté par Wang Anshi 王安石 ; voir *Zhuzi yulei* 128, « Benchao, 2, Fazhi 法制 », dans *Zhuzi quanshu*, vol. 18, p. 4001 ; *Zhuzi yulei xuanzhu* 朱子語類選注, Guangxi shifan daxue, 1998, vol. 2, p. 626.

123. « Précepteur » (*shifu* 師傅) et « tuteur » (*binke* 賓客) deux des trois « Shi » (*sanshi* 三師) du prince.

œuvraient à l'éducation du prince héritier, ils choisissaient obligatoirement des lettrés intègres et droits, pourvus de vastes connaissances dans le domaine de la Voie, afin qu'ils vivent en sa compagnie ; ils faisaient en sorte de chasser de son entourage les gens pervers afin qu'il ne puisse être le témoin de mauvaises conduites ; ils étaient toujours attentifs aux détails, n'attendant pas que la faute fût commise pour rappeler les règles.

Bien qu'il soit impossible de nos jours de connaître en détail les institutions des Trois dynasties antiques[121], on peut cependant en inférer en se reportant aux *Six Règles des Tang*[122]. Ainsi, parmi les fonctionnaires du palais de l'Est, le précepteur et le tuteur[123] avaient pour fonction d'assister et d'épauler le prince, tandis que l'Intendance générale de la maison de l'héritier du Trône[124] et les deux secrétariats du prince héritier[125], correspondaient aux trois départements du gouvernement[126]. Ils étaient dirigés par le mentor de l'Intendance générale de la maison de l'héritier du Trône, ce qui rendait le choix du titulaire du poste extrêmement important. Aujourd'hui, non seulement les fonctions de précepteur et de tuteur n'ont pas été rétablies, mais le mentor et l'Intendance générale de la maison de l'héritier du Trône sont devenus des appellations purement nominales, tandis que les deux secrétariats de la maison de l'héritier du Trône sont simplement tenus par des policiers du palais. Comment a-t-on pu en arriver à un tel mépris et bafouer ainsi cette institution ! Or, établir le prince

124. *Zhanshifu* 詹事府, dirigée par deux intendants généraux, ou mentors (*shuzi* 庶子), de « gauche » et de « droite ». Voir Charles O. Hucker, 1988, p. 107, § 80 et p. 407.

125. *Liang chunfang* 兩春坊, littéralement : « Deux quartiers du Printemps », un de « droite » et un de « gauche », qui incluaient les fonctionnaires au service du prince héritier, en référence à la désignation officieuse de la résidence de l'héritier présomptif, *ibid.*, p. 188.

126. « Les trois départements » (*sansheng* 三省) désignent le Grand secrétariat impérial (*shangshusheng* 尚書省), le département des Affaires d'État *(zhongshusheng* 中書省) et le département de la Chancellerie impériale (*menxiasheng* 門下省), voir *ibid.*, § 4900, p. 401.

使臣得侍左右, 則無以防其戲慢媟狎、奇衺雜進之害. 此已非細事矣.

至於皇孫德性未定, 聞見未廣, 又非皇太子之比, 則其保養之具尤不可以不嚴. 而今日之官屬尤不備, 責任尤不專, 豈任事者亦有所未之思耶?

謂宜深詔大臣, 討論前代典故, 東宮除今已置官外, 別置師傅、賓客之官, 使與朝夕遊處. 罷去春坊使臣, 而使詹事、庶子各復其職. 宮中之事, 一言之入, 一令之出, 必由於此而後通焉. 又置贊善大夫, 擬諫官以箴闕失. 王府則宜稍放六典親王之制, 置傅友、咨議以司訓導, 置長史、司馬

127. La charge est dirigée contre Jiang Teli 姜特立 (1125-1204?) et Qiao Xizai 譙熙載, chargés de l'éducation du prince héritier, futur Guangzong 光宗. Voir Shu Jingnan, 1992, p. 713. Sur le rôle de Jiang Teli, voir Yu Yingshi, 2004, p. 657-670.

128. *Huangsun* 皇孫 ou *huangchangsun* 皇長孫), autrement dit, l'héritier présomptif à la seconde génération, voir Charles O. Hucker, 1988, § 2832, p. 261, § 2854, p. 262. Lorsque le prince héritier est défunt, son fils aîné, en position de succéder directement à son grand-père, est appelé *taisun* 太孫 (*Grandson successor*), *ibid.*, § 6222, p. 483.

129. *Guanshu* 官屬, le terme est attesté dans le *Liji*.

130. *Zanshan dafu* 贊善大夫 : mentor chargé d'admonester le prince, attaché au secrétariat du prince héritier. Fonctionnaire de rang 8 A sous les Song. Voir *ibid.*, § 6859, p. 516.

131. *Jianguan* 諫官 : terme générique appliqué aux agents de l'empire habilités à exprimer des avis critiques. Voir *ibid.,* § 836, p. 148.

132. *Fuyou* 傅友 : ne correspond à aucun titre de fonction connu.

133. *Zhangshi* 長史.

héritier sans nommer de précepteur ni de tuteur ne permet pas à son cœur, qui devrait être tourné vers la vénération des maîtres, le sens de l'amitié, le culte de la vertu et du devoir, de donner toute sa mesure. Laisser le prince héritier entouré seulement par des policiers de la maison du Trône l'empêche de se prémunir contre l'indécence, la concupiscence et les privautés[127]. Ceci n'est déjà pas une mince affaire.

Quant au fils aîné du prince héritier[128], sa vertu, par nature, n'est pas encore fixée : ce qu'il a pu voir et entendre reste limité, et sans commune mesure avec le prince. Le dispositif consacré à sa formation doit par conséquent être particulièrement rigoureux. Or, les postes de fonctionnaires subalternes[129] notamment ne sont pas pourvus, et leurs responsabilités sont loin d'être définies comme il conviendrait. Comment se fait-il que les responsables en charge des nominations n'aient pas réfléchi à ces questions ?

Nous affirmons qu'il conviendrait de faire appel de manière approfondie à des hauts dignitaires afin qu'ils débattent des précédents des dynasties passées. Aux fonctionnaires déjà au service du prince héritier, il conviendra d'adjoindre un précepteur et un tuteur pour qu'ils tiennent matin et soir compagnie au prince lors de ses déplacements ou de sa vie quotidienne. On écartera les policiers de la maison de l'héritier du Trône et l'on rétablira dans leurs attributions le mentor et l'Intendance générale de la maison de l'héritier du Trône. Ainsi, pour les affaires du palais, chaque parole qui y entrera, chaque ordre qui en sortira, transiteront nécessairement par leur truchement. On nommera aussi un Grand conseiller approuvant le bien pour l'héritier du Trône[130], sur le modèle des fonctionnaires chargés des remontrances[131], afin d'admonester le prince en cas de manquement ou de faute. Pour la résidence princière, il conviendra de s'inspirer des institutions se rapportant aux princes impériaux dans les *Six Règles,* et de nommer un confident[132] et un conseiller dont les avis guideront le Prince. On nommera un secrétaire général[133] et un administrateur

以總眾職, 妙選耆德, 不雜他材, 皆置正員, 不爲兼職, 明其職掌, 以責功效, 則其官屬已略備矣.

陛下又當以時召之, 使侍燕遊, 從容啓迪.

凡古先聖王正心脩身、平治天下之要, 陛下之所服行而已有效, 與其勉慕而未能及、愧悔而未能免者, 傾倒羅列, 悉以告之, 則聖子神孫皆將有以得乎陛下心傳之妙, 而宗社之安、統業之固, 可以垂於永久而無窮矣. 此今日急務之一也.

臣伏見比者聖詔令皇太子參决庶務, 此見聖慮之深, 將使皇太子以時習知國家政事之得失也. 然臣之愚見, 則以爲使之習事, 不若勉其脩

134. *Sima* 司馬, soit *executive officer*, de second ou troisième niveau. Voir *ibid.*, p. 452, § 5713.

135. Autant de références au chapitre liminaire de *La Grande Étude*.

136. *Xinchuan* 心傳 : le terme qui désigne dans le bouddhisme la transmission de l'enseignement à des disciples par la voie spirituelle a été repris par le néo-confucianisme. Zhu Xi l'utilise à propos de la transmission du *Zhongyong* par les disciples de Confucius jusqu'à Zisi : 子思 : 此篇乃孔門傳授心法, 子思恐其久而差也, 故筆之於書, 以授孟子, soit « Ce texte correspond à la méthode de la transmission par le cœur des disciples de Confucius, Maître Zisi craignant qu'il ne finisse par se déformer à la longue, le coucha par écrit afin de le transmettre à Mencius », voir *Zhongyong zhangju* (collophon), dans *Zhuzi quanshu*, vol. 6, p. 32. L'expression fut appliquée pour désigner la « formule en seize caractères de la transmission par le cœur » (*Shiliuzi xinchuan zhi jue* 十六字心傳之訣), inspirée par le *Livre des Documents*, *cf. supra*.

adjoint[134] afin d'assurer la coordination des charges. On les choisira parmi les gens vertueux et chevronnés, à l'exclusion de tout autre critère. Les charges seront assurées par des agents à temps plein, sans cumul de fonctions ; les responsabilités seront clairement établies afin de juger des mérites et des résultats. Les postes de fonctionnaires subalternes seront ainsi pratiquement tous pourvus.

Votre Majesté pourra, le cas échéant, faire appel à eux et les mander pour qu'ils l'accompagnent lors des banquets ou des excursions, afin qu'ils l'instruisent en toute sérénité.

599 Votre Majesté pourra leur faire part tout à sa guise de ce qu'elle a su mettre en œuvre avec efficacité parmi les points fondamentaux légués par les anciens rois, pour ce qui est de « corriger son cœur », « perfectionner sa personne », « pacifier et gouverner l'Empire[135] », mais également leur confier ce qu'elle s'efforce d'atteindre, sans y être parvenue, et ce qu'elle regrette de n'avoir pas su éviter. Votre saint fils et votre divin petit-fils bénéficieront ainsi, de la part de Votre Majesté, des merveilles de la transmission par le cœur[136]. La paix de l'État et la stabilité du règne pourront se perpétuer sans fin. Telle est aujourd'hui la première des priorités.

Votre serviteur, prosterné, a lu vos saintes proclamations ordonnant récemment au prince héritier de « participer aux décisions liées aux affaires courantes[137] ». Ceci manifeste la profondeur de vos saintes préoccupations, visant à permettre au Prince de connaître, au moment opportun, les réussites et les faillites dans le domaine des affaires politiques de l'État. Votre serviteur, dans sa sottise, estime toutefois que,

137. La volonté de Xiaozong d'associer le prince héritier aux décisions politiques remonte au 1er mois de la 15e année *Chunxi* (février 1188), *Songshi* 35, vol. 3, p. 688.

138. *Xiude* 修德.

> 德. 況今皇太子育德春宮幾二十年, 其於天下之事, 蓋不待習而無不熟矣. 獨恐正心脩德之學未至, 而於物欲之私未免有所係累, 則雖習於其事, 而或不能自决於取舍之間.
>
> 故臣竊論輔養之未至者, 非有他也, 但欲陛下更留聖意於此而已.
>
> 伏乞聖照.

至於選任大臣之說, 則臣前所謂勞於求賢而賢人不得用者, 蓋已發其端矣. 夫以陛下之聰明, 豈不知天下之事必得剛明公正之人而後可任也哉? 其所以常不得如此之人, 而反容鄙夫之竊位者, 非有他也, 直以一念之間未能撤其私邪之蔽, 而燕私之好、便嬖之流不能盡由於法度.

若用剛明公正之人以爲輔相, 則恐其有以妨吾之事、害吾之人而不得肆, 是以選掄之際, 常

139. *Yude* 育德, littéralement « nourrir sa vertu » ; l'expression est tirée du *Yijing*, hexagramme n° 18, « Gu 蠱 », commentaire « Xiang 象 », est appliquée à l'éducation du Prince héritier : 象曰 : 山下有風, 蠱, 君子以振育德, soit « Le Commentaire traditionnel de la formule symbolique dit : En bas de la montagne il y a du vent. Trouble. L'homme doué donne l'impulsion au peuple et nourrit sa vertu. » (Traduction Paul-Louis-Félix Philastre, éd. 2006, p. 260.) Voir *Shisanjing zhushu*, p. 35.

140. *Wuyu* 物欲.

plutôt qu'initier le prince aux affaires, il serait préférable de l'encourager à perfectionner sa vertu[138], d'autant plus qu'il a d'ores et déjà passé près d'une vingtaine d'années à s'instruire dans son palais du Printemps[139] : il n'est rien des affaires de l'Empire dont il ne soit familier, sans qu'il lui faille en apprendre davantage. En revanche, il est à craindre qu'il n'ait pas encore tout à fait atteint l'accomplissement pour ce qui est de « corriger son cœur » et de « perfectionner sa vertu », et qu'il ne sache pas forcément se libérer d'un attachement égoïste envers les désirs matériels[140]. Il aurait beau apprendre à conduire les affaires, il se pourrait qu'il soit incapable de trancher entre ce qu'il convient de faire ou d'écarter.

En affirmant que la formation du prince n'est pas encore accomplie, votre serviteur n'a pas d'autre but que de souhaiter que Votre Majesté porte davantage ses saintes pensées sur ce point.

Prosterné, il implore votre sainte attention.

Pour ce qui est du choix et de l'emploi des hauts dignitaires, votre serviteur vient d'évoquer la question lorsqu'il écrit : « Même si Votre Majesté voulait de tout cœur quérir des sages, pas un ne réussirait à se faire employer. » Comment Votre Majesté avec son intelligence pourrait-elle ignorer que les affaires de l'Empire exigent que l'on trouve des hommes fermes et droits afin de les employer ? Ne jamais trouver de telles personnes, et tolérer que des misérables usurpent leur place, tient au seul fait que l'on se montre incapable, fût-ce l'éclair d'une pensée, de se départir de sa chape d'égoïsme et de vices, et de soumettre aux rigueurs de la loi ses compagnons de plaisirs égoïstes, son entourage et ses favoris.

Quand on fait appel pour des postes de ministres à des hommes fermes et droits, il est permis de craindre en effet qu'ils ne viennent gêner nos affaires et ne nuisent à nos gens, nous empêchant d'agir à notre guise. Voilà pourquoi, lors de la procédure de sélection, on commence généralement par écarter et ne pas prendre en considération ce type de personnes, avant

先排擯此等，寘之度外，而後取凡疲懦軟熟、平日不敢直言正色之人而揣摩之，又於其中得其至庸極陋，决可保其不至於有所妨者，然後舉而加之於位. 是以除書未出而其物色先定，姓名未顯而中外已逆知其决非天下之第一流矣. 故以陛下之英明剛斷、略不世出，而所取以自輔者，未嘗有如汲黯、魏徵之比，顧常反得如秦檜晚年之執政、臺諫者而用之.

彼以人臣竊國柄，而畏忠言之悟主以發其姦也，故專取此流以塞賢路、蔽主心，乃其勢之不得已者.

141. *Lüe bu shi chu* 略不世出, citation des *Mémoires historiques* (*Shiji*) de Sima Qian, ch. « Huaiyinhou liezhuan 淮陰侯列傳 ».

142. Ji An 汲黯 (mort en 112 avant notre ère), conseiller de l'empereur Wu (Han Wudi 漢武帝), célèbre pour ses remontrances, il fut écarté de la cour pour son opposition aux campagnes contre les Xiongnu 匈奴.

143. Wei Zheng 魏徵 (580-643), conseiller de Taizong 太宗 (Li Shimin 李世民, règne 627-649) – fils du fondateur des Tang, célèbre pour ses exhortations au trône.

144. Qin Hui 秦檜 (1090-1155), prisonnier des Jin en 1127, il regagna la cour des Song du Sud en 1130 à l'issue d'une évasion souvent considérée comme un montage favorisé par les Jürchens. Grand conseiller pendant dix-neuf ans (1131-1132 puis 1138-1155) sous Gaozong 高宗 (Zhao Gou 趙構, règne 1127-1162), symbole honni du renoncement à la reconquête. *Songshi* 213, « Zaifu 宰輔, 4 », vol. 16, p. 5552-5564 ; biographie dans *Songshi* 473, « Jianchen 奸臣, 3 » (« Ministres félons, 3 »), éd. Zhonghua shuju, vol. 39, p. 13747-13767. Les dernières années du ministère de Qin Hui furent marquées

de faire appel et chercher conseil auprès de gens lâches et malléables qui n'osent même pas en temps ordinaire s'exprimer ouvertement ni afficher un air sérieux. On retient alors parmi ceux-ci les plus médiocres et les plus veules, ceux dont on peut être absolument certain qu'ils n'opposeront jamais la moindre résistance, pour les promouvoir et les nommer à de hautes fonctions. Les décrets de nominations ne sont pas encore promulgués que l'on a depuis longtemps décidé de la couleur de ceux que l'on recherche ; leurs noms ne sont pas encore rendus publics, que tout le monde à la cour et à l'extérieur sait déjà par avance qu'il ne s'agira en aucun cas des meilleurs éléments de l'Empire. Voilà pourquoi, parmi les personnages que Votre Majesté prend pour la seconder, malgré toute sa clairvoyance, son autorité et sa « stratégie d'exception[141] », il n'en est aucun qui ne puisse soutenir la comparaison avec des gens de la trempe d'un Ji An[142] ou d'un Wei Zheng[143]. On emploie au contraire des individus de l'acabit de ceux qui tenaient les rênes du gouvernement et contrôlaient le Censorat et le Bureau des remontrances durant les dernières années du ministère de Qin Hui[144].

Une fois ministres, ces gens s'arrogent tous les leviers de l'État, craignant que des paroles loyales ne mettent au jour leur fourberie et ne rendent sa lucidité au Souverain. C'est la raison pour laquelle ils font systématiquement appel à des individus de leur espèce afin de barrer la voie aux sages et voiler le cœur du Souverain. La situation est telle qu'il ne peut plus en être autrement.

par une vague de répression contre toute forme de contestation lettrée, voir *Zhuzi yulei* 131, dans *Zhuzi quanshu*, vol. 18, p. 4145. Sur les soupçons ayant pesé sur Qin Hui d'avoir été un « agent » (*xizuo* 細作) des Jürchens, voir *Zhuzi yulei* 131, dans *Zhuzi quanshu*, vol. 18, p. 4110. La prononciation Hui (au lieu de Gui ou Huai) s'appuie sur le dictionnaire *Cihai* 辭海.

陛下尊居宸極，威福自己，亦何賴於此輩而乃與之共天下之政，以自蔽其聰明、自壞其綱紀，而使天下受其弊哉？

夫其所以取之者如此，故其選之不得而精；選之不精，故任之不得而重；任之不重，則彼之所以自任者亦輕. 夫以至庸之材當至輕之任，則雖名爲大臣，而其實不過供給唯諾，奉行文書，以求不失其窠坐資級，如吏卒之爲而已.

求其有以輔聖德、脩朝政而振紀綱，不待智者而知其必不能也. 下此一等，則惟有作姦欺、植黨與、納貨賂，以濁亂陛下之朝廷耳. 其尤甚者，乃至十有餘年而後敗露以去，然其列布於後，以希次補者，又已不過此等人矣. 蓋自其爲臺諫、爲侍從，而其選已如此，其後又擇其尤碌碌者而登用之，則亦無怪乎陛下常不得天下之賢材而屬任之也.

Votre Majesté occupe la dignité suprême, d'elle émane le pouvoir de châtier et de récompenser. Pourquoi lui faudrait-il s'appuyer sur cette engeance et partager avec elle le gouvernement du pays, en se voilant toute intelligence et en ruinant les principes fondamentaux ? Cela n'a d'autre conséquence que de nuire à l'Empire. Or, si l'on est arrivé à recruter de tels individus, c'est que l'on n'a pas su choisir avec discernement. Dès lors qu'il en est ainsi, il devient impossible de leur confier des responsabilités importantes. N'assumant aucune responsabilité essentielle, ces gens n'accomplissent de leur propre chef que des tâches insignifiantes ; aux talents les plus médiocres ne conviennent en effet que des responsabilités dérisoires. Bien qu'on les gratifie du titre de grand dignitaire, ils ne font en réalité que donner leur assentiment et transmettre des documents, et ne cherchent qu'à conserver leur place et leurs prébendes, tels de simples factotums.

Seconder Votre Sainte Vertu, conduire les affaires de la cour et raffermir les lois fondamentales, point besoin d'être grand clerc pour comprendre que ces gens en sont parfaitement incapables. Cette caste inférieure n'est bonne qu'à se livrer à des scélératesses, à ériger des coteries et à se laisser corrompre, venant souiller et semer la zizanie à la cour de Votre Majesté. Dans le pire des cas, plus de dix ans peuvent s'écouler avant qu'ils ne soient démasqués et évincés ; mais ceux qui sont sur les rangs, prêts à leur succéder, ne valent guère mieux ! La sélection commence parmi le Censorat et le Bureau des remontrances, et les hautes fonctions à votre suite[145] ; on choisit ensuite parmi les plus médiocres pour les promouvoir. Rien d'étonnant par conséquent que Votre Majesté n'obtienne jamais des hommes à la fois sages et talentueux auxquels elle puisse confier des responsabilités.

145. Le terme *shicong* 侍從 désigne le haut personnel politique directement en contact avec l'empereur, voir Charles O. Hucker, 1988, § 5324, p. 430.

然方用之之初, 亦曰 « 姑欲其無所害於吾之私 » 而已, 夫豈知其所以害夫天下之公者乃至於此哉 ? 陛下試反是心以求之, 則庶幾乎得之矣. 蓋不求其可喜而求其可畏, 不求其能適吾意而求其能輔吾德, 不憂其自任之不重而常恐吾所以任之者之未重, 不爲燕私近習一時之計而爲宗社生靈萬世無窮之計, 陛下誠以此取之, 以此任之, 而猶曰不得其人, 則臣不信也. 此今日急務之二也.

至於振肅紀綱、變化風俗之說, 則臣前所謂勤於立政而善政卒不得立者, 亦已發其端矣.

夫以陛下之心, 憂勤願治不爲不至, 豈不欲夫綱維之振、風俗之美哉 ? 但以一念之間未能去其私邪之蔽, 是以朝廷之上忠邪雜進、刑賞不分, 士夫之間志趣卑汙、廉恥廢壞, 顧猶以為事理之

146. *Youqin* 憂勤, allusion au *Shiji*, « Biographie de Sima Xiangru 司馬相如傳 ».

147. *Yuanzhi* 願治 : allusion au *Hanshu* 漢書, « Traité des rites et de la musique » (*Liyuezhi* 禮樂志), évoque un souverain dont le règne prolongé a fini par faire taire toute parole sincère autour de lui.

Sait-on seulement à quel point on porte atteinte à l'intérêt général de l'Empire quand, à peine recrutés, on se contente de leur demander de ne pas nuire à nos menus égoïsmes ? Votre Majesté devrait se remettre en question avant de faire appel à eux, il est probable qu'elle obtiendrait les bonnes personnes. Il ne s'agit pas de recruter des gens pour qu'ils se montrent agréables, mais pour ce qu'il faut en craindre. Il ne s'agit pas non plus de faire appel à des gens pour leur capacité à être en adéquation avec nos idées, mais pour qu'ils puissent seconder notre vertu. Il n'y a pas lieu de s'inquiéter qu'ils ne prétendent pas d'eux-mêmes à des responsabilités importantes, il faut en revanche toujours craindre que les responsabilités qu'on leur a confiées ne soient pas suffisamment importantes. Ceci ne relève pas d'un calcul momentané, lié aux plaisirs égoïstes, aux proches et aux favoris ; il s'agit au contraire d'un plan à long terme pour soutenir le pays et le peuple pour les générations futures. Si Votre Majesté faisait sincèrement appel à eux et les nommait conformément à ce dessein, votre serviteur refuse de croire que l'on ne parviendrait pas à trouver les gens compétents. Telle est aujourd'hui la deuxième des priorités.

Pour ce qui concerne le rétablissement des principes fondamentaux et la réforme des mœurs, votre serviteur a déjà abordé la question lorsqu'il a dit qu'on « aura beau s'efforcer d'instituer une politique, aucune bonne politique ne pourra être instituée ».

601 Votre Majesté n'est assurément pas dépourvue en son for d'un « zèle soucieux[146] », ni du « désir d'une bonne politique[147] » ; comment ne souhaiterait-elle pas vouloir rétablir les principes fondamentaux et embellir les mœurs ? Mais n'ayant pas été capable, fût-ce l'éclair d'une pensée, d'écarter la chape des égoïsmes et des vices, les gens loyaux et les gens déviants se mêlent à la cour, sans qu'aucune discrimination ne soit opérée entre châtiments et récompenses ; des goûts dépravés prédominent chez les lettrés, qui abandonnent toute

當然, 而不思有以振厲矯革之也. 蓋明於內, 然後有以齊乎外 ; 無諸己, 而後可以非諸人.

今宮省之間、禁密之地, 而天下不公之道、不正之人顧乃得以窟穴盤據於其間, 而陛下目見耳聞, 無非不公不正之事, 則其所以熏蒸銷鑠, 使陛下好善之心不著、疾惡之意不深, 其害已有不可勝言者矣. 及其作姦犯法, 則陛下又未能深割私愛, 而付諸外廷之議、論以有司之法, 是以紀綱不能無所撓敗, 而所以施諸外者, 亦因是而不欲深究切之.

且如頃年方伯連帥, 嘗以有贓汙不法聞者矣,

148. Citation du *Daxue*, complétée par Zhu Xi de l'auxiliaire verbal *keyi* 可以 (« pouvoir ») : 是故君子有諸己而后求諸人, 無諸己而后非諸人, soit « Un prince sage avant d'exiger une chose des autres la pratique d'abord lui-même ; avant de reprendre un défaut dans les autres, il a soin de l'éviter lui-même. » (Traduction Séraphin Couvreur, *Les Quatre Livres*, éd. 1992, p. 17). Voir *Daxue zhangju*, § 9, *Zhuzi quanshu*, vol. 6, p. 23.

149. *Fangbo lianshuai* 方伯連帥, autrement dit l'administration provinciale, civile et militaire. L'expression est une allusion au *Liji*, ch. « Wangzhi 王制 » :

千里之外設方伯, 五國以為屬, 屬有長. 十國以為連, 連有帥. 三十國以為卒, 卒有正. 二百一十國以為州, 州有伯, soit « En dehors des mille stades (qui formaient la province et le domaine propre de l'empereur) tout le reste de l'empire était dirigé par (deux) gouverneurs généraux. Cinq principautés formaient une confédération nommée *chŏu* [*shu* 屬], gouvernée par un chef nommé *tchàng* [*zhang* 張]. Dix principautés formaient une confédération nommée *liên* [*lian* 連], gouvernée par un chef nommé *shouài* [*shuai* 帥]. Trente principautés formaient une confédération nomme *tsŏu* [*zu* 卒], gouvernée par intégrité et toute vergogne, et trouvent apparemment naturel cet état de fait pour ne pas songer à se ressaisir et à se corriger. Or, c'est précisément lorsqu'on est au clair avec soi-même que l'on peut « mettre bon ordre » dans ce qui nous est extérieur ; « c'est lorsqu'on en est soi-même exempt de fautes que l'on peut critiquer celles des autres[148] ».

À l'heure actuelle, les voies les moins honnêtes dans l'Empire et les individus les moins corrects parviennent à s'immiscer dans le palais et à s'incruster au cœur des départements administratifs et autres lieux confidentiels. Ce que Votre Majesté peut voir et entendre correspond aux choses les moins honnêtes et les moins correctes. Les exemples délétères et corrupteurs empêchent le cœur de Votre Majesté, tourné vers le bien, de s'exprimer, de même que n'est pas suffisamment affermie sa volonté de rejeter tout mal. Les méfaits vont d'ores et déjà au-delà des mots. Face à leurs exactions et à leurs forfaits, Votre Majesté, une fois de plus, n'a pas su trancher parmi ses affections égoïstes ni soumettre ces individus aux administrations de la cour extérieure, afin qu'ils soient jugés selon la loi par les autorités compétentes. C'est la raison pour laquelle les principes fondamentaux sont immanquablement mis à mal. C'est également parce que l'on n'a pas voulu examiner ceci de manière approfondie que ces maux se répandent au-dehors.

La situation est identique en ce qui concerne les « comtes locaux » et les « chefs de confédérations[149] » à propos desquels on a entendu parler, au cours des années précédentes, d'agissements

un chef nommé *tchéng* [*zheng* 正]. Deux cent dix principautés formaient une province régie par un gouverneur particulier, nommé *pê* [*bo* 伯]. » (Traduction Séraphin Couvreur, éd. 1950, t. I, 1ère partie, p. 270). Sous les Tang et les Song, le terme *fangbo* 方伯 désignait les hauts fonctionnaires provinciaux, parmi lesquels les intendants fiscaux (*zhuanyunshi* 轉運使, Charles O. Hucker, 1988, § 1490, p. 186), et les commissaires en chef (*duzhihuishi* 都指揮使, *ibid.*, § 7199, p. 537). Voir *Shisanjing zhushu*, p. 1325.

鞠治未竟, 而已有與郡之命. 及臺臣有言, 則遂與之祠祿, 而理爲自陳. 至於其所藏匿作過之人, 則又不復逮捕付獄, 名爲降官, 而實以解散其事. 此雖宰相曲庇鄉黨以欺陛下, 然臣竊意陛下非全然不悟其欺者, 意必以爲人情各有所私, 我既欲遂我之私, 則彼亦欲遂彼之私. 君臣之間, 顏情稔熟, 則其勢不得不少容之, 且以爲雖或如此, 亦未至甚害於事, 而不知其敗壞綱紀, 使中外聞之, 腹非巷議, 皆有輕侮朝廷之心, 姦贓之吏, 則皆鼓舞相賀, 不復畏陛下之法令, 則亦非細故也.

150. *Cilu* 祠祿, littéralement « émoluments de sacrifice » : sinécure correspondant à une sorte de mise en congé d'office, « poste donné aux hauts fonctionnaires pensionnés », voir Charles O. Hucker, 1988, « Introduction », p. 51 et § 7564, p. 558.

illégaux et d'affaires de corruption. Interrogatoires et jugement n'étaient pas terminés que des instructions étaient adressées à la préfecture. Quand un censeur prit la parole [pour dénoncer l'affaire], il fut nommé, pour des raisons évidentes, sur un « poste de temple[150] ». Quant à celui qui avait détourné les fonds et commis la faute, on ne l'a ni arrêté ni déféré devant aucun tribunal ; destitué nominalement de son poste, il a de fait été acquitté dans cette affaire[151]. Bien qu'il s'agisse d'une protection abusive accordée par le Grand conseiller à un compatriote en trompant Votre Majesté, votre serviteur pense humblement qu'elle n'est pas entièrement dupe de cette tromperie. Elle estime sans doute que les passions humaines procèdent de ressorts égoïstes : dès lors que je désire suivre mes propres égoïsmes, les autres souhaitent pareillement suivre les leurs. La proximité qui s'instaure entre le Souverain et ses ministres fait que l'on a, pour des raisons de face, tendance à tolérer une telle situation. Votre Majesté estime que malgré cet état de fait, cela ne porte en définitive pas atteinte aux choses ; c'est ignorer le tort que cela cause aux principes fondamentaux. Ceci a notamment pour effet qu'on en parle à la cour et à l'extérieur, et même lorsque les choses restent dans le non-dit, les rumeurs finissent par se propager dans les ruelles ; tous n'ont dans leur cœur que mépris pour la cour, tandis que les agents corrompus et prévaricateurs se sentent encouragés et se félicitent, n'ayant rien à redouter des lois de Votre Majesté. Ceci non plus n'est pas une mince affaire.

151. Allusion à l'affaire Tang Zhongyou 唐仲友, préfet de Taizhou 台州, fonctionnaire corrompu et faussaire. Le Grand conseiller, Wang Huai 王淮 (*cf.* note *infra*), qui lui était lié par alliance, était également originaire de Jinhua 金華 à Wuzhou 婺州 dans l'actuel Zhejiang 浙江, voir « An zhi Taizhou Tang Zhongyou di yi (er, san, si, wu, liu) zhuang 按知台州唐仲友第一(二、三、四、五、六)狀 », *Wenji* 18-19, *Zhuzi quanshu,* 20, p. 825-868.

又如廷臣爭議配享，其間邪正曲直固有所在，則兩無所問而并去之.

監司挾私以誣郡守，則不問其曲直而兩皆罷免. 監司使酒以凌郡守，亦不問其曲直而兩皆與祠. 宰相植黨營私，孤負任使，則曲加保全，而使之去. 臺諫懷其私恩，陰拱不言，而陛下亦不之問也.

其有初自小官擢爲臺諫，三四年間，趨和承意，不能建明一事，則年除歲遷，至極其選；一日論及一二武臣罪惡，則便斥爲郡守，而不與職名.

152. « Adjoindre les tablettes » (*peixiang* 配享), littéralement : avoir sa part aux sacrifices adressés aux empereurs de la dynastie ou à Confucius. Cette polémique, survenue entre le 3e et le 4e mois de la 15e année *Chunxi* (avril, mai 1188), opposa entre eux Hong Mai 洪邁 (1123-1202), Zhang Sen 張森 et Yang Wanli 楊萬理 (1127-1206). Le premier était partisan d'ajouter les tablettes de Lü Yihao 呂頤浩 (1071-1139), Zhao Ding 趙鼎 (1085-1147) et Han Shizhong 翰世忠 (1089-1151) dans le temple consacré à Gaozong ; le second proposait au contraire d'y adjoindre les tablettes de Zhang Jun 張俊 (1086-1154) et Yue Fei 岳飛 (1103-1142), deux généraux rivaux partisans de la reconquête contre les Jürchens. Yang Wanli pour sa part réclamait d'ajouter la tablette de Zhang Jun, le général rival de Yue Fei, et qu'il ne faut pas confondre avec son homonyme Zhang Jun 張浚 (1097-1164), père de Zhang Shi, l'alter ego et ami de Zhu Xi. Aucune de ces propositions ne fut retenue. *Songshi* 35, vol. 3, p. 689. Sur les textes de Zhu Xi concernant les dispositions rituelles liées aux tablettes impériales, écrits en 1194, voir *Wenji* 15, dans *Zhuzi quanshu*, vol. 20, p. 713-727.

153. *Zhidang* 植黨.

Quand, par exemple, les dignitaires à la cour polémiquent sur l'opportunité d'adjoindre de nouvelles tablettes dans le temple des empereurs défunts, le vrai et le faux, le juste et le dévoyé s'entremêlent, or on écarte les deux parties sans faire la part des choses[152].

602 Lorsqu'un inspecteur de province calomnie un préfet pour des motivations égoïstes, on les destitue tous deux, sans chercher à discerner le vrai du faux. Quand un inspecteur de province recourt à l'alcool pour avilir un préfet, on les congédie d'office sur des « postes de temple », sans chercher davantage à faire la part des choses, mais quand le Grand conseiller institue des factions[153] et laisse libre cours à ses intérêts égoïstes, se montrant indigne de la mission qui lui a été confiée, on continue à lui accorder indûment protection, en se contentant simplement de l'éloigner[154]. Le Censorat et le Bureau des remontrances, bénéficiaires de ses faveurs, restent terrés dans l'ombre, sans souffler mot, tandis que Votre Majesté ne pose pas la moindre question.

Des gens qui étaient au départ de petits fonctionnaires sont nommés au Censorat ou au Bureau des remontrances ; en trois ou quatre ans, à force de courber l'échine et d'aller dans le sens du vent, ces gens, malgré leur incompétence notoire sur quelque sujet que ce soit, se voient promus et sont nommés, année après année, à de nouveaux postes, jusqu'à parvenir au sommet de leur carrière. Mais sitôt qu'ils en viennent à dénoncer les crimes de quelque fonctionnaire militaire, ils sont relégués vers des préfectures où on ne leur attribue plus aucun grade officiel.

154. Allusion à Wang Huai 王淮 (1126-1289), destitué de son poste de Grand conseiller le 5e mois de la 15e année *Chunxi* (juin 1188), nommé ensuite à Quzhou 衢州. *Songshi* 35, vol. 3, p. 689 ; biographie dans *ibid.*, 396, vol. 34, p. 12069-12072.

從臣近典東畿, 遠帥西蜀, 一遭飛語, 則體究具析, 無所不至. 及究析來上, 而所聞不實, 則言之者晏然, 一無所訶.

山陵諸使鬻賣辟闕, 煩擾吏民, 御史有言, 亦無行遣, 而或反得超遷. 御史言及畿漕, 則名補卿列而實奪之權. 其所言者, 則雖量加絀削, 而繼以進用.

> 臣伏見近年惟有主張近習一事, 賞信罰必, 無所假借, 自餘百事多務含容, 曲直是非, 兩無所問. 似聞聖意以謂如此處置, 方得均平. 此誠堯舜之用心也. 然臣於此竊有疑焉. 若推其本, 則臣固已妄論於前.

155. « Serviteurs à votre suite » (*congchen* 從臣).

156. Xi Shu 西蜀 : allusion au clan des Wu 吳, autour de Wu Ting 吳挺, qui contrôlait l'ensemble du Sichuan et dont le fils, Wu Xi 吳曦, se rallia aux Jürchens, voir Shu Jingnan, 1992, p. 713.

157. Les « sépultures impériales » (*shanling* 山陵) des Song du Sud étaient situées dans la préfecture de Shaoxing 紹興, à l'est de la capitale. La configuration des lieux fit l'objet de vifs débats. À la fin de sa carrière, Zhu Xi prendra position pour qu'un lieu plus approprié que celui pressenti fût choisi pour les tombes impériales, voir « Shanling yizhuang 山陵議狀 » (« Mémoire sur les sépultures impériales, 1194 »), dans *Zhuzi quanshu*, vol. 20, p. 729-733. Après la mort de Xiaozong (1194), Zhu Xi reviendra une nouvelle fois sur la question des sépultures impériales dans le dernier des quatre points livrés à l'issue des leçons sur *La Grande Étude*, voir « Jingyan

Les serviteurs de votre suite[155], non contents de contrôler les environs de la capitale, commandent jusqu'au lointain Sichuan occidental[156]. Dès que des rumeurs commencent à circuler, des enquêtes, censées conduire les investigations à fond, sont diligentées, mais lorsque leurs conclusions parviennent en haut lieu, ce qui est porté à votre connaissance ne correspond aucunement à la réalité, de sorte que les intéressés coulent des jours paisibles à l'abri de toute réprimande.

Les commissaires des tombeaux impériaux[157] font commerce des charges et sèment le désordre parmi les fonctionnaires et la population, mais quand un censeur prend la parole pour les dénoncer, aucun n'est banni, il arrive même qu'ils obtiennent une promotion avec leur mutation. Si un censeur critique les agissements d'un intendant fiscal de la capitale[158], il est aussitôt mis sur les rangs pour un poste important, ce qui revient *de facto* à lui retirer tout pouvoir, tandis que le fautif a beau, dans une certaine mesure, se voir destitué, on n'en continue pas moins à l'employer et à lui conférer de l'avancement.

> Votre serviteur, prosterné, observe que ces dernières années, on n'encourage que les proches et les favoris. La crédibilité dans l'attribution des récompenses et le caractère irrévocable des sanctions ne trouvent plus rien sur quoi s'appuyer. Les questions sont traitées en l'absence de tout discernement, sans que l'on s'interroge sur leur bien-fondé, le vrai et le faux. Votre Majesté aurait, paraît-il, déclaré que ce n'est qu'en procédant de la sorte que l'on peut parvenir à une certaine équité ; que cela correspond authentiquement aux choses auxquelles les anciens rois Yao et Shun employaient leur cœur. Votre serviteur se permet de nourrir quelque doute à ce sujet ; son argument se ramenant en définitive aux paroles inconsidérées qu'il a tenues précédemment.

liushen mianchen sishi zhazi 經筵留身面陳四事劄子 » (« Communication en quatre points prononcée devant Ningzong, 3 décembre 1194 »), *Wenji* 14, *Zhuzi quanshu*, vol. 20, p. 682-683.

158. *Jicao* 畿漕.

只據 « 平 » 之一字而言, 則臣於易象 « 稱物平施 » 之言竊有感也. 蓋古之欲爲平者, 必稱其物之大小高下而爲其施之多寡厚薄, 然後乃得其平.

若不問其是非曲直而待之如一, 則是善者常不得伸而惡者反幸而免, 以此爲平, 是乃所以爲大不平也. 故雖堯舜之治, 既舉元、凱, 必放共、兜. 此又易象所謂 « 遏惡揚善, 順天休命 » 者也. 蓋善者天理之本然, 惡者人欲之邪妄. 是以天之爲道, 既福善而禍淫, 又以賞罰之權寄

159. « Mesurer les choses pour les répartir avec équité » (稱物平施), *Yijing*, hexagramme 15, « Qian 謙 » (Modestie) : 象曰 : 地中有山. 歉. 君子裒多益寡, 稱物平施, soit « Le commentaire traditionnel de la formule symbolique dit : Au milieu de la terre il a des montagnes : modestie ; l'homme doué tend à diminuer ce qui est nombreux et à augmenter ce qui est rare ; il apprécie les êtres et leur étend équitablement son action. » (Traduction Paul-Louis-Félix Philastre, éd. 2006, p. 223.) Voir *Shisanjing zhushu*, p. 31.

160. « Gens de valeur » (*Yuan Kai* 元凱), allusion aux « Huit Yuan » (八元) et aux « Huit Kai » (八凱), fils brillants de souverains mythiques. Ces figures sont déjà évoquées par Ouyang Xiu 歐陽修 (1007-1072) dans son *Pengdanglun* 朋黨論.

161. Gong Gong 共工 et Huan Dou 驩兜 (abrégés Gong-Dou 共兜), deux des « Quatre fléaux » – aux côtés des trois Miao 三苗 et de Gun 鯀 ; *Shujing* 書經, ch. « Shundian 舜典 » : 流共工于幽州, 放驩兜于崇山, 竄三苗于三危, 殛鯀于羽山, 四罪而天下咸服, soit « Chouen [Shun] relégua le ministre des travaux publics [Gong Gong] dans l'île ou la province de Iou, confina Houan teou [Huan Dou] sur le mont Tch'oung [Chong], relégua Kouenn [Gun] et le tint dans les fers sur le mont Iu. Il infligea ces quatre châtiments et tout l'empire eut confiance en sa justice. » (Traduction Séraphin Couvreur, éd. 1999, p. 21-22.) Voir *Shisanjing zhushu*, p. 128.

162. *Yijing*, Hexagramme nº 14, « Dayou 大有 » (Grande accumulation) : 象曰 : 火在天上. 大有. 君子以遏惡而揚善, 順天休命, soit « Le commentaire traditionnel de la formule symbolique dit : grand avoir ; l'homme doué agit pour supprimer le mal et étendre le bien ; il se soumet à la destinée bienfaisante du ciel. » (Traduction Paul-Louis-Félix Philastre, éd. 2006, p. 210.) Voir *Shisanjing zhushu*, p. 30.

Votre serviteur voudrait à présent étayer son propos en se fondant simplement sur le mot « équité », en se fondant, modestement, sur la formule : « Mesurer les choses pour les répartir avec équité », telle qu'on la trouve dans le commentaire des « Figures » du *Livre des Mutations*[159]. Dans l'Antiquité, ceux qui voulaient agir dans le sens de l'équité commençaient par mesurer la taille et la hauteur des choses avant de les répartir en fonction de la quantité ; c'est alors seulement que l'équité était atteinte.

Si l'on ne cherche pas à s'informer sur le bien-fondé des choses, le vrai et le faux, et que l'on mette tout sur le même plan, on en arrive à ce que le bien ne soit plus en mesure de s'épanouir, et que le mal, au contraire, échappe à tout châtiment. Comment peut-on tenir cela pour « équitable », alors qu'il s'agit en réalité de la pire des iniquités ? On aurait beau vouloir suivre la politique de Yao et de Shun et souhaiter la promotion de gens de valeur, tels que les Huit Yuan et les Huit Kai[160], cela conduira inévitablement à libérer des fléaux de la veine de Gong Gong et de Huan Dou[161]. C'est également ce que dit le commentaire des « Figures » du *Livre des Mutations* quand il écrit : « Réprimer le mal, exalter le bien, se conformer aux excellents ordres du Ciel[162]. » Le bien est en effet la manifestation originelle du Principe céleste, tandis que le mal est la manifestation dépravée des désirs humains. C'est la raison pour laquelle le Ciel, dans sa Voie, non content de « faire le bonheur du bien et le malheur de la dépravation[163] », confie aux pasteurs du peuple[164] le pouvoir

163. *Fushan er huoyin* 福善而禍淫 ; *Livre des Documents*, ch. « Tang gao 唐誥 » : 天福善禍淫, 降災于夏以彰厥罪, soit « Le ciel se fait une loi de récompenser les bons et de punir les méchants ; il a envoyé des calamités au prince de Hia (Xia), et montré par là que ce prince était coupable. » (Traduction Séraphin Couvreur, éd. 1999, p. 110). Voir *Shisanjing zhushu*, p. 162.

164. *Simu* 司牧 : désignation officieuse des fonctionnaires territoriaux et des dirigeants.

之司牧，使之有以補助其禍福之所不及. 然則爲人君者，可不謹執其柄而務有以奉承之哉！

伏惟陛下深留聖意.

從班之中，賢否尤雜，至有終歲緘默，不聞一言以裨聖聽者，顧亦隨群逐隊，排連儹補.

其桀黠者乃敢造飛語，立橫議，如臣前所陳者，而宰相畏其凶焰，反撓公議而從之，臺諫亦不敢以聞於陛下而請其罪.

臣聞古先聖王敷求哲人，俾輔後嗣，然則今日正是博求賢能，置之列位之時. 而此人趣操不謹，懼爲身害，乃敢陰爲譏慝，公肆劫持，遂其姦謀，不爲國計.

欲望聖慈密賜宣問.

165. Allusion aux attaques de Chen Jia 陳賈, censeur, contre Zhu Xi, voir Shu Jingnan, 1992, p. 714.

166. *Fu qiu zheren, bi fu [yu er] housi* 敷求哲人，俾輔 [於爾] 後嗣, citation légèrement tronquée du *Shujing*, ch. « Yi xun 伊訓 », « Enseignements de I In » : « Il chercha partout des sages qui vous aidassent à bien gouverner, vous ses descendants et ses successeurs. » (Traduction Séraphin Couvreur, éd. 1999, p. 116) ; autre traduction : *He extensively sought out wise men, who should be helpful to you his descendants and heirs.* (James Legge, *The Shoo King*, éd. 1994, p. 196.) Voir *Shisanjing zhushu*, p. 163.

de récompenser et de châtier, afin de pallier là où l'action céleste ne serait pas parvenue. Le Seigneur des hommes peut-il refuser de tenir scrupuleusement ce levier, en ne l'acceptant pas avec respect et en renonçant à agir ?

Prosterné, votre serviteur espère que Votre Majesté gardera ces points ancrés dans ses saintes pensées.

Parmi les ministres reçus en audience, gens sages et gens pervers sont extrêmement mélangés ; tous restent bouche cousue à longueur d'année. Jamais on n'entend la moindre parole susceptible de vous éclairer ; tous adoptent un comportement grégaire, jouant des coudes pour être promus.

603 Les plus retors et les plus scélérats osent même lancer des rumeurs et répandre des calomnies, ainsi que votre serviteur vient de l'exposer, tandis que le Grand conseiller, craignant leur férocité, fait barrage à tout avis impartial, préférant se ranger à leurs arguties[165]. Les censeurs et les fonctionnaires ayant droit de remontrances n'osent pas porter ces faits à la connaissance de Votre Majesté, ni réclamer qu'on les incrimine.

Votre serviteur a entendu dire que les saints rois de l'Antiquité étaient « en quête de sages afin d'œuvrer pour la postérité[166] ». Nous voici à un moment où il faudrait quérir sur une vaste échelle des gens sages et compétents, afin de leur confier des postes. Or, ces individus ne font preuve d'aucune circonspection dans leur conduite et leur manière d'être. Craignant pour eux-mêmes, ils osent, dans l'ombre, répandre des calomnies, et se livrent au grand jour à une sorte de captation du pouvoir, donnant lieu à un climat de félonie qui ne tient aucun compte des intérêts du pays.

Votre serviteur souhaite que votre sainte bonté daigne s'en enquérir confidentiellement.

陛下視此綱紀爲如何？可不反求諸身而亟有以振肅之耶？

綱紀不振於上，是以風俗頹弊於下，蓋其爲患之日久矣，而浙中爲尤甚．大率習爲軟美之態，依阿之言，而以不分是非、不辨曲直爲得計．下之事上，固不敢少忤其意；上之御下，亦不敢稍咈其情．惟其私意之所在，則千塗萬轍，經營計較，必得而後已．甚者以金珠爲脯醢，以契券爲詩文，宰相可啗則啗宰相，近習可通則通近習，惟得之求，無復廉恥．父詔其子，兄勉其弟，一用此術，而不復知有忠義名節之可貴．其俗已成之後，則雖賢人君子亦不免習於其說，一有剛毅正直、守道循

167. *Fan qiu zhu shen* 反求諸身 ; *Zhongyong*, § 14 et § 20 : 順乎親有道, 反諸身不誠, 不順乎親矣, soit « Pour satisfaire les parents, une chose est nécessaire. Celui qui, en s'examinant, reconnaît qu'il n'est pas vraiment vertueux, ne satisfait pas ses parents. » (Traduction Séraphin Couvreur, *Les Quatre Livres*, éd. 1992, p. 50). Autre traduction : « Si, faisant retour sur soi-même, [on se rend compte qu']on est dénué d'authenticité intérieure, on ne satisfait pas ses parents. » (François Jullien, éd. 1993, p. 83). Voir *Zhongyong zhangju*, dans *Zhuzi quanshu*, vol. 6, p. 33 & p. 48.

Votre Majesté, voyant dans quel état sont les principes fondamentaux, ne pourrait-elle pas « opérer un retour sur elle-même[167] », afin de les rétablir ?

Tant que les principes fondamentaux ne seront pas remis en ordre au sommet, les mœurs continueront à se corrompre à la base. Cette situation catastrophique ne date pas d'hier, mais c'est au Zhejiang[168] qu'elle a pris un tour particulièrement grave. Sans doute est-ce lié à la délicatesse des manières qui y règnent. Il y est en effet de bon ton de recourir à des paroles flatteuses, dans lesquelles on ne fait aucunement la part entre le vrai et le faux, le juste et l'injuste. Les subordonnés n'osent pas faire la moindre remarque à leurs supérieurs ; ceux-ci lorsqu'ils les commandent n'osent pas non plus leur causer le moindre déplaisir. Les intérêts égoïstes se frayent alors mille chemins, chacun n'a de cesse que de servir ses intérêts et ses intrigues. Pire, on recourt à l'or et aux perles comme on régalerait quelqu'un avec des mets ou des sauces ; des contrats s'échangent comme on s'offrirait de la poésie ou des textes littéraires ! Si le Grand conseiller peut être appâté, on l'appâte ; si les proches et les favoris peuvent être sollicités, on les sollicite. On ne vise qu'à obtenir ce que l'on veut, au mépris de toute honnêteté et de toute pudeur. Les pères lorsqu'ils instruisent leurs fils, les aînés lorsqu'ils éduquent leurs cadets, ne recourent pas à un autre procédé, ignorant les valeurs de loyauté, de droiture, de réputation et d'intégrité ! Ces mœurs une fois répandues, personne, fût-il un sage ou un homme de bien, ne saurait échapper à leur influence. Si un

168. Zhejiang (Zhe zhong 浙中), deux provinces ou circuits (*lu* 路), Liangzhe donglu 兩浙東路 et Liangzhe xilu 兩浙西路, correspondaient *grosso modo* sous les Song au Zhejiang actuel, voir Tan Qixiang, *Zhongguo lishi dituji*, vol. 6, carte p. 59-60. Zhu Xi reprend cette critique dirigée contre le laxisme des mœurs dans la région du Zhejiang, *Zhuzi yulei* 108, « Lun zhidao 論治道 », noté par Bao Yang 包揚, *zi* : Xiandao 顯道, années *gui-mao* 癸卯, *jia-chen* 甲辰 et *yi-si* 乙巳 : 1183, 1184, 1185, *Zhuzi quanshu*, vol. 17, p. 3521.

理之士出乎其間, 則群譏眾排, 指爲道學之人, 而加以矯激之罪, 上惑聖聰, 下鼓流俗.

蓋自朝廷之上以及閭里之間, 十數年來, 以此二字禁錮天下之賢人君子, 復如崇、宣之間所謂元祐學術者, 排擯詆辱, 必使無所容措其身而後已. 嗚呼, 此豈治世之事而尚復忍言之哉！又其

169. *Shi* 士 : désigne la catégorie des lettrés au sens large, membres ou non de l'administration.

170. *Daoxue* 道學 : le terme prendra une connotation négative dans la bouche des opposants à Zhu Xi et au courant qu'il incarne ; voir *supra* notre présentation du texte. Le passage fait allusion à l'éviction de Liu Qingzhi 劉清之 (Liu Zicheng 劉子澄, 1134-1190) ; voir Yu Yingshi, 2004, p. 473-475 ; voir également *Songshi*, « Rulin zhuan 儒林傳, 7 », et le texte funéraire rédigé par Zhu Xi, « Ji Liu Zicheng wen 祭劉子澄文 », dans *Wenji* 87, *Zhuzi quanshu*, vol. 24, p. 4086-4087. Pour une définition du terme *Daoxue*, voir *Songshi*, vol. 36, p. 12709-12710.

171. *Jiaoji* 矯激 : exprime l'idée de se composer une attitude pouvant passer pour de la prétention, de l'outrecuidance voire de l'hypocrisie.

172. L'ère Yuanyou 元祐 (1086-1094) correspond à la première partie du règne de Zhezong 哲宗 (règne 1086-1110), alors sous la tutelle de sa grand-mère, l'impératrice Gao 高 (veuve de Yingzong 英宗 et mère de Shenzong). L'ère Yuanyou fut marquée par la remise en cause des réformes conduites pendant les deux décennies précédentes par Wang Anshi au cours des ères Xining 熙寧 (1068-1077) et Yuanfeng 元豐 (1078-1085) de Shenzong (règne 1068-1086). L'ère Yuanyou fut également marquée par les luttes entre des courants intellectuels rivaux, d'où le terme *xueshu* 學術 (« écoles savantes, courants intellectuels ou académiques »), assimilé de manière négative à des « factions » ou « partis » (*dang* 黨) : « Faction de Luoyang » (Luodang 洛黨), « Faction du Sichuan » (Shudang 蜀黨) et « Faction septentrionale » (Shuodang 朔黨), qui avaient pour point commun leur hostilité envers les réformes de Wang Anshi et ses épigones. L'école de Luoyang incluait au plan philosophique les frères Cheng (Cheng Hao 程顥 et Cheng Yi 程頤). La seconde partie du règne de Zhezong, émancipé de la tutelle de l'impératrice douairière, connut

gentilhomme[169] honnête et droit, à cheval sur les principes, sort du rang, il se voit immédiatement brocardé et tourné en dérision ; on le traite de partisan de l'Étude de la Voie[170], et on l'accuse de faire preuve d'affectation[171]. Tout cela égare au sommet votre sainte écoute, et encourage en aval les mœurs vulgaires.

Depuis une dizaine d'années, de la cour jusqu'aux quartiers populaires, c'est en effet au motif d'appartenir à l'Étude de la Voie que l'on entrave et barre l'accès aux charges aux sages et aux hommes de bien de l'Empire. Ceci rappelle le qualificatif « écoles de l'ère Yuanyou » auquel on eut recours pendant les ères Chongning et Xuanhe afin de disqualifier et de censurer de telles personnes[172] ; on n'eut de cesse de les attaquer jusqu'à ce qu'il ne subsiste plus le moindre espace pour elles. Faut-il, hélas, supporter de voir se répéter de tels propos, alors qu'il convient de gouverner l'Empire ! Pire

une brutale inversion de tendance au cours de l'ère Shaosheng 紹聖 (1094-1098) – littéralement : « Poursuite de la Sainte [politique de Shenzong] » –, avec la remise à l'honneur de la politique réformiste de Wang Anshi et le discrédit jeté sur les écoles qui, pendant l'ère Yuanyou, avaient remis en cause les réformes et leurs représentants. Ce renversement s'est radicalisé sous le règne de Huizong 徽宗 (règne 1101-1126), autre fils de Shenzong et demi-frère de Zhezong, durant les ères Chongning 寵寧 (1102-1106) – littéralement : « Glorification [de l'ère Xi]ning » – et Xuanhe 宣和 (1119-1125), dominées par le ministère absolutiste de Cai Jing 蔡京 (1047-1126). La répression s'abattit sur les successeurs des « écoles de l'ère Yuanyou », dont les principaux représentants (Sima Guang 司馬光, Ouyang Xiu, les Su 蘇, père et fils) furent mis à l'index à titre posthume, et leurs descendants humiliés. Le mouvement de balancier politique sous les Song du Nord peut se schématiser de la manière suivante : 1. réformisme radical (ères Xining et Yuanfeng de Shenzong, 1068-1085) ; 2. réaction « contre-réformiste » (ère Yuanyou de Zhezong, 1086-1094) ; 3. répression anti-« contre-réformiste » (ère Shaosheng de Zhezong et ères Chongning et Xuanhe de Huizong, 1094-1098 et 1102-1126). Les Song du Sud, dès le règne de Gaozong (règne 1127-1162), marquent un retour en faveur de la réaction « contre-réformiste » de l'ère Yuanyou, mais les postulats intellectuels du réformisme radical influençaient toujours les esprits au temps de Zhu Xi, et plus particulièrement pendant le ministère de Qin Hui ; voir Yu Yingshi, 2004 et Shen Songqin, 2005.

甚者, 乃敢誦言於眾, 以為陛下嘗謂今日天下幸無變故, 雖有伏節死義之士亦何所用. 此言一播, 大爲識者之憂, 而臣有以知其必非陛下之言也.

夫伏節死義之士, 當平居無事之時, 誠若無所用者. 然古之人君所以必汲汲以求之者, 蓋以如此之人臨患難而能外死生, 則其在平世必能輕爵祿; 臨患難而能盡忠節, 則其在平世必能不詭隨. 平日無事之時得而用之, 則君心正於上, 風俗美於下, 足以逆折姦萌, 潛消禍本.

自然不至真有伏節死義之事, 非謂必知後日當有變故而預蓄此人以擬之也. 惟其平日自恃安寧,

173. Le terme *guisui* 詭隨, lié à la notion de « suivre sans discernement », est une allusion au *Shijing*, poème n° 253, « Minlao 民勞 » : 民亦勞止, 汔可小康. 惠此中國, 以綏四方. 無縱詭隨, 以謹無良. 式遏寇虐, 憯不畏明. 柔遠能邇, 以定我王, soit « Le peuple est accablé, mais il pourrait être un peu soulagé. Faites du bien à cette capitale, et vous procurez la paix à tout l'empire ! Ne laissez pas toute liberté aux flatteurs astucieux, et les méchants se tiendront sur leurs gardes. Réprimez les spoliateurs, les oppresseurs, qui ne craignent pas de résister aux volontés manifestes du ciel. Traitez avec bonté

encore, on ose prendre la foule à témoin pour lui faire accroire que Votre Majesté aurait déclaré que, puisque, par bonheur, aucun événement funeste ne s'était produit dans l'Empire, quel besoin aurait-on de disposer de gentilshommes prêts à se sacrifier pour une noble cause, à supposer même qu'il en existât ? La diffusion de tels propos ne peut que plonger dans l'angoisse les gens informés de la situation, d'autant que votre serviteur sait pertinemment qu'il ne peut en aucun cas s'agir de paroles prononcées par Votre Majesté !

604 S'il est exact qu'en période de paix des gentilshommes prêts à se sacrifier peuvent ne paraître d'aucun secours, les anciens souverains, pourtant, recherchaient ardemment de tels individus, car ces derniers, non contents de faire peu de cas de leur vie en temps de catastrophe, étaient capables en temps de paix de mépriser les titres et les émoluments. Ceux qui seront capables de se sacrifier par loyauté en temps de catastrophe, seront nécessairement à même de ne pas agir en « vils flatteurs » en temps de paix[173]. Disposer de telles personnes en temps ordinaire, permettrait, au sommet, de corriger le cœur du souverain et, en aval, d'embellir les mœurs. Cela devrait suffire à tuer dans l'œuf toute velléité de corruption, et couper court à toute source de malheur.

Il va de soi que des événements exigeant de se sacrifier pour une cause ne se produiront pas forcément, ce qui ne signifie pas qu'il faille être certain qu'ils surviendront pour se décider à procéder au recrutement anticipé de telles personnes. C'est simplement parce qu'on nourrit l'illusion en temps de paix que la tranquillité se maintiendra que l'on peut prétendre que

les étrangers, policez les habitants du pays ; vous affermirez la puissance de notre prince (Li wang). » (Traduction Séraphin Couvreur, *Cheu king*, éd. 1992, p. 368) ; autre traduction : *Let us give no indulgence to the wily and obsequious*. (James Legge, *The She King*, éd. 1994, p. 495). Voir *Shisanjing zhuzhu*, p. 548.

便謂此等人材必無所用, 而專取一種無道理、無學識、重爵祿、輕名義之人, 以為不務矯激而尊寵之, 是以綱紀日壞、風俗日偷, 非常之禍伏於冥冥之中, 而一旦發於意慮之所不及, 平日所用之人交臂降叛而無一人可同患難, 然後前日擯棄留落之人始復不幸而著其忠義之節.

以天寶之亂觀之, 其將相貴戚近幸之臣皆已頓顙賊庭, 而起兵討賊, 卒至於殺身湛族而不悔, 如巡、遠、杲卿之流, 則遠方下邑, 人主不識其面目之人也. 使明皇早得巡等而用之, 豈不能鎖患於未萌? 巡等早見用於明皇, 又何至真爲伏節死義之舉哉? « 商鑒不遠, 在夏后之世 », 此識者所以深憂於或者之言也.

174. Il s'agit du comportement « affecté » (*jiaoji* 矯激) qui était reproché aux partisans du *Daoxue*.

175. « Ère Tianbao 天寶 » (742-756), dernière partie du règne de Xuanzong 玄宗 (Li Longji 李隆基, 685-762, règne 712-756), connu aussi sous le surnom de Minghuang 明皇 (empereur Clarté).

176. Zhang Xun 張巡 (709-757), Xu Yuan 徐遠 (709-757), Yan Gaoqing 顏杲卿 (692-756), désignés ici par leurs prénoms Xun, Yuan, Gaoqing, ont aidé l'empereur Xuanzong à reprendre le pouvoir après l'insurrection de An Lushan 安祿山 en 755. Les deux premiers ont résisté jusqu'à la mort au siège de Suiyang 睢陽 (dans l'actuel Henan 河南), le dernier est le frère de Yan Zhenqing 顏真卿 (708-784), homme d'État et calligraphe qui combattit à ses côtés.

de telles compétences ne sont d'aucun secours, pour ne faire appel qu'à des gens sans principes, ignares, avides de titres et d'émoluments, qui ne manifestent que mépris envers le devoir et la renommée, et les privilégier de surcroît sous prétexte qu'ils ne font preuve d'aucune « affectation[174] ». Voilà pourquoi les principes fondamentaux se dégradent chaque jour davantage et que les mœurs ne cessent de se corrompre. Le jour où surgira, cachée dans l'ombre, une catastrophe à laquelle personne ne s'attendait, la débandade gagnera aussitôt les rangs de ces individus recrutés en des temps ordinaires, qui seront enclins à capituler jusqu'au dernier, sans qu'aucun ne soit en mesure d'affronter avec les autres une telle situation. C'est alors seulement que ceux que l'on avait écartés et rejetés sauront se redresser dans l'infortune, pour manifester leur loyauté et leur sens du devoir.

Examinons les désordres de l'ère Tianbao sous les Tang[175], lorsque l'ensemble des généraux, des ministres et des courtisans fila ventre à terre se prosterner à la cour des rebelles. Ceux qui prirent les armes pour combattre, sans regretter de devoir périr et de voir leur famille décimée, les Zhang Xun, les Xu Yuan, les Yan Haoqing[176], étaient tous originaires de régions lointaines ou de petites localités ; l'Empereur ne connaissait même pas leur visage ! Minghuang eût-il disposé plus tôt de gens comme eux, n'aurait-il pas réussi à tuer dans l'œuf le malheur, bien avant qu'il ne se produise ? Zhang Xun et ses compagnons eussent-ils été plus tôt à son service, il n'eût sans doute pas été nécessaire pour eux de se sacrifier ni de périr au nom du devoir. « Le renversement du clan Xiahou n'était pas éloigné pour les Shang et les incitait à la réflexion[177] ». Cette maxime traduit la profonde angoisse des gens avertis face à une telle éventualité.

177. Deuxième des trois dynasties royales de l'Antiquité, la dynastie Shang 商 (Yin 殷) a succédé aux Xia vers 1766 avant notre ère.

雖以臣知陛下聖學高明, 識慮深遠, 决然不至有此議論, 然每念小人敢託聖訓以蓋其姦, 而其爲害至於足以深沮天下忠臣義士之氣, 則亦未嘗不痛心疾首, 而不敢以識者之慮爲過計之憂也. 陛下視此風俗爲如何 ? 可不反求諸身而亟有以變革之耶. 此今日急務之三、四也.

至於愛養民力、修明軍政之說, 則民力之未裕, 生於私心之未克, 而宰相臺諫失職也.

軍政之未修, 生於私心之未克, 而近習得以謀帥也. 是數說者, 臣皆已極陳於前矣. 今請即民力之未裕而推言之 :

臣聞虞允文之爲相也, 盡取版曹歲入窠名之必

178. *Guoji zhi you* 過計之憂 : voir *Xunzi* 荀子, ch. 10, « Fuguo 富國 » (« De l'enrichissement de l'État »), critique dirigée contre Mozi 墨子 dont les « angoisses superflues » et le mode de vie spartiate ont conduit le pays à la pauvreté. *Xunzi*, éd. *Zhuzi jicheng*, vol. 2, p. 120. Voir la notice et la traduction de ce chapitre : « Enrichir l'État » par Rémi Mathieu, dans Charles Le Blanc, Rémi Mathieu, éd. 2009, p. 861-890.

179. Yu Yunwen 虞允文 (1110-1174), originaire du Sichuan, Grand conseiller de 1170 à 1172 ; il parvint à organiser la résistance face aux attaques des Jin, conduits par Wanyan Liang 完顏亮, la 31e année *Shaoxing* (1161) ; vainqueur de la bataille de Caishi 采石 (dans la préfecture de Taipingzhou 太平州), aujourd'hui Ma'anshan 馬鞍山 – mont de la Selle – sur le Yangtsé, dans l'actuelle province de l'Anhui 安徽, à une cinquantaine de kilomètres

Votre serviteur n'ignore pas que les saintes connaissances de Votre Majesté, éminemment éclairée, portent sur le long terme ; il n'existe bien sûr aucune certitude que les faits donneront obligatoirement matière à de tels débats, mais comment votre serviteur pourrait-il ne pas avoir le cœur glacé et l'esprit inquiet ? Et comment oserait-il tenir pour des « angoisses superflues[178] » les préoccupations des gens informés de la situation, sitôt qu'il songe que des vauriens invoquent vos saintes instructions pour masquer leurs exactions, que leur capacité de nuisance est telle qu'ils font obstacle au zèle que voudraient déployer des serviteurs loyaux et des gentilshommes animés par leur sens du devoir ? Comment Votre Majesté juge-t-elle de semblables mœurs ? Peut-elle rester sans opérer « un retour sur elle-même » ni procéder à des changements ? Telles sont aujourd'hui la troisième et la quatrième des priorités.

Parlons à présent du maintien de la force du peuple et de la réforme de l'armée et de son administration.

Si le peuple ne s'est pas enrichi, cela tient au fait que les égoïsmes n'ont pas été surmontés, et que le Grand conseiller, le Censorat et le Bureau des remontrances ont failli à leur devoir.

605 Si l'armée et son administration ne sont pas réformées cela tient également au fait que les égoïsmes n'ont pas été surmontés, que les proches et les favoris peuvent prétendre à des postes de commandement. Cet aspect ayant été évoqué précédemment, votre serviteur souhaiterait simplement développer son propos sur le fait que le peuple n'est pas enrichi.

Votre serviteur a entendu dire que lorsqu'il était Grand conseiller, Yu Yunwen[179] prélevait, parmi les différents impôts perçus chaque année pour le compte du ministère des

en amont de Nankin (Nanjing 南京) ; voir Tan Qixiang, *Zhongguo lishi dituji,* vol. 6, carte 59-60. Yu Yunwen a favorisé des personnalités comme Hu Quan 胡銓 (1102-1180), Zhou Bida 周必大 (1126-1204), Wang Shipeng ; il recommanda également Zhu Xi, déclarant qu'il « n'était pas inférieur à Cheng Yi », *Songshi* 383, vol. 34, p. 11798.

可指擬者，號爲歲終羡餘之數，而輸之內帑；顧以其有名無實，積累掛欠、空載簿籍，不可催理者撥還版曹. 其爲說曰：內帑之積，將以備他日用兵進取不時之須，而版曹目今經費已自不失歲入之數. 聽其言誠甘且美矣.

然自是以來，二十餘年，內帑歲入不知幾何，而認爲私貯，典以私人，宰相不得以式貢均節其出入，版曹不得以簿書勾考其在亡，其日銷月耗，以奉燕私之費者，蓋不知其幾何矣. 而曷嘗聞其能用此錢以易胡人之首，如太祖皇帝之言哉？徒使版曹經費闕乏日甚，督趣日峻，以至廢去祖宗

180. Le terme *bancao* 版曹 (« section des registres ») correspondait à l'appellation quasi officielle du ministère des Finances (*hubu* 戶部), Charles O. Hucker, 1988, § 2789, p. 258.

181. *Suizhong xianyu zhi shu* 歲終羨餘之數 ; sur le terme « taxes additionnelles » (*xianyu* 羨餘), *cf.* note *supra*.

182. Le Trésor du palais (*neitang* 內帑) constituait une entité à part du budget de l'État. Voir Christian Lamouroux, 2003, p. 102-108.

183. « Têtes de barbares » (*hushou* 胡首). Zhao Kuangyin 趙匡胤 – Taizu 太祖réserva une somme d'argent importante pour racheter aux Khitans (Liao 遼) les seize préfectures du Nord perdues, ou pour récompenser les officiers ayant contribué à leur reconquête. Voir *Xu Zizhitongjian changbian*, ch. 19, 10e mois de la 3e année *Taiping xingguo* 太平興國 (978).

Finances[180], une somme dont le financement était garanti, désigné sous le terme « montant des taxes additionnelles de fin d'année »[181] et qu'il versait au Trésor du palais[182]. Il restituait en revanche au ministère des Finances les sommes provenant de taxes nominatives ou correspondant à des dettes, ainsi que celles relevant de sommes fictives inscrites sur les registres, ou devenues impossibles à prélever. Son argument consistait à dire que les sommes thésaurisées dans le Trésor du palais n'avaient d'autre objet que de subvenir aux besoins imprévus de campagnes militaires, tandis que les frais de fonctionnement du ministère des Finances devaient absolument être couverts par le revenu annuel. Entendre de telles paroles présente quelque chose de réconfortant !

Mais depuis, plus de vingt ans se sont écoulés. On ignore aujourd'hui le montant du revenu annuel du Trésor du palais, considéré en outre comme un bien privé, administré par des gens à soi. Le Grand conseiller est contraint de prélever sur le montant du tribut pour réguler les dépenses et les recettes, le ministère des Finances est obligé d'examiner ses livres de comptes pour vérifier ce qui reste et ce qui manque. On ignore à combien s'élèvent les sommes dépensées, mois après mois, pour couvrir les frais des plaisirs égoïstes. A-t-on entendu dire que l'on pourrait employer cet argent en échange de « têtes de barbares », pour reprendre la formule utilisée autrefois par l'empereur Taizu[183] ? Tout ceci a pour effet de réduire chaque jour davantage le budget de fonctionnement du ministère des Finances, tandis que les prélèvements deviennent de plus en plus draconiens, au point que l'on en est arrivé à abandonner l'excellente méthode de la « part cassée[184] », en usage sous les

184. *Pofen* 破分 : sorte d'abattement fiscal correspondant à un allègement des sommes perçues, *cf. infra*.

以來破分良法，而必以十分登足爲限. 以爲未足，則又造爲比較監司郡守殿最之法以誘脅之，不復問其政教設施之得失，而一以其能剝民奉上者爲賢. 於是中外承風，競爲苛急，監司明諭州郡，郡守明諭屬邑，不必留心民事，惟務催督財賦，此民力之所以重困之本，而稅外無名之賦，如和買、折帛、科罰、月椿之屬尚未論也.

> 臣伏見祖宗舊法，凡州縣催理官物，已及九分以上，謂之破分，諸司即行住催，版曹亦置不問. 由是州縣得其贏餘，以相補助；貧民些少拖

185. Des registres furent établis en 1187 pour comparer et mettre en compétition les fonctionnaires provinciaux des provinces qui apportaient les meilleures contributions fiscales. Ce système de compétition dans le domaine des perceptions fiscales fut supprimé quelques mois plus tard, voir *Songshi* 35, « Xiaozong, 3 », vol. 3, p. 686-687.

186. *Jiansi* 監司 : Charles O. Hucker, 1988, § 864, p. 150.

187. Les « achats à l'amiable » (*hemai* 和買) consistaient en un prêt en argent accordé aux paysans au printemps et remboursable en soieries en été ou à l'automne. Ce système s'est mué en un impôt informel très lourd à la fin des Song du Nord (960-1126) et au début des Song du Sud (1127-1279).

premiers empereurs de la dynastie, pour exiger au contraire de percevoir la totalité de ce qui est imposable. Estimant même cela insuffisant, on en est venu à comparer le fruit des taxes perçues[185] par les inspecteurs fiscaux provinciaux[186] et les préfets, afin de faire pression sur eux, sans s'interroger sur les mérites ou les lacunes de leur administration ; à tel point que l'on tient pour un sage celui qui écorche la population afin de complaire aux échelons supérieurs. C'est ainsi qu'au centre et dans les régions, on surenchérit dans la sévérité et le harcèlement, en vue de satisfaire les autorités de tutelle. Les inspecteurs fiscaux donnent des instructions aux préfectures, les préfets donnent à leur tour des instructions aux localités relevant de leur compétence, leur signifiant de se consacrer exclusivement à percevoir et à contrôler les revenus fiscaux, sans considération pour les affaires de la population. De là vient que la richesse du peuple est gravement mise à mal.

Encore n'a-t-on pas abordé la question de toutes les taxes informelles qui viennent s'ajouter à l'impôt, telles que les « achats à l'amiable[187] », les « soieries converties en argent[188] », les « pénalités[189] », ainsi que les « taxes mensuelles destinées à l'entretien des troupes[190] ».

> Votre serviteur, prosterné, a examiné les anciennes méthodes à l'époque des empereurs fondateurs de notre dynastie. Les services des préfectures et des sous-préfectures, quand ils collectaient l'impôt, cessaient tout prélèvement sitôt atteints les neuf dixièmes de l'objectif fixé. Le ministère des Finances ne se préoccupait pas du montant restant : on appelait cela la « part cassée[191] ». Les préfectures et les sous-préfectures bénéficiaient alors de ce surplus, permettant d'accorder des

188. *Zhebo* 折帛.

189. *Kefa* 科罰 ; le terme n'est pas attesté dans les dictionnaires.

190. *Yuezhuang* 月樁. Sur ces différentes taxes, voir *Zhuzi yulei* 128, dans *Zhuzi quanshu*, vol. 18, p. 4017.

191. Zhu Xi évoque l'abattement fiscal lié au système de la « part cassée », *cf.* note *supra*, dans *Zhuzi yulei* 128, dans *Zhuzi quanshu*, vol. 18, p. 4017.

欠, 亦得遷延, 以待蠲放. 恩自朝廷, 惠及閭里, 君民兩足, 公私俱便. 此誠不刊之令典也. 昨自曾懷用事, 始除此法, 盡刷州縣舊欠, 以爲隱漏, 悉行拘催. 於是民間稅物, 毫分銖兩, 盡要登足.

曾懷以此進身, 遂取宰相, 而生靈受害, 冤痛日深. 得財失民, 猶爲不可, 况今政煩賦重, 民卒流亡, 所謂財者, 又將無有可得之理, 若不早救, 必爲深害.

臣每讀大學卒章, 見其所論 « 小人之使爲國家, 菑害並至, 雖有善者, 亦無如之何 » 者, 其言丁寧痛切, 未嘗不爲寒心.

惟陛下少留聖意, 亟發德音, 以幸天下.

192. Zeng Huai 曾懷, président du ministère des Finances (*hubu shangshu* 戶部尚書), nommé Grand conseiller adjoint au début de la 8e année *Qiandao* 乾道 (1172), *Songshi* 34, « Xiaozong benji 孝宗本紀 », vol. 3, p. 653.

193. *Zhu liang* 銖兩 correspondaient respectivement à un quarantième d'une once d'argent et à une once d'argent.

194. Yu Yunwen 虞允文 fut destitué de son poste de Grand conseiller le 4e mois de la 8e année *Qiandao* (mai 1171), deux mois après la nomination de Wang Huai au poste de Conseiller des affaires d'État (*canzhi zhengshi* 參知政事), *Songshi* 34, vol. 3, p. 653. Ces faits sont rappelés par Zhu Xi ; voir *Zhuzi yulei* 128, dans *Zhuzi quanshu*, vol. 18, p. 4017. Zeng Huai 曾懷 (Zeng Zhongqin 曾仲欽) y est appelé « Grand conseiller Zeng » (*Zeng chengxiang* 曾丞相).

195. *Daxue (La Grande Étude)* : *Liji*, ch. « Daxue » : 小人之使為國家, 菑害並至. 雖有善者, 亦無如之何矣. Autre traduction de ce passage : « Quand des ministres méprisables ont le maniement des affaires publiques, il en résulte de grands malheurs et de grands dommages. Quand il resterait des hommes vertueux, il leur serait impossible de remédier au mal. » (Séraphin Couvreur, *Les Quatre Livres*, éd. 1992, p. 24). Voir *Daxue zhangju*, dans *Zhuzi quanshu*, vol. 6, p. 27 ; voir aussi *Shisanjing zhushu,* p. 1675.

compensations, et à la population pauvre d'obtenir un délai pour les dettes mineures, en attendant un éventuel moratoire. La bonté de la cour s'étendait aux ruelles et aux quartiers populaires ; le souverain et la population y trouvaient leur compte, intérêt public et intérêts privés étant ainsi favorisés. Il s'agissait là d'une excellente institution qu'il eût fallu ne pas modifier. C'est à partir de l'époque où Zeng Huai[192] fut aux affaires que l'on a commencé à abroger le système. On s'est mis à vouloir faire main basse sur toutes les dettes anciennes de l'ensemble des préfectures et sous-préfectures, assimilées à une forme d'évasion fiscale. On procéda à des levées d'argent systématiques ; la population dut alors s'acquitter de l'impôt jusqu'au moindre sou[193].

606

Zeng Huai s'est appuyé là-dessus pour faire avancer sa carrière, et être promu au poste de Grand conseiller[194], ce qui eut des conséquences néfastes sur la vie des gens : les souffrances dues aux injustices devinrent chaque jour plus criantes. Perdre son peuple pour gagner des richesses semble pourtant la dernière chose à faire ; *a fortiori* de nos jours, alors que la population et les troupes fuient devant le harcèlement de l'administration et le poids des taxes. Quant aux soi-disant richesses, on en arrivera bientôt à ce qu'il n'y ait plus rien à prélever ! On court à la catastrophe si l'on n'y porte pas remède au plus vite.

Chaque fois qu'il se penche sur le dernier paragraphe de *La Grande Étude* et qu'il lit : « Lorsque des vauriens gouvernent l'État, catastrophes et fléaux s'abattent de concert ; les gens vertueux, quoiqu'il y en ait, n'en peuvent mais[195] », votre serviteur ne peut réprimer un sentiment d'effroi devant ces paroles qui sonnent comme autant d'exhortations pressantes.

Que Votre Majesté veuille bien accorder un peu de sa sainte attention à ce point, et fasse entendre promptement sa vertueuse voix, pour le plus grand bonheur de l'Empire.

其次,則陛下所用之宰相,不能擇中外大吏,而惟狥私情之厚薄;所用之臺諫,不能公行糾劾,而惟快己意之愛憎.是以監司郡守多不得人,而其賢者或反以舉職業、忤臺諫而遭斥逐也.至於監司太多而事權不歸於一,銓法雖密而縣令未嘗擇人,則又其法之有未善者.然其本正,則此等不難區處;其本未正,則雖或舉此,臣恐未見其益而反有害也.

又嘗即夫軍政之不修而推之,則臣聞日者諸將之求進也,必先掊尅士卒以殖私財,然後以此自結於陛下之私人,而祈以姓名達於陛下之貴將.貴將得其姓名,即以付之軍中,使自什伍以上,節次保明,稱其材武堪任將帥,然後具爲奏牘

196. « Dénoncer et mettre en accusation » (*jiu-he* 糾劾).

Ceci encore. Les Grands conseillers employés par Votre Majesté sont incapables de bien choisir les hauts fonctionnaires pour le centre et les régions et se laissent uniquement guider par des considérations égoïstes. De même, le Censorat et le Bureau des remontrances, incapables d'appliquer le système consistant à dénoncer et à mettre en accusation les fonctionnaires incompétents[196], se laissent uniquement guider par leurs propres inclinations, selon qu'on aime ou qu'on déteste. C'est pourquoi on ne trouve généralement pas les personnes adéquates pour les postes d'inspecteurs fiscaux et de préfets, tandis que les sages sont au contraire chassés sous des prétextes relatifs à leur charge, ou parce qu'ils ont heurté le Censorat et le Bureau des remontrances. Quant au fait que les inspecteurs fiscaux soient trop nombreux pour qu'une seule personne puisse exercer sur eux son autorité, et que l'on ne parvient pas à recruter les personnes adéquates pour les postes de sous-préfet, malgré la rigueur des procédures de sélection des agents de l'État, il est dû, une nouvelle fois, aux imperfections du système. Les choses seraient-elles correctes à la base, il ne serait pas difficile de les régler. Dans la mesure où tel n'est pas le cas, on aura beau retourner la question dans tous les sens, votre serviteur redoute non seulement que cela ne soit d'aucun bénéfice, mais que cela s'avère au contraire néfaste.

Revenons sur les dysfonctionnements dans l'armée et son administration. Votre serviteur a entendu dire que les officiers qui ces derniers temps briguent de l'avancement commencent par pressurer leurs troupes en vue d'amasser un pactole dont ils se servent pour nouer des liens avec l'entourage de Votre Majesté, qu'ils courtisent afin qu'on communique leurs noms aux généraux les plus en cour. Une fois en possession des noms, ces derniers s'en portent garants et les signalent aux armées, depuis les échelons inférieurs, affirmant que leurs compétences militaires les rendent aptes à assumer des postes de commandement, puis ils les mentionnent devant Votre Majesté

而言之陛下之前. 陛下但見其等級推先, 案牘具備, 則誠以爲公薦而可得人矣, 而豈知其諧價輸錢, 已若晚唐之債帥哉？只此一事, 有耳者無不聞, 有口者無不道, 然以其門戶幽深, 蹤跡詭秘, 故無路得以窺其交通之實狀, 是以雖或言之, 而陛下終不信也.

夫將者, 三軍之司命, 而其選置之方乖剌如此, 則彼智勇材略之人, 其孰肯抑心下首於宦官宮妾之門.

而陛下之所得以爲將帥者, 皆庸夫走卒, 固不知兵謀師律之爲何事, 而惟剋剝之是先, 交結之是圖矣. 陛下不知其然, 而猶望其修明軍政, 激勸士卒, 以彊國勢, 豈不誤哉！

然將帥之不得人, 非獨士卒之受其弊也. 推其

197. Les officiers à partir du règne de Taizong des Tang devaient emprunter des sommes importantes pour acheter leur charge, d'où le terme « officiers endettés » (*zhaishuai* 債帥).

à l'occasion d'un rapport présenté en audience. Votre Majesté, voyant simplement qu'ils sont proposés par la hiérarchie et que les documents officiels paraissent en bon ordre, suppose en toute bonne foi qu'ils ont été recommandés publiquement, et que l'on a trouvé les personnes adéquates pour remplir ces postes. Comment soupçonnerait-elle les marchandages et les tractations financières auxquels tout cela a donné lieu ? Serions-nous revenus au temps des « officiers endettés », comme à la fin des Tang[197] ? Il suffit à ce sujet d'avoir des oreilles pour en avoir entendu parler, et une bouche pour le colporter, mais comme ces individus agissent à l'abri des regards, cachés derrière d'épaisses portes, sans laisser le moindre indice, il n'existe aucun moyen pour surprendre la nature réelle de leurs arrangements. Voilà pourquoi, certains ont beau en parler devant Votre Majesté, celle-ci n'y accorde jamais aucun crédit.

Alors que de tels commandants en chef président au commandement des trois armées, et que la procédure à l'œuvre pour leur recrutement connaît un tel dévoiement, quelle personne dotée à la fois du sens de la stratégie, d'intelligence et de courage accepterait-elle de s'abaisser à frapper à la porte des eunuques et des concubines du palais en vue de quémander un poste ?

607 Ceux que Votre Majesté trouve pour en faire des commandants en chef ne sont en réalité que de piètres soldats qui ignorent tout de la stratégie militaire et de la discipline des armées, et qui ne pensent qu'à accaparer et à spolier, sans autre dessein que de nouer des relations. Votre Majesté, n'étant pas au fait de la situation, commettrait une grave erreur si elle attendait d'eux qu'ils remettent en état l'armée et son administration, et se montrent capables de stimuler le moral des troupes ou de renforcer la puissance du pays.

Lorsque les postes de commandement militaire ne sont pas aux mains des personnes adéquates, les simples soldats ne sont pas les seuls à en pâtir ; à la fin des fins, il s'agit d'un

爲害之極, 則又有以及乎民者. 蓋將帥得人, 則尺籍嚴而儲蓄羨, 屯田立而漕運省. 今爲將帥者如此, 則固無望其肯核軍實而豐儲蓄矣. 至於屯田, 則彼自營者尤所不願, 故朝廷不免爲之別置使者以典治之. 而兵屯之眾資其撥遣, 則又不免使參其務. 然聞其占護軍人, 不肯募其願耕者以行, 而彊其不能者以往, 至屯則偃蹇不耕, 而反爲民田之害.

使者文吏, 其力蓋有所不能制者. 是以陛下欲爲之切而久不得成也. 屯田不立, 漕運煩費, 諸州苗米, 至或盡數起發, 而無以供州兵之食, 則加耗斛面之弊, 紛紛而起, 而民益困矣. 又凡和買、折帛、科罰、月樁之類, 往往亦爲供軍之故而

198 *Tuntian* 屯田 : « cantonnement » ou *State farm* (Hucker), créé sous les Han et en usage sous diverses formes jusqu'à la période contemporaine, voir Charles O. Hucker, 1988, § 7409, p. 550.

désastre qui affecte l'ensemble de la population. En effet, lorsque des personnes compétentes occupent les postes de commandement, les registres nominatifs des armées sont tenus avec rigueur, les réserves deviennent excédentaires, les colonies militaires[198] peuvent être instituées, réduisant les coûts des approvisionnements des troupes. Mais avec les commandants en chef actuels, il n'existe aucun espoir qu'ils daignent se pencher sur les approvisionnements des armées et contribuent à accroître les réserves ; quant aux colonies militaires, ils ne sont absolument pas prêts à en assumer la responsabilité. La cour n'a d'autre solution que de nommer des commissaires surnuméraires, afin qu'ils prennent en charge la direction ; quant à la gestion des fonds destinés aux colonies militaires, la cour n'a également d'autre choix que de la laisser aux commissaires. Or on entend dire que ceux-ci se rangent du côté des officiers et refusent de recruter des gens disposés à cultiver la terre, obligeant ceux qui en sont incapables à le faire, de sorte que les colonies restent en friche, faute de gens prêts à en rabattre pour les cultiver, ce qui constitue une situation désastreuse pour les terres de la population.

Or les commissaires sont des fonctionnaires civils qui n'ont pas les moyens de les contrôler. C'est pourquoi Votre Majesté a beau depuis longtemps vouloir y mettre un frein, elle n'y parvient pas. Tant que des colonies militaires ne seront pas instituées, les dépenses pour l'approvisionnement des troupes resteront très importantes. Le riz fourni par les préfectures a beau parfois être embarqué dans sa totalité, il n'en reste rien à l'arrivée pour ravitailler les troupes préfectorales ! Les prélèvements abusifs de toutes natures se multiplient, comme les taxes additionnelles ou les ponctions de céréales au-delà de la quantité requise, ce qui affecte d'autant plus le peuple. À cela s'ajoutent les « achats à l'amiable », les « soieries converties en argent », les « pénalités » et les « taxes mensuelles destinées à l'entretien des troupes », autant de prélèvements censés ne pas pouvoir être supprimés, sous prétexte qu'ils

不可除. 若屯田立, 而所資於諸路者減, 則此屬庶乎其皆可禁矣. 今乃不然, 則是置將之不善而害足以及民也.

凡此數者,根株深固,枝條廣闊,若不可以朝變而夕除者. 然究其本,則亦在夫陛下之反諸身耳.

聖心誠無不正, 則必能出私帑以歸版曹矣 ; 版曹不至甚闕, 必能復破分之法, 除殿最之科, 以寬州縣矣.

聖心誠無不正,則必能擇宰相以選牧守矣,擇臺諫以公刺舉矣.

聖心誠無不正, 則必能嚴宦官兵將交通之禁, 而以選將屬宰相矣.

宰相誠得其人,則必能爲陛下擇將帥以作士氣,

sont indispensables à l'approvisionnement des armées. Si des colonies étaient instituées, les contributions financières des provinces pourraient alors être réduites, et ces taxes quasiment abolies. Ce n'est actuellement pas le cas : les généraux n'étant pas nommés de manière adéquate, les conséquences néfastes continuent d'affecter la population.

Ces travers sont si profondément enracinés et leurs ramifications sont si étendues, qu'il semble impossible de les éliminer du jour au lendemain. Pourtant, si l'on examine leur fondement, il suffirait simplement que Votre Majesté opère une forme de « retour sur soi ».

Votre Cœur Sacré serait-il authentiquement dépourvu de toute chose incorrecte, il lui serait parfaitement loisible de puiser dans son Trésor privé et d'en restituer une partie au ministère des Finances. Celui-ci ne serait plus autant à court de moyens : il lui serait possible alors de rétablir le système de la « part cassée » et de supprimer la compétition pour la collecte des impôts, allégeant ainsi les charges pesant sur les préfectures et les sous-préfectures.

Votre Cœur Sacré serait-il authentiquement dépourvu de toute chose incorrecte, il lui serait parfaitement loisible de nommer des Grands conseillers qui soient en mesure de choisir les préfets, et de nommer des censeurs et des membres du Bureau des remontrances capables d'émettre des jugements impartiaux, tant dans la critique que dans l'éloge.

Votre Cœur Sacré serait-il authentiquement dépourvu de toute chose incorrecte, il lui serait parfaitement loisible d'appliquer avec rigueur les interdits qui régissent les relations entre les eunuques et les officiers, de sorte que le choix des généraux relèverait désormais du Grand conseiller.

608 Dès lors que l'on aura identifié les personnes adéquates pour les postes de Grands conseillers, ceux-ci seront en effet parfaitement à même de nommer pour le compte de Votre Majesté des commandants en chef capables de stimuler le moral des troupes, de se pencher sur l'approvisionnement des

討軍實, 廣屯田, 以省漕運矣. 上自朝廷, 下達州縣, 治民典軍之官既皆得人, 然後明詔宰相, 議省監司之員, 而精其選, 重其責. 又詔銓曹, 使以縣之劇易分爲等差, 而常切詢訪天下之官吏能爲縣者, 不拘薦舉之有無, 不限資格之高下, 而籍其姓名, 使以次補最劇之縣. 果有治績, 則優而進之 ; 不勝其任, 則絀而退之. 凡州縣之間無名非理之供, 橫斂巧取之政, 其泰甚而可去者, 可以漸去, 而民力庶乎其可寬矣.

至於屯田之利, 則以臣愚見, 當使大將募軍士, 使者招游民, 各自爲屯, 不相牽制. 其給授課督, 賞罰政令各從本司, 自爲區處.

armées, et de développer les colonies militaires afin de réduire le coût des approvisionnements. Depuis la cour jusqu'aux préfectures et sous-préfectures, sitôt que l'on aura trouvé des agents compétents pour gouverner la population et diriger les armées, il conviendra de donner des instructions précises aux Grands conseillers afin qu'ils examinent le recrutement des inspecteurs fiscaux en charge de responsabilités importantes. On donnera également des instructions au ministère de la Fonction publique pour qu'il procède à un classement entre les sous-préfectures, selon le degré de difficulté qu'elles présentent. Il diligentera des enquêtes régulières afin de s'enquérir des fonctionnaires capables d'exercer en sous-préfecture ; leurs noms seront consignés sur des registres, sans tenir compte du fait qu'ils ont été recommandés ou non, et en dehors de toute considération hiérarchique. On les nommera d'abord dans les sous-préfectures où la situation est la plus urgente. Ceux qui auront obtenu des résultats tangibles seront déclarés excellents et promus ; ceux qui n'auront pas été à la hauteur de leur charge seront déclarés incompétents et rétrogradés. Toutes les contributions informelles et injustifiées pesant sur les préfectures et les sous-préfectures, ainsi que les prélèvements fallacieux et coercitifs seront, dans les cas les plus abusifs, supprimés par étapes sitôt que cela sera possible. Le peuple devrait pouvoir recouvrer ses forces.

Quant aux avantages offerts par les colonies militaires, il faudrait faire en sorte, selon l'humble avis de votre serviteur, que les grands généraux puissent recruter directement des soldats, et que les commissaires aient le pouvoir de faire appel à la population civile errante, afin d'instituer deux types de colonies [l'une civile, l'autre militaire] qui ne se fassent pas mutuellement entrave. Le contrôle des prélèvements fiscaux ainsi que les instructions concernant les sanctions et les récompenses relèveraient de leurs administrations respectives et seraient par conséquent traités séparément.

軍中自有將校可使, 不須別置官吏. 使者則聽其辟置官屬三五人、指使一二十人, 以備使令. 又擇從官通知兵農之務, 兼得軍民之情者一員爲屯田使, 總治兩司之政, 而通其奏請, 趣其應副. 又以歲時按行, 察其勤墮之實, 以行誅賞. 如此則兩屯心競, 各務其功, 田事可成, 漕運可省, 而諸路無名非理之供、橫斂巧取之政, 前日有所不獲已而未可盡去者, 今亦可以悉禁, 民力庶乎其益裕矣. 此今日急務之五、六也.

> 屯田一事, 如臣之策, 亦是將來將帥得人之後方可施行. 若將帥止如今日, 却恐徒壞漕司已成之功, 無補將帥兵屯之實.

199. *Congguan* 從官 : voir *ibid.*, § 7175, p. 535.
200. *Tuntianshi* 屯田使.
201. *Caosi* 漕司 : désignation quasi officielle des commissaires provinciaux aux affaires fiscales (« intendant fiscal », *zhuanyunshi*), voir *ibid.*, § 6929, p. 521 ; Christian Lamouroux, 2003, p. 110.

Dans la mesure où l'on dispose d'officiers supérieurs, il sera inutile de nommer des fonctionnaires pour diriger les colonies militaires. On autorisera en revanche les commissaires civils à recruter trois à cinq subordonnés, secondés par une ou deux douzaines de personnes, afin qu'ils assument le commandement des cantonnements civils. On choisira également, parmi des agents subalternes[199], un homme parfaitement au fait des questions militaires et agricoles, bénéficiant en outre d'une opinion favorable au sein de l'armée et de la population, que l'on nommera commissaire des cantonnements[200]. Il sera chargé de superviser l'administration générale des deux cantonnements. Il aura pour mission de transmettre les requêtes à la cour et de faire face à toutes les situations. Une inspection annuelle examinera la réalité de son zèle, afin qu'on puisse le récompenser ou le sanctionner. Ainsi, les deux types de cantonnements auront à cœur d'entrer en compétition, chacun œuvrant à sa mission. Les travaux des champs seront en mesure d'être accomplis ; les approvisionnements par voie d'eau pour les troupes pourront être réduits. Il deviendra également possible d'interdire toutes les contributions informelles et injustifiées dans les préfectures et les sous-préfectures, ainsi que les prélèvements fallacieux et coercitifs, et tout ce que l'on n'a toujours pas réussi à abroger. Le peuple devrait pouvoir retrouver une certaine richesse. Telles sont aujourd'hui la cinquième et la sixième des priorités.

> En ce qui concerne les colonies militaires, comme votre serviteur vient de le rapporter, ce n'est qu'une fois que l'on aura trouvé les personnes compétentes pour occuper les postes de commandants en chef, qu'il sera possible de les mettre en œuvre. Si l'on se contente d'en rester aux gens actuellement en poste, il est à craindre que cela ne compromette le travail accompli par les commissions fiscales provinciales[201], sans que cela soit d'aucune utilité pour les colonies militaires.

且乞指揮趁此水災之後, 廣招流冗, 并行民屯之策, 亦俟見効. 仍詔漕臣更切詢訪利病之未盡者, 條具以聞, 然後隨事商量, 及時措置, 庶幾已成之緒不至動搖, 輕有廢壞.

伏乞聖照.

凡此六事, 皆不可緩. 而其本在於陛下之一心. 一心正則六事無不正, 一有人心私欲以介乎其間, 則雖欲憊精勞力以求正夫六事者, 亦將徒爲文具, 而天下之事愈至於不可爲矣. 故所謂天下之大本者, 又急務之最急而尤不可以少緩者, 惟陛下深留聖意而亟圖之.

使大本誠正, 急務誠脩, 而治效不進, 國勢不彊, 中原不復, 仇虜不滅, 則臣請伏鈇鉞之誅以謝陛下, 陛下雖欲赦之, 臣亦不敢承也.

202. *Caochen* 漕臣 : désigne les *zhuanyunshi,* commissaires chargés du transport vers la capitale de l'impôt en grains, voir Charles O. Hucker, 1988, § 6919, p. 520.

D'autre part, nous sollicitons des instructions permettant de faire appel aux populations sinistrées et sans travail, du fait des inondations actuelles, afin de mettre en œuvre parallèlement une politique de colonies civiles dont on est en droit d'attendre des résultats. On ordonnera aux commissaires des transports par eau[202] de diligenter des enquêtes, pour s'informer des avantages et des inconvénients liés à ces cantonnements, et afin qu'ils portent, point par point, leurs conclusions à votre connaissance. On pourra ensuite débattre et adopter des mesures appropriées, en fonction des circonstances. Une fois que la réflexion aura abouti, il ne saurait être question de flancher ou de souffrir le moindre échec.

Prosterné, votre serviteur implore votre saint examen.

609 Pas un de ces six points ne saurait être reporté à plus tard. Or leur fondement réside dans le cœur de Votre Majesté. Avec un cœur correct, aucun de ces six points ne saurait être incorrect, mais sitôt que les désirs égoïstes du cœur humain parviennent à s'immiscer, même en déployant toute son énergie à vouloir les corriger, ces efforts resteront lettre morte, tandis que les affaires de l'Empire deviendront de plus en plus difficiles à régler. C'est pourquoi nous parlons de « fondement majeur » de l'Empire, et de priorités parmi les priorités, qui ne sauraient être un tant soit peu différées, avec l'espoir que Votre Majesté y accordera sa sainte attention et s'y consacrera promptement.

S'il advenait, une fois que le « fondement majeur » [que constitue Votre Cœur] aura été authentiquement rétabli et que les « priorités » auront été réglées, qu'aucun effet n'en résulte dans le gouvernement, que la puissance du pays n'en sorte pas renforcée, que la Plaine centrale ne soit pas reconquise, que les ennemis barbares ne soient pas anéantis, votre serviteur supplierait alors qu'on lui inflige le supplice de la hache, en guise d'excuses auprès de Votre Majesté. Votre Majesté voudrait-elle l'épargner, votre serviteur le refuserait.

然又竊聞之, 今日士夫之論, 其與臣不同者非一. 及究其實, 則皆所謂似是而非者也.

蓋其樂因循之無事者, 則曰陛下之年寖高, 而天下亦幸無事. 年寖高則血氣不能不衰, 天下無事則不宜更爲庸人所擾.

其欲奮厲而有爲者, 則又曰祖宗之積憤不可以不攄, 中原之故疆不可以不復. 以此爲務, 則聖心不待勸勉而自彊 ; 舍此不圖, 則雖欲策厲以有爲, 而無所向望以爲標準, 亦卒歸於委靡而已.

凡此二說, 亦皆有理, 而臣輒皆以爲非者.

蓋樂因循者知聖人之血氣有時而衰, 而不知聖人之志氣無時而衰也 ; 知天下有事之不可以苟安, 而不知天下無事之尤不可以少怠也. 況今

203. Allusion à Chen Liang 陳亮 (1143-1194), principal représentant des thèses utilitaristes ; voir *supra* notre présentation du texte. Sur l'opposition entre Zhu Xi et Chen Liang, voir Hoyt Cleveland Tillman, 1982.

Parmi les discours que tiennent aujourd'hui les lettrés, et dont votre serviteur, humblement, a connaissance, il en est plus d'un avec lesquels votre serviteur se trouve en désaccord. Si on les examine en détail, tous ne présentent en effet que l'apparence de la vérité.

Il y a d'abord ceux qui se satisfont de la situation actuelle, selon laquelle aucun incident ne serait à signaler. Ces gens déclarent que Votre Majesté commence à subir le poids des ans, mais, par bonheur, aucun incident ne s'est produit dans l'Empire. Avec l'âge, l'énergie diminue inéluctablement ; dès lors qu'aucun incident n'est à signaler dans l'Empire, il convient, selon eux, de ne pas laisser des « médiocres » venir troubler la situation.

Il y a également ceux qui veulent que l'on passe à l'action[203]. Ceux-là déclarent que l'on ne saurait rester sans réagir face à une situation qui eût mis en fureur les empereurs fondateurs de la dynastie, ni renoncer à reconquérir les anciens territoires de la Plaine centrale. Votre Cœur Sacré n'attend pas d'être encouragé pour puiser en lui la force nécessaire à une telle mission. Renoncer à ce dessein, même en incitant les gens à agir, se ramène, selon eux, à une forme d'impuissance, faute d'un objectif précis vers lequel se tourner.

Ces deux discours possèdent certes leur part de vérité, mais votre serviteur estime pourtant qu'ils sont l'un comme l'autre dans l'erreur.

Ceux qui se satisfont de la situation actuelle ont beau savoir que l'énergie de Votre Sainteté peut à l'occasion connaître des défaillances, ils ignorent en revanche que votre sainte détermination n'en connaît aucune. Ils ont beau savoir qu'en cas d'incident, l'Empire ne saurait se satisfaire d'une paix honteuse, ils ignorent que c'est précisément lorsqu'aucun

日之天下又未得爲無事乎！

且以衛武公言之，其年九十有五矣，猶箴儆於國，以求規諫，而作«抑»戒之詩以自警，使人朝夕誦之，不離於其側．此其年豈不甚高，而其戒謹恐懼之心，豈以是而少衰乎？况陛下視武公之年，三分未及其二，而責任之重，地位之高，又有十百千萬於武公者．臣雖不肖，又安敢先處陛下於武公之下，而直謂其不能乎？

且天下之事非艱難多事之可憂，而宴安酖毒之

204. Sur Wei Wu gong 衛武公, voir *Guoyu* 國語, « Chuyu, shang 楚語, 上 ». Le poème « Yi 抑 » est l'une des plus longues pièces poétiques du *Shijing*, section « Daya 大雅 », poème nº 256. Trois vers de la strophe 7 de ce poème sont par ailleurs cités dans le *Zhongyong*, § 16 : 神之格思, 不可度思, 矧可射思, soit « L'approche des esprits ne peut être devinée ; il faut respecter leur présence. » (Traduction Séraphin Couvreur, *Cheu king*, éd. 1992, p. 385). Autre traduction : « La venue des efficiences invisibles / ne peut être supputée, / Encore moins comptée pour rien. » (François Jullien, éd. 1993, p. 65). Voir *Zhongyong zhangju*, dans *Zhuzi quanshu*, vol. 6, p. 41 ; *Shisanjing zhushu,* p. 554-556. Nous reproduisons, dans la traduction de Séraphin Couvreur, trois des douze strophes de ce poème afin de donner une indication de sa tonalité politique et morale et du contenu implicite du propos de Zhu Xi :

其在于今, 興迷亂于政. 顛覆厥德, 荒湛于酒. 女雖湛樂從, 弗念厥紹. 罔敷求先王, 克共明刑: « Toi, à présent, tu aimes les ténèbres et la confusion dans les affaires publiques. Tu ruines entièrement tes bonnes dispositions naturelles, en te plongeant dans l'ivresse. Malgré cet amour effréné des plaisirs, ne penses-tu pas enfin à l'héritage que tu as reçu de tes pères ? N'étudieras-tu pas sérieusement les exemples des anciens princes, afin de suivre leurs sages lois ? » (§ 3.)

昊天孔昭, 我生靡樂. 視爾蒙蒙, 我心慘慘. 誨爾諄諄, 聽我藐藐. 匪用為教, 覆用為虐. 借曰未知, 亦聿既耄 : « L'auguste ciel est très perspicace, (je incident n'est à signaler qu'il ne faut, sous aucun prétexte, baisser la garde. Comme si d'ailleurs aucun incident n'était à signaler !

Prenons l'exemple de Wei Wugong – le duc martial de Wei – qui, à l'âge de quatre-vingt-quinze ans, adressait des mises en garde au pays, et acceptait les remontrances. Il composa également le poème « Yi » en guise d'avertissement à soi-même, en vue de rester vigilant, encourageant les gens à le réciter matin et soir afin de le garder toujours en mémoire[204]. Bien qu'il fût extrêmement âgé, son esprit en alerte et ses précautions ont-ils pour autant connu la moindre défaillance ? N'est-ce pas à plus forte raison le cas pour Votre Majesté, dont l'âge équivaut à peine aux deux tiers du sien, et dont les responsabilités et la position sont infiniment plus lourdes et plus importantes ? Comment votre serviteur, malgré son incompétence, oserait-il placer Votre Majesté en dessous du duc martial de Wei, et prétendre qu'elle ne saurait l'égaler ?

Ce n'est pas tant la multiplicité des tâches « ardues[205] » dans l'Empire dont il faille s'alarmer ; il faut craindre plutôt de céder au poison des plaisirs faciles. Même si, en politique,

crains qu'il ne te châtie) ; ma vie se passe sans joie. La vue de ton aveuglement accable mon cœur de chagrin. Je ne cesse de te répéter mes avis ; tu m'écoutes avec une froide indifférence. Tu ne me considères pas comme un maître qui t'enseigne, mais comme un tyran. Ne me dis pas que tu n'as pas encore la raison ; tu as déjà quatre-vingt-dix ans. » (§ 10.)

於天小子, 告爾舊止. 聽用我謀, 庶無大悔. 天方艱難, 曰喪厥國. 取譬不遠, 昊天不忒. 回遹其德, 俾民大棘 : « Hélas ! petit enfant, je te rappelle les anciens principes. Écoute et suis mes avis ; tu t'épargneras d'amers repentirs. Déjà le ciel envoie des malheurs et des afflictions ; bientôt il mettra fin à ta principauté. Je déduis mes enseignements d'un principe évident ; c'est que le ciel ne saurait se tromper. En étouffant les heureuses dispositions que la nature t'a données, tu attirerais de grands malheurs sur le peuple. » (§ 12.) (Traduction Séraphin Couvreur, *Cheu king*, éd. 1992, p. 378-384 ; citations p. 379, 383-384.)

205. *Jiannan* 艱難 : le terme (traduit par « des malheurs et des afflictions » par Séraphin Couvreur) apparaît dans la dernière strophe du poème « Yi 抑 », voir note précédente.

可畏. 政使功成治定, 無一事之可爲, 尚當朝兢夕惕, 居安慮危而不可以少怠. 況今天下雖若未有目前之急, 然民貧財匱, 兵惰將驕, 外有彊暴之夷虜, 內有愁怨之軍民, 其他難言之患, 隱於耳目之所不加、思慮之所不接者, 近在堂奧之間, 而遠在數千里之外, 何可勝數？

堂奧之說, 已陳於前.
此句更乞陛下少留聖慮.

追計其前, 既未有可見之效 ; 却顧於後, 又未有可守之規.

臣竊見尋常之人, 將欲屬人以一至微至細之事, 猶必先爲規模, 使其盡善, 然後所屬之人有

206. *Ju an lü* [ou *si*] *wei* 居安慮 [思] 危 ; allusion au *Livre des Documents* (*Shangshu*), ch. « Zhouguan » : 居寵思危, soit « Lorsque on est choyé il faut penser au péril. » Voir *Shisanjing zhushu*, p. 236. La formule est reprise, légérement modifiée, dans le *Chunqiu Zuozhuan* 春秋左傳, 11e année *Xianggong* 襄公, qui cite le *Shangshu* : 書曰 : 居安思危, 思則有輩, 有備無患, 敢以此規, soit « Il est dit dans les Annales : “Quand vous êtes en sûreté,

tout était réalisé avec un gouvernement stable, et qu'aucune tâche ne restait à accomplir, il conviendrait encore de rester, du matin au soir, circonspect et vigilant, de ne jamais tolérer le moindre relâchement, et de se rappeler que c'est « en période de paix qu'on doit penser au danger[206] ». *A fortiori* de nos jours où, même si l'Empire ne semble confronté à aucune urgence, la population n'en reste pas moins appauvrie, les finances épuisées, les troupes indolentes et les officiers arrogants. À l'extérieur évoluent des barbares puissants et violents, à l'intérieur l'armée et la population sont en proie à la tristesse et au ressentiment ; sans compter les innombrables périls qui échappent aux yeux et aux oreilles et auxquels personne ne songe, mais qui s'étendent des profondeurs du Palais jusqu'à des milliers de *li* à la ronde.

> Notre propos sur les profondeurs du palais a déjà été exposé précédemment.
>
> Ce rappel n'a d'autre but que d'implorer une nouvelle fois Votre Majesté d'y accorder un peu de sa sainte attention.

En anticipant le futur, on ne trouve aucune réponse efficace, mais si l'on regarde derrière nous, on n'aperçoit pas non plus la moindre règle à laquelle se conformer.

> Votre serviteur, humblement, observe que même les gens ordinaires, lorsqu'ils confient une tâche à quelqu'un, fût-ce pour des entreprises extrêmement mineures, commencent toujours par présenter un modèle auquel se référer. Cela permet aux personnes à qui la tâche a été confiée de s'y conformer, sans en trahir le sens. N'est-ce pas *a fortiori* le

pensez au danger qui peut survenir" (*cf.* 書周官 19.5). Si l'on y pense, on s'y prépare, on ne se trouve pas dans l'embarras. Je me permets de vous rappeler ces règles. » (Traduction Séraphin Couvreur, *La Chronique de la principauté de Lòu*, éd. 1951, vol. 2, p. 276) ; voir *Shisanjing zhushu*, p. 1951.

所持循，而不失吾之所以屬之之意. 況有天下者，將以天下至大之事屬之於人，而不先爲盡善可守之規以授之乎？然臣於此事不敢盡言，若蒙聖明少加聖慮，則當此之時，誠亦一新德業、重整綱維不可失之機會也.

臣狂妄僭率，罪當萬死.

伏惟陛下裁赦.

亦安得遽謂無事而遂以逸豫處之乎？

其思奮厲者，又徒知恢復之不可忘、頹墮之不可久，然不知不世之大功易立，而至微之本心難保；中原之戎虜易逐，而一己之私意難除也. 誠能先其所難，則其易者將不言而自辨. 不先其難

207. *Yiyu* 逸豫 ; allusion au *Shijing* 詩經, poème n° 186, « Baiju 白駒 », § 3 :

皎皎白駒，賁然來思. 爾公爾侯，逸豫無期. 慎爾優游，勉爾遁思, soit « Que ce jeune cheval d'une blancheur éclatante vienne richement paré (ou promptement). (Et alors vous, mon sage ami), vous obtiendrez la dignité de *goung* (*gong*) ou de *heou* (*hou*), et jouirez d'un repos et d'un bonheur sans fin. Prenez garde de vouloir aller ça et là ; bannissez la pensée de vivre dans la retraite. » (Traduction Séraphin Couvreur, *Cheu king*, éd. 1992, p. 217-

cas pour celui qui possède l'Empire ? Comment pourrait-il confier à quelqu'un les affaires de la plus haute importance, sans commencer par offrir un modèle de perfection ? Votre serviteur n'ose sur ce point exprimer tout ce qu'il a sur le cœur. Si Votre Majesté daignait accorder un peu de sa sainte attention, cela serait authentiquement, dans le contexte actuel, une occasion unique, qui favoriserait un renouvellement de votre Vertu et de votre Entreprise, mais aussi la remise en ordre des principes fondamentaux.

Votre serviteur mérite assurément dix mille morts pour ses extravagances et pour avoir ainsi outrepassé ses droits.

Prosterné, il implore que Votre Majesté veuille bien trancher et l'épargner.

Comment peut-on d'ailleurs prétendre à la va-vite qu'aucun incident n'est à signaler, et se laisser aller à « l'oisiveté et aux plaisirs[207] » ?

Ceux qui poussent à l'action savent seulement que l'on ne doit pas oublier la reconquête, que les atermoiements et le renoncement ne peuvent durer indéfiniment, mais ils ignorent qu'une prouesse, fût-elle unique en son temps, est plus facile à réaliser que de préserver son cœur originel, aussi ténu soit-il ; qu'il est plus facile de bouter les barbares hors de la Plaine centrale que d'expulser de soi les idées égoïstes. C'est lorsqu'on est authentiquement capable de commencer par le plus difficile que le plus facile se réalise spontanément, sans qu'il soit nécessaire d'en parler. Refuser de commencer par le plus difficile, en souhaitant inopinément gagner le plus facile, fût-ce en en parlant sans cesse du matin au soir, se

218.) Autre traduction pour *Yiyu*, traduit ici par « repos et bonheur sans fin » : *Enjoying yourself without end*. (James Legge, *The She King*, éd. 1994, p. 300.) Voir *Shisanjing zhushu*, p. 434. Le terme apparaît dans le *Shangshu*, ch. « Kang gao » : 無康好逸豫. 乃其乂民, soit « Ne soyez pas oisif, ne recherchez pas le repos ni les amusements ; et vous gouvernerez bien vos sujets. » (Séraphin Couvreur, éd. 1999, p. 236). Voir *Shisanjing zhushu*, p. 203.

而徒欲僥倖於其易，則雖朝夕談之不絕於口，是亦徒爲虛言，以快一時之意而已. 又况此事之失，已在隆興之初，不合遽然罷兵講和，遂使晏安酖毒之害日滋日長，而坐薪嘗膽之志日遠日忘. 是以數年以來，綱維解弛，釁孽萌生，區區東南，事猶有不勝慮者，何恢復之可圖乎？故臣不敢隨例迎合，苟爲大言以欺陛下，而所望者，則惟欲陛下先以東南之未治爲憂，而正心克己，以正朝廷，脩政事，庶幾真實功效可以馴致，而不至於別生患害以妨遠圖. 蓋所謂善易者不言易，而真有志於

208. L'ère Longxing (1163-1164) marque le début du règne de Xiaozong (Zhao Shen 趙昚). En 1161, la victoire remportée par les Song à la bataille de Caishi 采石 contre les Jin jeta le trouble dans le camp jürchen. Wanyan Liang 完顏亮 (prince de Hailing 海陵王, règne 1149-1161) fut assassiné ; son successeur, Wanyan Yong 完顏雍 (Shizong 世宗, règne 1161-1189), proposa la paix aux Song. Chez les Song, Gaozong abdiqua en faveur de Xiaozong (1162), devenu en position de force pour envisager la reconquête. En 1163 (1ère année Longxing), la campagne dirigée par Zhang Jun 張浚 (1096-1164) se solda par une défaite à Fuli 符離, en raison de dissensions internes. Les Song envoyèrent des émissaires chez les Jin 金 pour négocier un nouveau traité de paix. Le traité signé l'année suivante (1164) revint aux frontières fixées par le précédent traité de l'ère Shaoxing (1142). Les Song gagnèrent à ne plus être considérés comme les « vassaux » des Jin, mais comme leurs « neveux ». Voir *Songshi* 33, « Xiaozong benji », vol. 3, p. 623 et p. 629.

ramène à de vaines palabres, juste bonnes à satisfaire les idées du moment. D'autant que le mal dans cette affaire remonte au début de l'ère Longxing, alors qu'il eût fallu à cette époque ne pas baisser les armes ni entamer des pourparlers de paix[208]. Cela a permis aux poisons délétères des plaisirs faciles de se diffuser chaque jour davantage, tandis que la détermination à assouvir sa vengeance, « assis sur des fagots en ingurgitant du fiel[209] », s'est réduite dans les mêmes proportions, au point de s'effacer totalement des esprits. C'est la raison pour laquelle les principes fondamentaux se relâchent depuis des années, et que les conflits germent et s'enracinent. Comment ambitionner la reconquête, alors que les motifs d'inquiétude pour notre Sud-Est, aussi réduit soit-il, sont innombrables ? Voilà pourquoi votre serviteur n'ose pas abonder dans le sens de ceux qui dupent Votre Majesté par de belles paroles. Son seul désir est qu'elle se soucie de ce qui n'a pas été encore mis en ordre dans le Sud-Est, qu'elle « corrige son cœur » et « se maîtrise », afin de corriger la cour et d'améliorer les affaires politiques.

611 En procédant de la sorte, on devrait pouvoir parvenir à des résultats tangibles, et empêcher l'apparition de nouvelles catastrophes qui risqueraient de faire obstacle à tout projet à long terme. Ceux qui connaissent *Le Livre des Mutations* ne se contentent pas simplement d'en parler, de même ceux qui

209. « Assis sur des fagots, goûter du fiel » (*zuo xin chang dan* 坐薪嘗膽), allusion à Gou Jian 勾踐, roi de Yue 越, qui fut chassé du pouvoir par le roi de Wu 吳, et qui affermit par ce moyen sa détermination, voir Sima Qian, *Shiji*, ch. « Yue Wang Gou Jian shijia 越王勾踐世家 » ; la variante « assis » (*zuo* 坐) pour « couché » (*wo* 臥) est attestée chez d'autres auteurs Song comme Su Shi 蘇軾 ou Chen Liang.

恢復者,果不在於撫劍抵掌之間也.

論者又或以爲陛下深於老佛之學而得其識心見性之妙,於古先聖王之道蓋有不約而自合者,是以不悅於世儒之常談死法,而於當世之務,則寧以管商一切功利之說爲可取.今乃以其所厭飫鄙薄者陳於其前,亦見其言愈多而愈不合也.臣以爲此亦似是而非之論,非所以進盛德於日新也.

210. *Fu jian* 撫劍 : image empruntée au *Zuozhuan*, 23e année du duc Xiang (Xianggong 襄公, 549 avant notre ère) : 右撫劍, 左援帶, 命驅之出 : « De la main droite tenant son épée, et de la main gauche tenant la courroie, il donna l'ordre de partir au grand trot. » (Traduction Séraphin Couvreur, *Chronique de la principauté de Lòu*, éd. 1951, vol. 2, p. 391). Voir *Shisanjing zhushu,* p. 1976.

211. *Zhi zhang* 抵掌, image empruntée au *Zhanguoce* 戰國策, « Qince 秦策, 1 » ; l'édition du *Zhuzi quanshu* écrit par mégarde « *di* 抵 » au lieu de « *zhi* 抵 » (3e ton), voir *Hanyu dacidian* 漢語大辭典, vol. 6, p. 391.

212. *Shixin jianxing* 識心見性, la formule apparaît dans le *Sutra de l'estrade* (*Tanjing* 壇經).

213. *Shiru* 世儒, cette épithète péjorative s'applique aux lettrés ordinaires.

214. *Gongli* 功利, autrement dit les thèses économistes et matérialistes dont Chen Liang était le principal représentant, *cf.* note *supra*.

215. Guan Zhong 管仲 et Shang Yang 商鞅, abrégés en « Guan-Shang 管商 ». Guan Zhong (mort en -645), ministre réformateur de l'État de Qi 齊 au début de la période Printemps et Automnes (-722 à -481). Le *Guanzi* 管子 (*Maître Guan*), ouvrage tardif d'inspiration taoïste et légiste, qui lui est attribué, contient plusieurs chapitres économiques. Shang Yang (ou Gongsun Yang 公孫鞅, *ca* -390 à -338) inspira à partir de -356 des réformes « légistes » dans la principauté de Qin 秦 qui contribuèrent à assurer la suprématie de cet État sur les autres royaumes. Il est l'auteur du *Shangjun shu* 商君書 dont vingt-quatre chapitres sont conservés, traduction Jan Julius Lodewijk Duyvendak, *The Book of Lord Shang. A Classic of Chinese School of Law,* London, Arthur

sont véritablement animés par la volonté de reconquête ne se contentent pas de « caresser leur épée[210] » et de « battre des mains[211] ».

Parmi ceux qui débattent, certains estiment que Votre Majesté, profondément versée dans l'étude de Laozi et de Bouddha, a su percer les arcanes « de la conscience de son propre cœur et de la révélation de sa nature[212] », rejoignant à cet égard la voie des saints rois de l'Antiquité. Ce serait la raison pour laquelle Votre Majesté n'apprécierait guère les propos rebattus et les méthodes routinières des confucéens mondains[213], préférant, pour les affaires du temps, recourir aux discours utilitaristes[214] inspirés de Guan Zhong et de Shang Yang[215]. Mais si on expose devant eux ce dont ils se disent dégoûtés et qu'ils méprisent, on constate que plus leurs propos sont verbeux, moins ils correspondent à la réalité. Votre serviteur estime que leurs propos ne présentent également que l'apparence de la vérité, et ne permettent pas d'atteindre à la plénitude de la vertu, ni de se « renouveler quotidiennement[216] ».

Probstain, 1929. Voir aussi *Le Livre du Prince Shang*, traduit et présenté par Jean Lévi, Paris, Flammarion, 1981, rééd. 2005. Voir le jugement porté sur Guan Zhong par Confucius, dans *Lunyu*, III, 22 : 子曰：管仲之器小哉！或曰：管仲儉乎？曰：管仲有三歸, 官事不攝, 焉得儉 ? : « Le Maître : "Guan Zhong était un homme de bien peu d'envergure !" / Un disciple : "Mais n'était-il pas célèbre pour sa frugalité ?" / Le Maître : "Il épousa trois femmes d'un coup, et pas un de ses secrétaires ne cumulait de fonctions. Vous appelez cela de la frugalité ?" » (Traduction Anne Cheng, éd. 1998, p. 42) ; voir *Lunyu jizhu*, éd. *Zhuzi quanshu*, vol. 6, p. 90. Voir aussi *Écrits de Maître Guan. Les Quatre Traités de l'art de l'esprit*, présentés, traduits et annotés par Romain Graziani, Paris, Les Belles Lettres, 2011.

216. « Renouvellement quotidien » (*rixin* 日新), terme emprunté au *Daxue*, éd. *Shisanjing zhushu*, p. 1773 ; *Daxue zhangju*, dans *Zhuzi quanshu*, vol. 6, p. 18 : 湯之盤銘曰：苟日新, 日日新, 又日新, soit « Renouvelez-vous chaque jour et ne cessez de vous renouveler. » (Traduction Séraphin Couvreur, *Les Quatre Livres*, éd. 1992, p. 6).

彼老子、浮屠之說,固有疑於聖賢者矣,然其實不同者,則此以性命爲真實,而彼以性命爲空虛也.

此以爲實, 故所謂 « 寂然不動 » 者, 萬理粲然於其中, 而民彝物則, 無一之不具. 所謂 « 感而遂通天下之故 », 則必順其事, 必循其法, 而無一事之或差.

彼以爲空, 則徒知寂滅爲樂, 而不知其爲實理

217. « Nature et destin » (*xing ming* 性命), voir *Zhongyong*, § 1. Le même argument est repris par Zhu Xi dans une lettre, voir « Da Lin Dejiu [Lin Zhi] 答林德久 [林至] » (« Réponse [3/11] à Lin Dejiu »), dans *Wenji* 61, *Zhuzi quanshu*, vol. 23, p. 2935, cité dans Liu Shuxian, 1982, p. 331-332. Voir *supra* notre présentation du texte.

218. *Jiran budong* 寂然不動, à propos du changement (*yi* 易), apparaît dans le commentaire « Xici 繫辭 » du *Yijing* (*Le Livre des Mutations*), où elle est suivie par la phrase « communication en résonance avec le monde » (« empathie avec le monde » : *gan er sui tong tianxia zhi gu* 感而遂通天下之故), que Zhu Xi cite quelques lignes plus bas : 易無思也, 無為也. 寂然不動, 感而遂通天下之故. 非天下之至神, 其孰能與於此, soit « Le Yi n'a pas de pensée et n'a pas d'action ; il est naturellement le repos sans mouvement. Il influence et aussitôt on comprend et on pénètre sans effort les causes de l'univers. Sans l'extrême génie de l'univers, qui donc pourrait prévoir à l'avance comme ceci ? » (Traduction Paul-Louis-Félix Philastre, éd. 2006, « Formules annexées », § 1193, p. 907). Autre traduction : « Le Yi / Il est sans réflexion / Il est sans intervention / Naturel au repos, il ne se meut pas / Il pénètre totalement les causes de ce qui est sous le ciel / Rien sous le ciel n'a un tel Esprit / qui pourrait lui être comparé. » (Michel Vinogradoff, éd. 2000, p. 303). Voir *Shisanjing zhushu*, p. 81.

219. *Minyi* 民彝 ; allusion au *Shangshu*, 4e partie, ch. 9 « Kanggao » : 不于我政人得罪, 天惟與我民彝, 大泯亂, soit « Si nous qui sommes chargés du gouvernement ne traitons pas comme coupables des hommes si dénaturés, la loi naturelle que le ciel lui-même a donnée à nos peuples ne sera plus nullement observée. » (Traduction Séraphin Couvreur, éd. 1999, p. 240) ; autre traduction : *the laws of our nature given by the Heaven to our people*

Les doctrines de Laozi et de Bouddha remettent assurément en question les saints et les sages confucéens, mais là où ces discours divergent véritablement, c'est que, alors que ces derniers tiennent la nature et le destin pour la réalité, ceux-là les considèrent comme creux et comme pure vacuité [217].

Les saints et les sages confucéens tiennent la nature et le destin pour la réalité, d'où la formule : « Impassible et sans mouvement[218]. » Leurs textes illustrent de manière éclatante les dix mille principes ; il n'est aucune des « lois morales dans le peuple[219] » ou des « lois des êtres et des choses[220] » qui n'y figure au complet, d'où la formule : « Communication en résonance[221] » ; ils se conforment aux événements et en suivent les lois afin de ne pas commettre d'erreur dans aucune affaire.

Quant à ceux[222] qui tiennent la nature humaine et son destin pour « vides », ils connaissent simplement les félicités du *nirvâna*[223], mais ignorent l'origine des vrais principes[224] ;

will be thrown into great disorder or destroyed. (James Legge, *The Shoo King*, éd. 1994, p. 393). Voir *Shisanjing zhushu*, p. 204.

220. *Wuze* 物則 : le terme apparaît dans le *Guoyu*, « Zhouyu 周語 ».

221. Suite de la citation du commentaire « Xici » du *Yijing*, citée quelques lignes plus tôt. Voir *Shisanjing zhushu,* p. 81. La citation *Jiran budong, ganersuitong* 寂然不動, 感而遂通 du « Xici » est commentée par les frères Cheng, qui expliquent que l'état de complétude lié au « principe céleste » (*tianli* 天理), n'empêche pas, malgré une forme d'impassibilité (*jiran* 寂然 - la notion sera reprise par le bouddhisme), d'être affecté de l'intérieur, voir *Henan Chengshi yishu juan di'er shang* 河南誠氏遺書, 第二上, rééd. Cheng Hao, Cheng Yi, *Er Cheng ji* 二程集 [*Œuvres des deux Cheng*], p. 43, 76, 160. Zhu Xi associe par ailleurs les formules « impassible et sans mouvement » (*jiran budong* 寂然不動) et « communication en résonance » (*gan'ersuitong* 感而遂通) aux catégories de « non manifesté » (*weifa* 未發) et de « manifesté » (*yifa* 已發), empruntées au *Zhongyong*, pour désigner respectivement le stade « quiet » et inchoatif, antérieur à la manifestation des phénomènes, et la phase en « mouvement » qui lui « fait suite », lors de l'apparition des phénomènes. Voir *supra* notre présentation du texte.

222. Les autres : taoïstes et bouddhistes.

223. « *Nirvâna* » (*jimie* 寂滅), littéralement « calme et extinction ».

224. *Shili* 實理, littéralement « principe tangible ».

之原, 徒知應物見形, 而不知其有真妄之別也.

是以自吾之說而脩之, 則 « 體用一原, 顯微無間 », 而治心、脩身、齊家、治國, 無一事之非理.

由彼之說, 則其本末橫分, 中外斷絕, 雖有所謂朗澈靈通、虛靜明妙者, 而無所救於滅理亂倫之罪、顛倒運用之失也. 故自古爲其學者, 其初無不似有可喜, 考其終則詖淫邪遁之見鮮有不作而

225. *Yingwu* 應物, le terme apparaît dans *Zhuangzi* 莊子, ch. « Zhibeiyou 知北遊 ».

226. *Zhen wang* 真妄, expression reprise par le bouddhisme pour décrire la « réalité et le monde illusoire ».

227. 體用一原, 顯微無間, phrase tirée de la « Préface au Commentaire sur le *Yijing* » (« Yizhuan xu » 易傳序) par Cheng Yi, voir Chen Lai, *Song Ming lixue*, 2011, p. 103-106. Autre traduction : « Constitution et fonction proviennent d'une même source, entre manifeste et subtil point d'intervalle. » (Anne Cheng, 1997, p. 473. Cette formule est aussi reprise par Zhang Zai 張載 dans ses réfutations des taoïstes et des bouddhistes ; voir *Zhengmeng* 正蒙, 1, dans *Zhang Zai ji* 張載集, Pékin, Zhonghua shuju, 1978, p. 8. Voir aussi la réponse de Zhu Xi à Wang Yingchen 汪應辰, « Da Wang shangshu 答汪尚書 », *Wenji* 30, dans *Zhuzi quanshu*, vol. 21, p. 1306-1307. « Substance et fonction » (*ti yong* 體用) ; « manifeste et subtil » (*xian wei* 顯微) : évident et caché. Selon Zhu Xi la « substance » (*ti* 體) correspond au Principe (*Li* 理) et relève du suprasensible (*xing'ershang* 形而上), alors que la « fonction » (*yong* 用) se rapporte au monde sensible (*xing'erxia* 形而下). Voir *supra* notre présentation du texte.

228. *Zhixin* 治心, *xiushen* 脩身, *qijia* 齊家, *zhiguo* 治國, enchaînement donné dans le préambule canonique de *La Grande Étude* : 古之欲明明德於天下者, 先治其國 ; 欲治其國者, 先齊其家 ; 欲齊其家者,先脩其身 ; 欲脩其身者, 先正其心 ; 欲正其心者, 先誠其意 ; 欲誠其意者, 先致其知 ; 致知在格物, soit « Ceux qui dans l'Antiquité voulaient illustrer la vertu dans

ils savent seulement se « conformer aux choses[225] » et ne connaissent que « l'apparition des formes », mais ils ignorent la différence entre « vérité et illusion[226] ».

C'est la raison pour laquelle, en se fondant sur notre doctrine et en se perfectionnant, « substance et fonction procèdent d'une origine unique ; manifeste et subtil ne connaissent pas d'écart[227] » ; de plus, il n'est rien en ce qui concerne le « gouvernement du cœur », le « perfectionnement de soi », « l'harmonisation de la famille » et le « gouvernement de l'État »[228] qui ne soit conforme à la raison des choses.

Dans les doctrines des autres, en revanche, les tenants et les aboutissants des choses sont comme séparés ; le centre et la périphérie sont pour ainsi dire coupés. Bien qu'ils aient une soi-disant « intuition claire » et une « clairvoyance dénuée de passions »[229], cela ne les disculpe pas du crime de détruire tout principe et de favoriser des relations désordonnées[230], ni de l'erreur de tout confondre. Tous ceux qui depuis l'Antiquité se sont consacrés à l'étude de leurs doctrines ont cru d'abord y trouver une sorte de satisfaction[231], mais si l'on examine

le monde commençaient par gouverner le pays ; vouloir gouverner le pays commence par harmoniser sa famille ; vouloir harmoniser sa famille commence par se perfectionner soi-même ; vouloir se perfectionner soi-même commence par corriger son cœur ; vouloir corriger son cœur commence par rendre ses idées sincères ; vouloir rendre ses idées sincères commence par atteindre la connaissance ; atteindre la connaissance consiste à scruter les choses. » Voir *Daxue zhangju*, dans *Zhuzi quanshu*, vol. 6, p. 17. Zhu Xi écrit ici *zhixin* 治心 (« gouvernement du cœur ») pour *zhengxin* 正心 (« corriger son cœur »).

229. Les termes « intuition claire » (*langche lingtong* 郎澈靈通) et « clairvoyance dénuée de passion » (*xujing mingmiao* 虛靜明妙) appartiennent aussi à la terminologie bouddhique et taoïste.

230. *Luanlun* 亂倫, le terme s'applique aujourd'hui à l'inceste.

231. Dans une lettre à Wang Yingchen, Zhu Xi confie son intérêt de jeunesse pour le bouddhisme avant qu'il s'en détourne, « Da Wang shangshu », *Wenji* 30, dans *Zhuzi quanshu*, vol. 21, p. 1295.

害於政事者. 是以程顥常闢之曰 :

« 自謂窮神知化, 而不足以開物成務 ; 言爲無不周遍, 而實外於倫理 ; 窮深極微, 而不可以

232. La formule *bi yin xie dun* 詖淫邪遁 est une allusion au *Mengzi*, III A (« Gongsun Chou, shang » 公孫丑, 上) : 何謂知言 ?曰 : 詖辭知其所蔽, 淫辭知其所陷, 邪辭知其所離, 遁辭知其所窮. 生於其心, 害於其政 ; 發於其政, 害於其事, soit « (Koung suenn Tch'eou [Kongsun Chou]) dit : "Qu'appelez-vous comprendre les paroles ?" Meng tzeu répondit : "Si quelqu'un émet une proposition inexacte, je vois en quoi il est aveuglé (par ses mauvaises inclinations). Si quelqu'un ne met aucun frein à sa langue, je vois dans quel excès il se précipite. Si quelqu'un dit une parole qui porte au mal, je vois en quoi il s'écarte de la voie et de la vertu. Si quelqu'un dit des paroles évasives, je vois ce qui l'embarrasse et l'arrête. Ces défauts qui se trahissent dans les paroles d'un homme, ont leur source dans son cœur. Ils nuisent à son plan d'administration. Lorsqu'ils se manifestent dans son plan d'administration, ils nuisent à ses affaires." » (Traduction Séraphin Couvreur, *Les Quatre livres*, éd. 1992, p. 365-366). Autre traduction : Charles Le Blanc, Rémi Mathieu, éd. 2009, p. 322. Zhu Xi glose les quatre mots *bi yin xie dun* 詖、淫、邪、遁 de la manière suivante : 詖 : 偏陂也. 淫 : 放蕩也. 邪 : 邪僻也. 遁 : 逃遁也, soit « tendancieux, dépravé, dévoyé, fuyant ». Voir *Mengzi jizhu*, III A, *Zhuzi quanshu*, vol. 6, p. 283-284 ; voir aussi *Sishu zhangju jizhu*, éd. Zhonghua shuju, p. 233. Zhu Xi réunit également ailleurs les quatre caractères 詖淫邪遁, voir *Zhuzi yulei* 52, dans *Zhuzi quanshu*, vol. 15, p. 1744-1746.

233. Cheng Hao 程顥 (1032-1085), *zi* : Bochun 伯淳, surnom : maître Mingdao (Mingdao xiansheng 明道先生), biographie dans *Songshi* 427, vol. 36, p. 12713-12717.

234. « Épuiser le mystère des choses et connaître les choses » (窮神知化), allusion au *Yijing*, « Xici, xia 繫辭, 下 » : 過此以往, 未之或知也. 窮神知化, 德之聖也, soit « Dépasser ceci afin de s'en aller ; pas encore de quoi peut-être savoir ; épuiser la cause spirituelle et connaître la transformation, c'est le perfectionnement de la vertu. » (Traduction Paul-Louis-Félix Philastre, éd. 2006, § 1246, p. 825). Autre traduction : « Scruter l'esprit jusqu'à l'extrême, / connaître les transformations / C'est cela l'abondance de la puissance efficace. » (Michel Vinogradoff, éd. 2000, p. 331). Voir *Shisanjing zhushu*, p. 87.

les conséquences, rares sont ceux qui n'ont pas été conduits à devenir « tendancieux, dépravés, dévoyés, fuyants[232] », portant atteinte aux affaires politiques. C'est la raison pour laquelle Cheng Hao[233] réfutait leurs doctrines en ces termes :

> « Ces gens prétendent pouvoir "épuiser le mystère des choses et connaître le changement[234]", alors qu'ils ne sont même pas capables de "s'ouvrir aux êtres et accomplir une tâche[235]". Ils disent qu'il "n'est rien dont ils ne fassent le tour[236]", alors qu'ils se sont en fait affranchis de toute morale. Ils prétendent épuiser les choses en profondeur[237] et atteindre les choses infinitésimales[238], mais se révèlent incapables de

235. 開物成務, allusion au *Yijing*, « Xici, shang 繫辭, 上 » : 子曰 : 夫易何為者也. 夫易開物成物冒天下之道, 如斯而已者也. 是故聖人以通天下之志, 以定天下之業, 以斷天下之疑, soit « Tse dit : "Or, comment le *Yi* agit-il ? Le *Yi* développe les êtres et achève le fait ; il recouvre la voie rationnelle de l'univers. Il est ainsi et rien de plus. C'est pour cela que l'homme saint l'emploie pour pénétrer les desseins de l'univers, pour déterminer les œuvres et les actions de l'univers, pour trancher les doutes de l'univers." » (Traduction Paul-Louis-Félix Philastre, éd. 2006, § 1197, p. 810). Autre traduction : « Le Maître dit, / Or le *Yi*, quelle est son action ? / Ce *Yi*, / Les êtres en sont épanouis, les affaires en sont accomplies, / Couvrir ce qui est sous le ciel est sa voie / C'est ainsi, sans rien de plus. / En conséquence / Par lui les hommes Sages / pénètrent la réalité des vouloirs de ce qui est sous le ciel / Déterminent la pratique de ce qui est sous le ciel / Séparent ce qui est incertain dans ce qui est sous le ciel. » (Michel Vinogradoff, éd. 2000, p. 305). Zhu Xi donne un commentaire de cette phrase dans *Zhuzi yulei* 75, éd. *Zhuzi quanshu*, vol. 16, p. 2557-2558. Voir *Shisanjing zhuju*, p. 81.

236. L'expression *wubu zhoubian* 無不周遍 est une allusion au *Liji*, ch. 25 « Zhongni yanju 仲尼燕居 » : 子張, 子貢, 言游侍. 縱言至於禮. 子曰 : 居, 女三人者, 吾語女禮, 使女以禮周流無不徧 (遍) 也, soit « Confucius qui s'était retiré dans la vie privée, étant en compagnie de Tseu Tchang (Zizhang), de Tseu Kong (Zigong) et de Ien Iou (Yan You), leur conversation, après avoir roulé sur différents sujets, en vint à la question des cérémonies. Le philosophe dit : "Asseyez-vous tous trois ; je vous parlerai de cérémonies, afin que vous observiez les règles partout et en toutes choses, comme l'exigeront les circonstances." » (Traduction Séraphin Couvreur, éd. 1950, t. II, p. 376). Voir *Shisanjing zhushu*, p. 1613.

237. *Qiongshen* 窮深.

238. *Jiwei* 極微, notion bouddhique, désignant l'atome ultime et une quantité infinitésimale. Pour Zhu Xi, le terme *wei* 微 est associé au Principe et au suprasensible.

> 入堯舜之道. 天下之學, 自非淺陋固滯, 則必入於此, 是謂正路之榛蕪、聖門之蔽塞, 闢之而後可與入道. »

嗚呼！此真可謂理到之言！

惜乎其未有以聞於陛下者. 使陛下過聽髡徒誑妄之說, 而以爲真有合於聖人之道, 至分治心、治身、治人以爲三術, 而以儒者之學爲最下, 則臣竊爲陛下憂此心之害於政事, 而惜此說之布於來今也. 如或未以臣言爲然, 則聖質不爲不高、學之不爲不久, 而所以正心脩身以及天下者, 其效果安在也？是豈可不思其所以然者而亟反之哉！

> 臣聞仁宗時有程顥者, 與其弟頤同受學於周敦頤, 實得孔孟以來不傳之緒. 同時又有邵

239. La citation de Zhu Xi omet ici un passage du texte de Cheng Hao.

240. Cette citation, tronquée et légèrement remaniée (Zhu Xi ajoute la conjonction « à condition de » (*zi* 自) devant la négation « ne pas » : *fei* 非), figure dans le *Mingdao xingzhuang* 明道行狀 (*Biographie posthume de Mingdao* (Cheng Hao)) par Cheng Yi, voir *Ercheng ji*, annexe ; passage repris dans le *Jinsilu* 近思錄, 14, voir *Zhuzi quanshu*, vol. 13, p. 284-285. Zhu Xi évoque ce texte dans une lettre à Wang Yingchen, « Da Wang Shangshu, 7 », *Wenji* 30, dans *Zhuzi quanshu,* vol. 21, p. 1308.

241. Autrement dit le clergé bouddhique.

242. Xiaozong est l'auteur d'un *Sanjiaolun* 三教論 (*Traité des trois doctrines*, c'est-à-dire taoïsme, bouddhisme, confucianisme), voir Yu Yingshi, 2004, p. 731.

pénétrer la voie de Yao et de Shun dans l'étude de laquelle il est assurément possible de s'engager, à condition de ne pas se montrer immature et entêté[239]. C'est comme si des ronces avaient envahi la voie correcte et obstrué la porte des saints, ce n'est qu'en écartant les obstacles que l'on pourra en prendre le chemin[240]. »

Voilà des paroles d'une grande vérité !

612 Il est dommage, hélas, qu'elles ne soient point parvenues à Votre Majesté. Si celle-ci prête une oreille trop attentive aux élucubrations des tondus[241] et les croit en adéquation avec la voie des saints, au point de faire du « gouvernement du cœur, du gouvernement de soi et du gouvernement des hommes » trois arts distincts, c'est parce qu'elle tient la doctrine des confucéens pour la plus basse[242]. Votre serviteur, humblement, redoute que cet état d'esprit ne porte préjudice aux affaires politiques, et déplore que ce type de discours se répande dorénavant. Qu'adviendrait-il des efforts accomplis par Votre Majesté pour « corriger son cœur » et « perfectionner son corps », malgré ses saintes et éminentes qualités et la durée de ses études, si Votre Majesté n'abondait pas dans le sens de son serviteur ? Peut-elle rester sans réfléchir aux implications de tout cela et ne pas se remettre promptement en question ?

Votre serviteur a entendu dire que durant le règne de Renzong[243], Cheng Hao et son frère cadet Cheng Yi[244] ont reçu l'enseignement de Zhou Dunyi[245] ; tous deux ont recueilli un authentique héritage qui n'était plus transmis depuis Confucius

243. Renzong 仁宗 (Zhao Zhen 趙禎), quatrième empereur des Song, son règne (1023-1063) fut ponctué par les neuf ères : Tiansheng 天聖 (1023-1032), Mingdao 明道 (1032-1033), Jingyou 景祐 (1034-1038), Baoyuan 寶元 (1038-1040), Kangding 康定 (1040-1041), Qingli 慶歷 (1041-1048), Huangyou 皇祐 (1049-1054), Zhihe 治和 (1054-1056), Jiayou 嘉祐 (1056-1064).

244. Cheng Yi 程頤 (1033-1107), *zi* : Zhengshu 正叔, surnom : maître Yichuan (Yichuan xiansheng 伊川先生), *Songshi* 427, vol. 36, p. 12718-12723.

245. Zhou Dunyi 周敦頤 (1017-1073), *zi* : Maoshu 茂叔, surnom : maître Lianxi (Lianxi xiansheng 濂溪先生), *Songshi* 427, vol. 36, p. 12710-12713.

雍、張載, 相與博約, 遂使聖道闇而復明, 其功甚大. 俗儒淺學既不足以窺其緼奧, 姦人鄙夫又以其言居必誠敬, 動由禮義 ; 有害於己之所爲, 以故相與怨疾, 指爲道學, 而加詆訕焉. 臣已略論於前矣.

夫世俗無知, 既以道學爲不美, 則是必欲舉世之人俱無道、俱不學, 悉如己之所爲而後適於其意耳. 邪說肆行, 人心頗僻, 無所忌憚, 乃至於此. 此正閔馬夫之所深憂也.

今敦頤等所著之書頗藏冊府, 陛下試取而觀之, 聖學高明, 必將有默相契合而見諸行事者. 若遂於此賜一言以表章之, 則正心之效不惟自得, 而所以正人心亦在是矣.

伏惟陛下深留聖意.

246. Shao Yong 邵雍, *zi* : Yaofu 堯夫, nom posthume : Kangjie 康節, surnom : maître Kangjie 康節先生, *Songshi* 427, vol. 36, p. 12726-12727 ; voir Alain Arrault, 2002.

247. Zhang Zai 張載 (1020-1077), *zi* : Zihou 子厚, surnom : maître Hengqu 橫渠先生, *Songshi* 427, vol. 36, p. 12723-12726 ; voir Ira E. Kasoff, *The Thought of Chang Tsai (1020-1077)*, Cambridge, Cambridge University Press, 2002.

248. La formule *bo-yue* 博約 fait allusion au *Lunyu*, VI, 25, et XII, 15, *Lunyu jizhu*, dans *Zhuzi quanshu*, vol. 6, p. 117 : 子曰 : 君子博學於文, 約之於禮, 亦可以弗畔矣夫, soit « L'homme de bien qui, tout en élargissant sans cesse ses connaissances, est capable de les ordonner par le rituel ne saurait trahir la Voie. » (Traduction Anne Cheng, 1998, p. 60, 99). Autre traduction, Charles Le Blanc, Rémi Mathieu, éd. 2009, p. 85, 142. Voir *Shisanjing zhushu*, p. 2479.

249. *Suru* 俗儒.

250. Sur les reproches adressés aux partisans de l'Étude de la Voie (*Daoxue* 道學), voir *Zhuzi yulei* 108, « Lun zhidao », noté par Ye Hesun 葉

et Mencius. À cette époque, ont également vécu des gens comme Shao Yong[246] et Zhang Zai[247] ; tous se sont épanouis [par les lettres] et disciplinés [par les rites][248]. Leur immense mérite fut d'avoir permis le retour à la lumière de la Voie des saints. Non seulement les confucéens vulgaires[249] et les savants superficiels sont incapables d'en saisir le sens profond, mais les fourbes et les vils personnages se défient d'eux, les désignant sous le terme « Étude de la Voie » ; ils les calomnient, car ils craignent que ceux qui parlent et se comportent en réalité toujours avec authenticité et respect, tout en agissant selon les rites et la justice, ne nuisent à leurs intérêts personnels[250]. Ce point a déjà été évoqué par votre serviteur.

Les tenants des mœurs actuelles, dans leur ignorance, tiennent l'Étude de la Voie pour mauvaise. Ils voudraient que personne n'ait de voie à suivre ni n'étudie, simplement afin que tout le monde imite leurs agissements et se conforme à leurs idées. Les doctrines hétérodoxes largement dévoyées se multiplient dans le cœur des hommes et donnent lieu à toutes sortes d'excès, sans aucun interdit. On en est là ! Voilà une situation qui eût profondément angoissé Min Mafu[251].

Les livres écrits par Dunyi[252] et les autres sont aujourd'hui amplement conservés dans les bibliothèques, Votre Majesté devrait essayer de les parcourir. Votre sainte connaissance, éminente et éclairée, y trouverait assurément une forme de convergence intellectuelle qui ne manquerait pas de se traduire en actes. Il suffirait que Votre Majesté leur accorde un mot d'éloge, les effets pour corriger son cœur se feraient spontanément sentir, car c'est précisément là que réside le moyen de corriger le cœur humain.

Prosterné, votre serviteur espère que cela retiendra votre sainte attention.

賀孫, *zi* : Weidao 味道, post. à l'année *xin-hai* 辛亥 : 1191, *Zhuzi quanshu*, vol. 17, p. 3521.

251. Min Mafu 閔馬夫 : Grand Maître (*dafu* 大夫) au pays de Lu 魯 à l'époque Printemps et Automnes (-722 à -481), son nom apparaît dans le *Guoyu*, « Luyu 魯語, II ».

252. « Dunyi », autrement dit Zhou Dunyi (*cf.* note *supra*), désigné ici par son prénom.

若夫管商功利之說, 則又陋矣. 陛下所以取之者, 則以既斥儒者之道爲常談死法, 而天下之務日至於前, 彼浮屠之學又不足以應之, 是以有味乎彼之言, 而冀其富國彊兵或有近效耳. 然自行其說, 至今幾年, 而國日益貧、兵日益弱, 所謂近效者, 亦未之見. 而聖賢所傳生財之道、理財之義、文武之怒、道德之威, 則固所以爲富彊之

253. La célèbre formule d'inspiration « légiste », *Fuguo qiangbing* 富國強兵, apparaît dans le *Shangjunshu*, ch. 8 « Yiyan ». Voir édition *Zhuzi jicheng*, vol. 5, p. 18.

254. *Shengcai* 生財, allusion au *Liji*, ch. « Daxue » : 生財有大道, 生之者眾, 食之者寡, 爲之者疾, 用之者舒, 則財恒足矣, soit « Pour procurer des ressources à l'État, il est un excellent moyen. Quand ceux qui les procurent sont nombreux, et ceux qui les consument, en petit nombre ; quand ceux qui les obtiennent pour leur travail agissent avec promptitude, et ceux qui les emploient, avec lenteur ; elles sont toujours plus que suffisantes. » (Traduction Séraphin Couvreur, *Les Quatre Livres*, éd. 1992, p. 23). Voir *Shisanjing zhushu,* p. 1675.

255. « Gérer les richesses » (*licai* 理財), allusion au *Yijing*, « Xici, xia » : 天地之大, 德曰生. 聖人之大, 寶曰位 ; 守位曰仁. 何以聚人曰財. 理財正辭, 禁民為非曰義, soit « La grande vertu du ciel et de la terre est appelée la vie ; la grande chose précieuse chez l'homme saint est appelée la situation. Ce qui sert à conserver la situation est appelé humanité ; ce qui sert à rassembler les hommes est appelé richesse. Déterminer la raison d'être de la richesse, redresser les expressions, défendre aux homme de faire ce qui est injuste est appelé devoir. » (Traduction Paul-Louis-Félix Philastre, éd. 2006, § 1222, p. 819.) Autre traduction : « La grande puissance efficace du Ciel-Terre est dite existence. / Le grand trésor de l'homme sage est dit se tenir à sa place. /

Les théories utilitaristes de Guan Zhong et de Shang Yang sont, elles aussi, parfaitement triviales. Si Votre Majesté les a adoptées, c'est parce qu'elle rejette la Voie des confucéens, tenue pour « purs bavardages et méthodes obsolètes », à un moment où les tâches à accomplir dans l'Empire s'amoncellent, et que la doctrine des bouddhistes n'est pas non plus en mesure d'y répondre. C'est la raison pour laquelle Votre Majesté trouve leurs propos à son goût, espérant que leurs théories donneront des résultats immédiats pour tout ce qui concerne « l'enrichissement du pays et le renforcement de l'armée[253] ». Or, combien d'années se sont-elles écoulées depuis que l'on a mis en œuvre leurs doctrines ? Le pays ne cesse pourtant de s'appauvrir chaque jour davantage, et les armées sont chaque jour plus affaiblies ; l'on n'a toujours pas constaté de prétendus « résultats immédiats », alors que la Voie que nous ont transmise les saints et les sages pour « produire des richesses[254] » et les « gérer de manière juste[255] », tout comme la puissance des lettres et des armes[256], ainsi que le prestige de la Voie et de

Qui garde sa place est dit bienveillant. / Qui rassemble les hommes est dit talentueux. /Diriger les talents, rectifier les expressions, / Empêcher les hommes de commettre des erreurs / est dit sens de ce qui est juste. » (Michel Vinogradoff, éd. 2000, p. 326). Voir *Shisanjing zhushu*, p. 86.

256. Le couple « lettres/civil » (*wen* 文) et « armes/militaire » (*wu* 武) renvoie, entre autres, au *Shijing*, section « Xiaoya 小雅 », poème n[s] 177 « Liuyue 六月 » : 文武吉甫, 萬邦爲憲, soit « Ki fou [Yin Jifu, un général] excelle dans l'administration civile et dans le commandement militaire ; il est le modèle de tout l'empire. » (Traduction Séraphin Couvreur, *Cheu king*, éd. 1992, p. 202). Dans son commentaire, Zhu Xi glose le vers dans les termes suivants : 非文以附眾, 非武以威敵. 能文能武, 則萬邦以之爲法矣 : « Sans les lettres (*i.e.* la civilisation), on n'obtient pas l'adhésion les masses, sans les armes, on n'impose pas son autorité à l'ennemi. Qui sait manier les lettres et les armes, tous les pays le prendront en exemple », *Shijizhuan* 詩集傳, dans *Zhuzi quanshu*, vol. 1, p. 567. Voir *Shisanjing zhushu*, p. 424-425.

大, 而反未有講之者也, 豈不誤哉 !

今議者徒見老佛之高、管商之便, 而聖賢所傳明善誠身、齊家治國平天下者初無新奇可喜之說, 遂以爲常談死法而不足學. 夫豈知其常談之中自有妙理、死法之中自有活法, 固非老佛、管商之陋所能彷彿其萬分也哉 !

伏惟陛下察臣之言, 以究四說之同異而明辨之, 則知臣之所言, 非臣所爲之說, 乃古先聖賢之說, 非聖賢所爲之說, 乃天經地義自然之理. 雖

257. Le binôme « Voie » et « Vertu » (*daode* 道德) doit être lu dans son acception confucéenne, voir *Liji*, ch. 1 « Quli », qui souligne le caractère « indispensable du rituel pour l'accomplissement de la Voie, de la Vertu, du sens de l'humain et de la justice » : 道德仁義, 非禮不成, soit « L'accomplissement du devoir, la vertu intérieure, la bienveillance, la justice ne peuvent atteindre leur perfection sans le recours des règles de bienveillance. » (Traduction Séraphin Couvreur, éd. 1950, t. I, p. 5.) Voir *Shisanjing zhushu*, p. 1231.

258. « Vision claire du bien » (明善) et « authenticité du corps/comportement » (誠身), double allusion au *Liji*, ch. *Zhongyong*, § 81 : 不明乎善, 不誠乎身矣, soit « Pour devenir vraiment vertueux, une chose est nécessaire. Celui qui ne comprend pas bien en quoi consiste la vraie vertu n'est pas vraiment vertueux. » (Traduction Séraphin Couvreur, *Les Quatre Livres*, éd. 1992, p. 50.) Autre traduction : « Si l'on ne possède pas une claire conscience du bien, on est dénué d'authenticité intérieure » (François Jullien,

la Vertu[257] permettraient assurément d'accroître richesse et puissance. Or, nul n'en parle ! Le mal ne vient-il pas de là ?

613 Ceux qui débattent aujourd'hui s'évertuent à ne considérer que la hauteur de vue de Laozi ou du Bouddha, ainsi que le caractère pratique des théories de Guan Zhong et de Shang Yang, tandis qu'ils tiennent pour purs bavardages et méthodes obsolètes, indignes d'être étudiées, ce que nous ont transmis les saints et les sages concernant « la vision claire du Bien » et « l'authenticité de soi[258] », la « mise en ordre de la famille » et le « gouvernement de l'État », « la paix dans l'Empire[259] », sous prétexte que ces notions ne présentent *a priori* aucun caractère agréable ou sensationnel. Comment pourraient-ils savoir que ces « purs bavardages » contiennent de merveilleux principes[260], et que des « méthodes obsolètes » jaillissent des méthodes nouvelles ? Ce ne sont assurément pas les fadaises de Laozi ou de Bouddha, de Guan Zhong ou de Shang Yang qui pourraient, fût-ce d'un dix millième, leur être comparées !

Prosterné, votre serviteur espère qu'à la lumière de ces propos, Votre Majesté examinera les traits communs et les oppositions de ces quatre discours, et procèdera à une claire distinction entre eux. Elle saura que son serviteur n'a rien inventé, mais qu'il reprend les propos des saints et des sages de l'Antiquité, que ceux-ci n'ont également rien inventé,

éd. 1993, p. 83). Sous la dynastie Ming (1368-1644), Wang Yangming 王陽明 (1472-1529) reprendra les termes *mingshan* 明善 et *chengshen* 誠身 en leur associant le couple *gewu* 格物 (« examiner les choses ») et *chengyi* 誠意 (« rendre sincères ses idées »), Wang Yangming, *Chuanxilu* 傳習錄, Changsha, Yuelu shushe, 2004, p. 31.

259. Ces trois dernières notions (*qijia* 齊家, *zhiguo* 治國, *ping tianxia* 平天下) appartiennent à la partie canonique liminaire de *La Grande Étude*, partie canonique attribuée par Zhu Xi à Confucius et notée par Zengzi, voir *Daxue zhangju*, dans *Zhuzi quanshu*, vol. 6, p. 17.

260. *Miaoli* 妙理.

以堯、舜、禹、湯、文、武、周、孔之聖,顏、曾、伋、軻之賢,而有所不能違也. 則於臣之言與夫論者之說,其爲取舍從違,不終日而决矣.

抑臣於此又竊有感而自悲焉:蓋臣之得事陛下,於今二十有七年矣,而於其間得見陛下,數不過三. 自其始見於隆興之初,固嘗輒以近習爲言矣. 辛丑再見,又嘗論之. 今歲三見,而其所言又不過此. 臣遐方下土田野之人,豈有積怨深怒於此曹而固欲攻之,以快己私也哉!其所以至於屢

261. *Tianjing diyi* 天經地義, allusion au *Zuozhuan*, 25e année du Duc Zhao 昭公, où l'expression s'applique au rituel : 夫禮, 天之經也, 地之義也, 民之行也, soit « Les grandes règles de conduite sont conformes aux règles suivies par le ciel, aux qualités naturelles de la terre, aux mouvements de l'homme. » (Traduction Séraphin Couvreur, *La Chronique de la principauté de Lòu*, éd. 1951, t. III, p. 379-380). Voir *Shisanjing zhushu*, p. 2107. Cette phrase est reprise dans le *Xiaojing* 孝經 où elle est associée à la piété filiale : 夫孝, 天之經也, 地之義也, 民之行也, soit « Le maître répond : "La Piété filiale, c'est la loi invariable du ciel, le principe fondamental de la terre, la règle de conduite du peuple." » (Traduction Roger Pinto, Confucius, éd. 1998, p. 31.) Voir *Shisanjing zhushu*, p. 2549.

262. Tang 湯, ou Cheng Tang 成湯, fondateur des Shang.

263. Yan Yuan 顏淵 (-521 à -490) ou Yan Hui 顏回, disciple favori de Confucius, célèbre pour son mode de vie frugal qui n'entamait pas sa bonne humeur.

264. Zengzi 曾子, ou maître Zeng (-505 à -436), disciple de Confucius, célèbre pour sa piété filiale. On lui attribue la rédaction du *Daxue* (*La Grande Étude*), surnommé Zongsheng 宗聖 : saint ancestral.

265. Kong Ji 孔伋 (-483 à -402), désigné ici par son prénom Ji 伋), connu sous son nom social de Zisi 子思, petit-fils de Confucius et disciple de Zengzi. On lui attribue la rédaction de plusieurs chapitres du *Liji*, parmi lesquels le « Zhongyong ».

car ils se fondent sur des principes naturels possédant « la régularité du Ciel et la justesse de la Terre[261] », dont nul ne saurait s'écarter, pas même des saints tels que les rois Yao, Shun, Tang[262], Wen, Wu, le duc Zhou et Confucius, ou des sages tels que Yan Yuan[263], Zengzi[264], Kong Ji[265] et Mencius[266]. Votre Majesté pourra décider, « avant la fin du jour[267] », de ce qu'il convient d'adopter ou de rejeter, et trancher entre les propos de son serviteur et les dires de ceux qui débattent.

Parvenu à ce point, votre humble serviteur ressent par-devers lui une certaine tristesse en pensant que cela fait à présent vingt-sept ans qu'il a le privilège d'être au service de Votre Majesté, et que pourtant, durant toute cette période, il ne l'a l'a vue qu'à trois reprises. Dès la première audience, au début de l'ère Longxing[268], il n'a pas manqué d'aborder la question des proches et des favoris, revenant une nouvelle fois sur le sujet lors de la deuxième audience, l'an *xin-chou*[269]. Cette année encore, il n'a pas parlé d'autre chose, au cours de la troisième audience de sa carrière. Quel besoin votre serviteur qui vit dans des régions reculées, à la campagne parmi les champs cultivés, aurait-il d'entretenir un quelconque ressentiment ou de la colère à l'égard de ces individus, et de

266. Mencius, ou Mengzi 孟子 (*ca* -372 à -289), élève de disciples de Zisi (Kong Ji) ; auteur du *Mengzi*.

267. *Bu zhongri* 不終日, l'image apparaît dans *Laozi* 老子, 23 : 飄風不終朝, 驟雨不終日, soit « Un grand vent ne va plus loin que le matin / Une averse on en voit la fin avant le jour. » (Traduction François Houang et Pierre Leyris, Lao-Tseu, éd. 1949, p. 64-65.)

268. L'ère Longxing (1163-1164), Zhu Xi fut reçu en audience en 1163 : voir *supra* notre présentation du texte, et « Gui-wei Chuigong zouzha 癸未垂拱奏劄 » (« Communication orale de l'année *gui-wei* salle Chuigong, 1163 »), dans *Wenji* 13, *Zhuzi quanshu*, vol. 20, p. 631-637 ; la dénonciation des flatteurs et des favoris fait l'objet de la troisième partie.

269. L'an *xin-chou* 辛丑 : 1181. Voir *supra* notre présentation du texte et « Xin-chou Yanhe zouzha 辛丑延和奏劄 » (« Communication orale de l'année *xin-chou*, salle Yanhe »), *Zhuzi quanshu,* vol. 20, p. 637-655 ; la dénonciation des proches et des favoris (*jinxi* 近習) se trouve dans la deuxième partie, p. 639-642.

進不合而不敢悔者,區區之意獨爲國家之計而不敢自爲身謀,其愚亦可見矣.

然自頃以來,歲月逾邁,如川之流,一往而不復反.不惟臣之蒼顏白髮已迫遲暮,而竊仰天顏,亦覺非昔時矣.

臣之鄙滯,固不能別有忠言奇謀以裨聖聽,而陛下日新之盛德,亦未能有以使臣釋然而忘其夙昔之憂也.則臣於此安得不深有感而重自悲乎?身伏衡茅,心馳魏闕,竊不勝其愛君憂國之誠,敢冒萬死,刳瀝肺肝,以效野人食芹炙背之獻,且以自乞其不肖之身焉.

270. Né en 1127, trois ans avant Zhu Xi, Xiaozong a soixante et un ans en 1188.

271. *Rixin* 日新, allusion à *La Grande Étude*, § 2, *Daxue zhangju*, dans *Zhuzi quanshu*, vol. 6, p. 18 ; voir note *supra*.

272. Portes de Wei (*Weique* 魏闕), désigne le palais, ou la capitale. L'image est empruntée à *Zhuangzi*, ch. « Rang wang 讓王 » (« Les Rois qui abdiquent ») : « Mon corps est ici dans l'isolement de la nature, auprès des fleuves et de la mer ; mais mon cœur reste toujours au palais de Wei. » (Traduction Liou Kia-Hway, « Tchouang-Tseu », dans *Philosophes taoïstes*, Paris, Gallimard, « Bibliothèque de la Pléiade », 1980, p. 314). Voir *Zhuzi jicheng,* vol. 3, p. 421.

273. « Manger du cresson – ou du céleri » (*shiqin* 食芹) ; « se chauffer le dos » (*zhibei* 炙背). Ces deux images inspirées du *Liezi* ont été reprises par Xi (Ji) Kang 嵇康 (223-262 ou 224-263), sous les Trois Royaumes, à la fin d'une lettre restée fameuse. Deux campagnards ignorant tout des nourritures exquises et des vêtements chauds, vantent auprès de notables, repus et choyés, l'avantage de consommer du cresson (ou céleri) et de se chauffer dos nu au soleil, après un hiver passé avec des vêtements insuffisants ; ces remarques

vouloir les attaquer par pur intérêt égoïste ? S'il n'a pas hésité, à plusieurs reprises, à exprimer sa désapprobation, c'est parce que ses idées, si bornées soient-elles, sont exclusivement tournées en faveur de l'État, et que jamais il ne se permettrait d'agir par intérêt personnel. On mesure là son imbécillité !

Pourtant depuis cette époque, les mois et les années ont passé, nous entraînant, sans espoir de retour, comme le courant d'un fleuve. Non seulement le visage flétri et les cheveux blanchis de votre serviteur le rejettent inéluctablement vers le crépuscule de la vie, mais s'étant tourné vers Votre Céleste Visage, votre serviteur a retiré l'impression qu'il n'était plus non plus le même qu'autrefois[270].

Votre serviteur, opiniâtre et borné, serait assurément incapable de proposer autre chose que ces paroles loyales à votre sainte écoute. La vertu éminente, « chaque jour renouvelée[271] », de Votre Majesté ne saurait effacer l'angoisse qui taraude jour et nuit votre serviteur ; comment celui-ci pourrait-il rester indifférent et ne pas redoubler de tristesse ? S'il vit reclus dans sa modeste chaumière, son cœur reste tourné vers les Portes de Wei[272]. Incapable, humblement, de réprimer l'amour authentique qu'il porte à son souverain, ni l'angoisse qu'il éprouve pour le pays, il est prêt à braver mille morts et à se faire arracher le foie et les entrailles, avec le même dévouement intempestif que ces esprits simples qui vantaient devant les puissants les vertus « culinaires du cresson » et le mérite de se « chauffer le dos au soleil[273] ». Pour finir, « il sollicite la mise en congé de votre mauvais sujet[274] ».

intempestives leur valurent rebuffades et avanies. *Liezi*, ch. « Yang Zhu 楊朱 », éd. *Zhuzi jicheng*, vol. 3, p. 86 ; traduction dans *Philosophes taoïstes*, *op. cit.*, p. 560-561. La lettre de Xi (Ji) Kang, « Yu Shan Juyuan juejiao shu 與山巨源絕交書 » (« Lettre de rupture avec Shan Juyuan ») est contenue dans le *Wenxuan* 文選, ch. 43, éd. Zhonghua shuju, 1977, rééd. 1990, p. 600-603. Voir Romain Graziani, Hsi Kang (223-262) « Lettre de rupture avec Shan Tao », traduction à paraître aux éditions Fata Morgana. L'édition *Zhuzi quanshu* écrit par mégarde *jiu* 灸 à la place de *zhi* 炙 ; sur la locution *zhibei* 炙背, voir *Hanyu dacidian*, vol. 7, p. 39.

274. *Qi buxiao zhi shen* 其不肖之身, allusion au *Shiji*, « Zhang Yi liezhuan ». Zhu Xi sollicite de manière euphémisée un nouveau poste de temple.

臣區區私計, 輒冒威顏, 并此陳述：臣賦性拙直, 不能随世俯仰.

故自早年即自揣度, 决是不堪從宦. 所以一向竊食祠祿, 前後九任, 豈不知有致身之義, 亦非恬無濟物之心, 寧爲退藏, 蓋以避禍. 中間稍蒙任使, 果然自速顛隮, 十年之間, 措身無所. 今者一出, 又致紛紜. 幸賴聖明, 保全終始. 增其祿秩, 使足以一免於飢寒；進其官資, 使足以延於嗣息. 此皆已非臣平生意望所及. 天地之恩, 不啻厚矣.

275. *Cilu* 祠祿, poste honorifique accordé à des fonctionnaires mis à la retraire ou en délicatesse avec le pouvoir, voir *supra* notre présentation du texte.

276. « Se dépenser de tout son corps » (*zhishen* 致身), allusion au *Lunyu*, I, 7 : 子夏曰 : 賢賢易色, 事父母能竭其力, 事君能致其身, 與朋友交, 言而有信, 雖曰未學, 吾必謂之學矣, soit « Zixia dit : Un homme qui, à la compagnie des femmes, préfère celle des sages, qui se dévoue tout entier à son père et à sa mère, qui met sa vie au service de son prince, qui avec ses amis tient toujours parole, je dis que cet homme-là, même s'il manque d'"instruction", a vraiment "étudié". » (Traduction Anne Cheng, éd. 1998, p. 30), *Lunyu jizhu*, dans *Zhuzi quanshu*, vol. 6, p. 70 ; *Sishu zhangju jizhu*, p. 50.

277. *Jiwu* 濟物, le terme apparaît dans la lettre de Xi Kang, *cf.* note *supra*.

278. *Tuicang* 退藏, abréviation pour « Prendre du champ et se replier en des lieux secrets » (*tuicang yumi* 退藏於密), voir *Yijing*, « Xici, shang » : 聖人以此洗心, 退藏於密, 吉凶與民同患, soit « L'homme saint s'en sert [de la divination] pour purifier son cœur, il se retire dans le secret. Il subit comme les hommes les présages heureux ou malheureux. » (Traduction Paul-Louis-Félix Philastre, éd. 2006, § 1198, p. 811.) Autre traduction : « Les hommes Sages en cela / purifient leur cœur / se retirent dans ce qui est secret / sont également affligés par le bonheur ou le malheur des hommes. » (Michel Vinogradoff, éd. 2000, p. 305). Voir *Shisanjing zhushu*, p. 81.

Votre serviteur souhaiterait ici pouvoir exposer ses calculs égoïstes et mesquins, qui constituent autant d'offenses à Votre Auguste Visage. Doté d'un caractère direct et maladroit, votre serviteur est incapable de s'adapter et de se plier à son époque.

614 C'est pourquoi il a estimé depuis de longues années déjà qu'il n'avait aucunement l'étoffe pour embrasser la carrière officielle. S'il a longtemps volé sa nourriture en bénéficiant d'appointements de sacrifice[275], occupant tour à tour neuf postes de temple, il n'ignore pas que le fait de « se dépenser de tout son corps » au service du souverain[276] représente un devoir. Son cœur n'est pas dépourvu de la volonté de « porter secours aux êtres[277] » ; s'il a préféré « prendre du champ et se replier[278] », c'est sans doute afin d'échapper au malheur. Au cours de cette période, il a également bénéficié, par intermittence, de fonctions officielles où il n'a pas manqué de rapidement trébucher. Durant la dizaine d'années où il a été en poste, il s'est souvent trouvé exposé, sans un lieu pour se mettre à l'abri. Aujourd'hui, à peine en est-il sorti, que cela provoque de nouveaux remous[279]. Grâce à vos saintes lumières, votre serviteur, par bonheur, a toujours été épargné. Non seulement ses émoluments ont été augmentés, ce qui lui évite de subir la faim et le froid, mais il a également bénéficié d'une promotion qui profitera à sa descendance. Autant de bienfaits qui vont loin au-delà de ce que votre serviteur n'eût jamais osé espérer. La bonté manifestée par le ciel et la terre n'eût pas été plus grande.

279. Allusion aux attaques de Lin Li (Lin Huangzhong) contre Zhu Xi au cours de l'été 1188, voir *supra* notre présentation. Débat résumé par Zhu Xi dans « Ji Lin Huangzhong bian Yi Ximing 記林黃中辨易西銘 » (« Notes sur la discussion avec Lin Huangzhong à propos des *Mutations* et de l'"Inscription de l'Ouest", 1188 »), *Wenji* 71, *Zhuzi quanshu*, vol. 24, p. 3406-3410.

今者奏疏，止爲感激陛下虛心屈己容受狂言，故竭平日憂國之誠，以畢前日願忠之意．所冀上有補於聖明，下無負於所學而已，非敢變其初心，而復有進爲之望也．

若蒙聖慈詳賜觀覽，循其本末，次第施行，使臣之言卓然實有可見之效，則臣不待違心犯患以污周行，而其榮遇，已不在諸臣之後矣．

如其謬妄，無可施行，則投閑置散，乃分之宜，雖欲借之恩私，適足增其慚懼，决非臣之所敢當也．

竊恐陛下見其所論懇切，誤謂尚堪使令，故復具奏，伏乞聖察．

280. *Chuxin* 初心 désigne dans la terminologie bouddhique les premiers vœux.

281. *Zhouhang* 周行, allusion au *Shijing*, section « Xiaoya », poème n° 161, « Luming 鹿鳴 » (« Les cerfs brament ») : 呦呦鹿鳴, 食野之苹. 我有嘉賓, 鼓瑟吹笙. 吹笙鼓簧, 承筐是將. 人之好我, 示我周行, soit « Les cerfs brament de concert et broutent le cresson dans la plaine. J'ai d'excellents convives ; pour eux on touche le luth, on joue de la flûte. On joue de la flûte, toutes les lamelles retentissent. Des corbeilles pleines de présents sont offertes aux convives. Ils m'aiment. Ils m'enseigneront la grande voie (les principes de la sagesse). » (Traduction Séraphin Couvreur, *Cheu king*, éd. 1992, p. 174.) Autre traduction des deux derniers vers : *The men love me, and will show me the perfect path*. (James Legge, *The Shoo King*, éd. 1994, p. 245.) Voir *Shisanjing zhushu*, p. 405. Dans son commentaire, Zhu Xi glose le terme *Zhouhang* par « Grande Voie » (大道) ; voir *Shijizhuan*, dans *Zhuzi quanshu*, vol. 1, p. 543. Dans un autre poème du *Shijing*, le terme

Le présent mémoire se veut une manifestation de reconnaissance envers Votre Majesté qui a su condescendre à prêter l'oreille aux extravagances de son serviteur. Celui-ci n'a d'autre propos que d'exprimer toute la sincérité de celui qui, en temps de paix, s'angoisse pour son pays, et désire depuis toujours prouver sa loyauté. Il espère simplement pouvoir contribuer, au-dessus de lui, à vos saintes lumières et, en dessous, à se montrer digne de ce qu'il a appris. Il ne se permettrait pas de renier son intention première[280] ni de nourrir de nouvelles ambitions de carrière.

Si Votre Majesté daignait dans sa bonté parcourir attentivement ce mémoire et le suivre dans ses développements, en le mettant méthodiquement en œuvre, de sorte que les propos de votre serviteur trouvent des résultats visibles et éclatants, celui-ci n'aurait plus besoin d'aller contre son cœur et de s'attirer des ennuis en venant souiller « le chemin parfait[281] ». L'honneur qui lui serait fait ne serait pas moindre que pour les autres fonctionnaires.

Si, au contraire, ses propos étaient jugés absurdes et extravagants ou irréalisables, il faudrait alors le cantonner dans une sinécure, seul lot qui lui conviendrait. Il ne souhaite en aucun cas bénéficier de faveurs indues, ce qui ne ferait qu'accroître sa gêne panique.

Craignant, humblement, que Votre Majesté, considérant la sincérité de son propos, estime à tort que son serviteur est encore digne d'être chargé d'une mission, il réitère son propos, implorant, prosterné, votre saint examen.

Zhouhang est pris dans un sens plus concret, voir section « Xiaoya », poème n° 203, « Dadong 大東 » : 小東大東, 杼柚其空. 糾糾葛屨, 可以履霜. 佻佻公子, 行彼周行. 既往既來, 使我心, soit (§ 2) « Dans les principautés orientales, petites ou grandes, la navette et l'ensouple sont inoccupés. Les habitants sont réduits à fouler les frimas avec des souliers d'été faits de brins de dolics tordus ensemble. Les fils délicats des grands dignitaires parcourent à pied la route de la capitale. Quand je les vois aller et venir ainsi, mon cœur est saisi de douleur. » (Traduction Séraphin Couvreur, *Cheu king*, éd. 1992, p. 264). Voir *Shisanjing zhushu*, p. 460-461. Dans son commentaire, Zhu Xi glose *Zhouhang* par « Grande route » (大路), voir *Shijizhuan*, dans *Zhuzi quanshu*, vol. 1, p. 613.

伏惟陛下哀憐財赦而擇其中, 則非獨愚臣之幸, 實宗社生靈之幸.

臣之所論, 雖爲一時之弊, 然其規畫, 實皆治體之要, 可以傳之久遠而無窮. 蓋前聖後聖, 其時雖異, 而其爲道未嘗不同. 此臣之言所以非徒有望於今日, 而又將有望於後來也. 疏遠賤微, 言不敢盡. 伏惟聖慈, 憐臣愚忠, 赦其萬死, 或因皇太子參決之際, 特賜宣示, 千萬幸甚.

臣熹誠惶誠恐, 昧死再拜謹言.

Prosterné, votre serviteur espère que Votre Majesté l'épargnera, par égard pour ses qualités, et qu'elle saura choisir. Ce serait non seulement un bonheur pour votre serviteur, mais ce serait un bonheur pour le pays et pour tous les vivants.

> Les propos de votre serviteur ont beau porter sur les travers du moment, les plans qu'il propose touchent en réalité aux aspects fondamentaux de la structure du gouvernement[282] et pourront se transmettre à jamais. Les saints du passé ont beau avoir vécu à des époques différentes, leur manière de pratiquer la Voie reste la même ; voilà pourquoi les propos de votre serviteur ne visent pas seulement le présent, mais sont aussi tournés vers l'avenir. Son éloignement et la modestie de son rang font qu'il n'est pas allé totalement au terme de son propos. Prosterné, Votre serviteur espère que Votre Majesté, par égard pour sa sotte loyauté, l'épargnera des dix mille morts qu'il mérite. Ce serait également un immense mérite pour votre serviteur si Votre Majesté daignait communiquer ce mémoire au prince héritier à l'occasion de sa « participation aux décisions[283] ».

En proie à un authentique effroi, votre serviteur, Xi[284], renouvelle ses salutations, et soumet, par une témérité digne de mort, ces déférents propos.

282. *Zhiti* 治體, on trouve ce terme sous les Han, chez Jia Yi, dans son *Xinshu*.

283. *Canjue* 參决 : le terme officiel apparaît dans le *Songshi*.

284. Le signataire se désigne simplement par son prénom.

ANNEXE 1

*Liste des mémoires scellés
et des communications orales adressés par Zhu Xi
aux empereurs Xiaozong, Guangzong et Ningzong*

I. **Ren-wu yingzhao fengshi** 壬午應詔封事 (« Mémoire scellé adressé à Xiaozong 孝宗 en réponse à un édit impérial, l'année *ren-wu*, 7e jour du 8e mois de la 32e année *Shaoxing* 紹興 : 16 septembre 1162), *Wenji* 11, *Zhuzi quanshu*, vol. 20, p. 569-580.

II. **Gui-wei Chuigong zouzha** 癸未垂拱奏劄 (Communication en trois parties, prononcée devant Xiaozong 孝宗 salle Chuigong, l'année *gui-wei*, 16e jour du 11e mois de la 1ère année *Longxing* 隆興 : 3 décembre 1163), *Wenji* 13, *Zhuzi quanshu*, vol. 20, p. 631-637.

III. **Geng-zi yingzhao fengshi** 庚子應詔封事 (Mémoire scellé adressé à Xiaozong 孝宗 en réponse à un édit impérial, l'année *geng-zi*, 21e jour du 4e mois de la 7e année *Chunxi* 淳熙 : 17 mai 1180), *Wenji* 11, *Zhuzi quanshu*, vol. 20, p. 580-588.

IV. **Xin-chou Yanhe zouzha** 辛丑延和奏劄 (Communication en sept parties, prononcée devant Xiaozong 孝宗 salle Yanhe, l'année *xin-chou*, 26e jour du 11e mois de la 8e année *Chunxi* 淳熙 : 2 janvier 1182), *Wenji* 13, *Zhuzi quanshu*, vol. 20, p. 637-655.

V. **Wu-shen Yanhe zouzha** 戊申延和奏箚 (Communication en cinq parties, prononcée devant Xiaozong 孝宗 salle Yanhe, l'année *wu-shen*, 7e jour du 6e mois de la 15e année *Chunxi* 淳熙 : 3 juillet 1188), *Wenji* 14, *Zhuzi quanshu*, vol. 20, p. 656-664.

VI. **Wu-shen fengshi** 戊申封事 (Mémoire scellé adressé à Xiaozong 孝宗 l'année *wu-shen*, 1er jour du 11e mois de la 15e année *Chunxi* 淳熙 : 20 novembre 1188), *Wenji* 11, *Zhuzi quanshu*, vol. 20, p. 589-614.

VII. **Ji-you nishang fengshi** 己酉擬上封事 (Projet de mémoire scellé destiné à Guangzong 光宗, l'année *ji-you*, 1189), *Wenji* 12, *Zhuzi quanshu*, vol. 20, p. 617-626.

VIII. **Jia-yin nishang fengshi** 甲寅擬上封事 (Projet de mémoire scellé destiné à Guangzong 光宗, l'année *jia-yin*, 26e jour du 5e mois de la 5e année *Shaoxi* 紹熙 : 16 juin 1194), *Wenji* 12, *Zhuzi quanshu*, vol. 20, p. 626-630.

IX. **Jia-yin xinggong biandian zouzha** 甲寅行宮便殿奏箚 (Communication en cinq parties prononcée devant Ningzong 寧宗 dans le palais de déplacement, l'année *jia-yin*, 4e jour du 10e mois de la 5e année *Shaoxi* 紹熙 : 19 octobre 1194), *Wenji* 14, *Zhuzi quanshu*, vol. 20, p. 665-674.

X. **Jingyan jiangyi** 經筵講義 (Conférences sur la *Grande Étude* prononcées devant Ningzong 寧宗, 14e, 18e, 23e jours du 10e mois et 1er, 3e, 4e, 19e jours du 10e mois intercalaire de la 5e année *Shaoxi* 紹熙 : 29 octobre, 2, 7, 15, 17, 18 novembre, 3 décembre 1194), *Wenji* 15, *Zhuzi quanshu*, vol. 20, p. 691-713.

XI. **Jingyan liushen mianchen sishi zhazi** 經筵面陳留身四事箚子 (Communication en quatre points prononcée devant Ningzong 寧宗 à l'issue des leçons sur la *Grande Étude*, 19e jour du 10e mois intercalaire de la 5e année *Shaoxi* 紹熙 : 3 décembre 1194), *Wenji* 14, *Zhuzi quanshu*, vol. 20, p. 678-684.

XII. **Yi-mao nishang fengshi** 乙卯擬上封事 (Projet de mémoire scellé destiné à Ningzong 寧宗, l'année *yi-mao* : 1195, 1ère année *Qingyuan* 慶元), *Wenji* 12, *Zhuzi quanshu*, vol. 20, p. 630 (texte détruit, seul le titre est mentionné dans les *Œuvres complètes* de Zhu Xi).

ANNEXE 2

Liste des principaux noms de personnes

Aristote (384-322 avant notre ère)
Averroès (1126-1198)
Chen Liang 陳亮 (1143-1194)
Cheng Hao 程顥 (1032-1085)
Cheng Yi 程頤 (1033-1107)
Confucius (Kong Qiu 孔丘 ou Kongzi 孔子, (551-479 avant notre ère)
Gan Bian 甘昪 (contemporain de Gaozong et Xiaozong)
Gaozong 高宗 (Zhao Gou 趙構, 1107-1187)
Guangzong 光宗 (Zhao Dun 趙惇, 1147-1200)
Han Tuozhou 韓侂冑 (mort en 1207)
Hu Hong 胡宏 (Wufeng 五峰, 1106-1161)
Huang Gan 黃榦 (1152-1221)
Huizong 徽宗 (Zhao Ji 趙佶, 1082-1135, règne 1100-1126)
Kant, Emmanuel (1724-1804)
Laozi老子 (*ca*. 604-531 avant notre ère)
Li Tong 李侗 (Li Yanping 李延平, 1093-1163)
Long Dayuan 龍大淵 (mort en 1168)
Lu Jiushao 陸九韶 (1128-1205)
Lu Jiuyuan 陸九淵 (1139-1193)
Luther (1483-1546)
Lü Zuqian 呂祖謙 (1137-1181)
Maïmonide (1135-1204)
Mencius (Meng Ke 孟軻 ou Mengzi 孟子, *ca* -372 à -289)
Ningzong 寧宗 (Zhao Kuo 趙括, 1168-1224)

Ouyang Xiu 歐陽修 (1007-1072)
Qin Hui 秦檜 (1090-1155)
Qinzong 欽宗 (Zhao Huan 趙桓, 1100-1161, règne 1126-1127)
Rachi (1040-1105)
Renzong 仁宗 (Zhao Zhen 趙禎, 1010-1063, règne 1022-1063)
Shao Yong 邵雍 (1012-1077)
Shenzong 神宗 (Zhao Xu 趙 頊, 1048-1085, règne 1067-1085)
Sima Guang 司馬光 (1019-1086)
Thomas d'Aquin, saint (1225-1274)
Wanyan Liang 完顏亮 (règne 1149-1161)
Wang Anshi 王安石 (1021-1086)
Wang Huai 王淮 (1127-1190)
Xiaozong 孝宗 (Zhao Shen 趙昚, 1127-1194)
Ye Shi 葉適 (1150-1223)
Zeng Di 曾覿 (1109-1180)
Zhang Jun 張浚 (1096-1164)
Zhang Shi 張栻 (Nanxuan 南軒, 1133-1180)
Zhang Zai 張載 (1020-1077)
Zhao Ruyu 趙汝愚 (1140-1196)
Zhou Bida 周必大 (1126-1204)
Zhou Dunyi 周敦頤 (1017-1073)
Zhuge Liang 諸葛亮 (181-234)

BIBLIOGRAPHIE[1]

1. Sources en chinois

CHEN, Chun 陳淳, *Beixi ziyi* 北溪字義 (*Explication de termes par Beixi* [Chen Chun]), Pékin, Zhonghua shuju 中華書局, 1983 ; rééd. 2009.

CHENG, Hao 程顥, CHENG Yi 程頤, *Er Cheng ji* 二程集 (*Œuvres des frères Cheng*), édité par Wang Xiaoyu 王孝魚, Shanghai, Shanghai guji 上海古籍, 1981, 4 volumes ; rééd. 2004, 2 volumes.

GUO, Qi 郭齊, YIN, Bo 尹波 (éds), *Zhu Xi ji* 朱熹集 (*Œuvres de Zhu Xi*), Chengdu, Sichuan jiaoyu 四川教育, 10 vol., 1996 ; rééd. 1997.

HU, Hong 胡宏, *Hu Hong ji* 胡宏集 (*Œuvres de Hu Hong*), édité par Wu Renhua 吳仁華, Pékin, Zhonhua shuju 中華書局, 1987 ; rééd. 2009.

LU, Jiuyuan 陸九淵, *Lu Jiuyuan ji* 陸九淵集 (*Œuvres de Lu Jiuyuan*), édité par Zhong Zhe, Pékin, Zhonghua shuju 中華書局, 1980 ; rééd. 2008.

LÜ, Zuqian 呂祖謙, *Lü Zuqian quanji* 呂祖謙全集 (*Œuvres complètes de Lü Zuqian*), édité par Huang Linggeng 黃靈庚 et Wu Zhanlei 吳戰壘, Hangzhou, Zhejiang guji 浙江古籍, 2008.

1. Une bibliographie plus complète figure dans Zhu Xi, Lu Jiuyuan, *Une controverse lettrée. Correspondance philosophique sur le* Taiji, Paris, Les Belles Lettres, 2012, p. 145-165.

RUAN, Yuan 阮元, *Shisanjing zhushu* 十三經注疏 (*Les Treize Classiques*, avec commentaires et sous-commentaires), fac-similé, Pékin, Zhonghua shuju 中華書局, 1980. [Inclut les treize ouvrages suivants : *Zhouyi* 周易 (*Yijing* 易經) ; *Shangshu* 尚書 (*Shujing* 書經) ; *Maoshi* 毛詩 (*Shijing* 詩經) ; *Zhouli* 周禮 ; *Yili* 儀禮 ; *Liji* 禮記 ; *Chunqiu Zuozhuan* 春秋左傳 ; *Chunqiu Guliangzhuan* 春秋穀梁傳 ; *Chunqiu Gongyangzhuan* 春秋公羊傳 ; *Lunyu* 論語 ; *Xiaojing* 孝經 ; *Erya* 爾雅 ; *Mengzi* 孟子.]

SHAO, Yong 邵雍, *Shao Yong ji* 邵雍集 (*Œuvres de Shao Yong*), édité par Guo Yu 郭彧, Pékin, Zhonghua shuju 中華書局, 2010.

TAN, Qixiang 譚其驤 (éd.), *Zhongguo lishi ditu ji* 中國歷史地圖集 (*The Historical Atlas of China*), vol. 6, « Song, Liao, Jin shiqi, 宋, 遼, 金時期 » (« The Liao Dynasty and Northern Song Dynasty Period » ; « The Jin Dynasty and Southern Song Period »), Pékin, China Cartographic Publishing House 中國地圖出版社, 1982 ; rééd. 1996.

Tuotuo 脫脫, *Songshi* 宋史 (*L'Histoire des Song*), Pékin, Zhonghua shuju 中華書局, 1977.

WANG, Ruiming 王瑞明, ZHANG, Quanming 張全明, *Zhu Xi ji daodu*, 朱熹集導讀 (*Guide pour la lecture des* Œuvres de Zhu Xi), Chengdu, Ba Shu shushe 巴蜀書社, 1992.

YANG, Qing 楊青, YE, Changxu 葉昌序, QUAN, Qiu 全球, *Zhu Xi shici xuanzhu*, 朱熹詩詞選注 (*Anthologie annotée des poèmes de Zhu Xi*), Fuzhou, Fujian jiaoyu 福建教育, 1993.

ZHANG, Shi 張栻, *Zhang Shi quanji* 張栻全集 (*Œuvres complètes de Zhang Shi*), édité par Yang Shiwen 楊世文 et Wang Ronggui 王蓉貴, Changchun, Changchun chubanshe 長春出版社, 1999, 4 volumes.

ZHANG, Zai 張載, *Zhang Zai ji* 張載集 (*Œuvres de Zhang Zai*), éditées par Zhang Xichen 張錫琛, Pékin, Zhonghua shuju 中華書局, 1978 ; rééd. 2008.

ZHOU, Dunyi 周敦頤, *Zhou Dunyi ji* 周敦頤集 (*Œuvres

de Zhou Dunyi), édité par Chen Keming 陳克明, Pékin, Zhonghua shuju 中華書局, 1990 ; rééd. 2010.

ZHU, Jieren 朱傑人, YAN Zuozhi 嚴佐之, LIU Yongxiang 劉永翔 (éds), *Zhuzi quanshu* 朱子全書, (*Œuvres complètes de maître Zhu*), 27 volumes, Shanghai, Shanghai guji 上海古籍, Anhui jiaoyu 安徽教育, 2002 ; rééd. 2010.

ZHU, Jieren 朱傑人, YAN, Zuozhi 嚴佐之, LIU, Yongxiang 劉永翔, *Zhuzi quanshu, waibian* 朱子全書, 外編 (*Complément aux* Œuvres complètes de maître Zhu), 4 volumes, Shanghai, Huadong shifan daxue 華東師範大學, 2010.

ZHU, Xi, *Œuvres complètes* : voir ZHU, Jieren *et al.*

ZHU, Xi 朱熹, *Zhuzi yulei xuanzhu* 朱子語類選注 (*Anthologie annotée des* Propos classés de maître Zhu), édité par Long Wenling 龍文玲 *et al.,* Guilin, Guangxi shifan daxue 廣西師範大學, 1998. [Inclut les chapitres 104, 108-121 et 127-128, annotés, des *Zhuzi yulei* 朱子語類.]

ZHU, Xi 朱熹, *Zhuzi yulei* 朱子語類 (*Propos classés de maître Zhu*), édité par Li Jingde 李靖德, Pékin, Zhonghua shuju 中華書局, 1994 ; rééd. 1999, 8 volumes.

ZHU, Xi 朱熹, *Sishu zhangju jizhu* 四書章句集注 (*Commentaires réunis sur* Les Quatre Livres, annotés par paragraphes et par phrases), Pékin, Zhonghua shuju 中華書局, 1983 ; rééd. 2005. [Également dans *Zhuzi quanshu* 朱子全書, vol. 6, p. 1-497.]

2. Sources chinoises traduites en langues occidentales

CHAN, Wing-tsit [Chen Rongjie] (traduction, introduction et notes), *Reflections on Things at Hand. The Neo-Confucian Anthology*, compiled by Chu Hsi and Lü Tsu-Ch'ien, New York, Columbia University Press, 1967. [Traduction du *Jinsilu* 近思錄 de Zhu Xi 朱熹 et Lü Zuqian 呂祖謙.]

CHAN, Wing-tsit [Chen Rongjie] (traduction, introduction et notes), *Neo-Confucian Terms explained (The Pei-hsi tzu-i) by Chen Ch'un, 1159-1223)*, New York, Columbia University Press, 1986. [Traduction du *Beixi ziyi* 北溪字義 de Chen Chun 陳淳.]

CHANG, Tsai [Zhang Zai], *Rechtes Auflichten*, traduit, présenté et annoté par Michael Friedrich, Michael Lackner et Friedrich Reimann, Hambourg, Felix Meiner Verlag, 1996. [Traduction du *Zhengmeng* 正蒙 de Zhang Zai 張載.]

CHENG, Anne (traduction, introduction et notes), *Les Entretiens de Confucius*, Paris, Seuil, 1998. [Traduction et présentation du *Lunyu* 論語.]

CHOW, Yih-Ching (周毅卿), *La Philosophie morale dans le néo-confucianisme (Tcheou Tuen-yi)* [Zhou Dunyi], préface Paul Demiéville, Paris, Puf, 1954. [Traduction du *Taijitu shuo* 太極圖說 et du *Tongshu* 通書 de Zhou Dunyi 周敦頤, avec les commentaires de Zhu Xi 朱熹.]

CHU, Hsi [Zhu Xi], *Further Reflections on Things at Hand: A Reader*, traduit et commenté par Allen Wittenborn, Lanham, Maryland, London, University Press of America, 1991. [Traduction du *Xu Jinsilu* 續近思錄 de Zhang Boxing 張伯行.]

CONFUCIUS, *Le Livre de la piété filiale*, traduit par Roger Pinto, Seuil, 1998. [Traduction du *Xiaojing* 孝經.]

COUVREUR, Séraphin (traduction), *Mémoires sur les bienséances et les cérémonies*. Li Ki (*Liji* 禮記), Ho Kien Fou, Imprimerie de la Mission catholique, 1913 ; rééd. Cathasia, 1950, 4 volumes.

COUVREUR, Séraphin (traduction), *Cérémonial* (*Yili* 儀禮), Hsien Hsien, Mission catholique, 1916 ; rééd. Cathasia, 1951.

COUVREUR, Séraphin (traduction), *La Chronique de la principauté de Lòu*, Tch'ouen Ts'iu et Tso Tchouan (*Chunqiu* et *Zuozhuan* 春秋左傳), rééd. Paris, Cathasia, 1951, 3 volumes.

COUVREUR, Séraphin (traduction), *Les Quatre Livres* (*Sishu* 四書), Ho Kien Fou, 1895 ; Taipei, Kuangchi Press, 1972 ; rééd. 1992 [Traduction du *Daxue* 大學, du *Zhongyong* 中庸, du *Lunyu* 論語 et du *Mengzi* 孟子.]

COUVREUR, Séraphin (traduction), *Cheu king* (1896), Taipei, Kuangchi Press, 1967 ; rééd. 1992. [Traduction du *Shijing* 詩經.]

COUVREUR, Séraphin (traduction), *Les Annales de la Chine. Chou king* (*Shujing* ou *Shangshu* 書經 ou 尚書), rééd. Paris, You Feng, libraire éditeur, 1999.

GARDNER, Daniel K. (traduction), *Chu Hsi: Learning to Be a Sage. Selections from the Conversations of Master Chu, Arranged Topically*, Berkeley, University of California Press, 1988. [Traductions d'extraits du *Zhuzi yulei* 朱子語類 sur l'éducation et le perfectionnement.]

GARDNER, Daniel K. (traduction), *Zhu Xi's Reading of the Analects: Canon, Commentary, and the Classical Tradition*, New York, Columbia University Press, 1988. [Traductions d'extraits du *Zhuzi yulei* 朱子語類 sur le *Lunyu* 論語]

GERNET, Jacques, *La Raison des choses. Essai sur la philosophie de Wang Fuzhi (1619-1692),* Paris, Gallimard, « Bibliothèque des idées », 2005. [Inclut de nombreux extraits de textes de Wang Fuzhi 王夫之, présentation bilingue.]

HU, Hong [胡宏], *Worte kennen* (*Zhi yan* 知言), traduit et présenté par Hans Van Ess, Frankfurt am Main, Verlag der Weltreligionen, 2009.

JAVARY, Cyrille, FAURE, Pierre (traduction et commentaires), *Yi Jing. Le Livre des Changements*, Paris, Albin Michel, 2002. [Traduction du *Yijing* 易經.]

JULLIEN, François (traduction, introduction et commentaire), *Zhong Yong ou la régulation à usage ordinaire*, Paris, Imprimerie nationale, 1993. [Traduction du *Zhongyong* 中庸.]

LAO-TSEU, *La Voie et sa vertu. Tao-tê-king*, traduit par François Houang et Pierre Leyris, Paris, Seuil, 1949 ; rééd. 1979 et 2003. [Traduction du *Daodejing* 道德經 de Laozi 老子.]

LE BLANC, Charles, MATHIEU, Rémi (traduction, notices et notes), *Philosophes confucianistes*, Paris, Gallimard, « Bibliothèque de la Pléiade », 2009. [Traduction du *Lunyu* 論語, *Mengzi* 孟子, *Daxue* 大學, *Zhongyong* 中庸, *Xiaojing* 孝經 et *Xunzi* 荀子.]

LE GALL, Stanislas (traduction), *Le Philosophe Tchou Hi, sa doctrine, son influence, Shanghai,* Shanghai, Mission catholique, « Variétés sinologiques », 1894 ; 2e éd. 1923 ; rééd. Kraus Reprint, Nendeln, Liechtenstein, 1975. [Traduction des deux premiers chapitres du *Zhuzi yulei* 朱子語類.]

LEGGE, James (traduction), *The Four Books. The Confucian Analects, The Great Learning. The Doctrine of the Mean, and the Works of Mencius* (1865), rééd. Taipei, Culture Book Co. (*Wenhua tushu gongsi* 文化圖書公司), 1975. [Traduction du *Lunyu* 論語, du *Daxue* 大學, du *Zhongyong* 中庸 et du *Mengzi* 孟子.]

LEGGE, James (traduction), *The Chinese Classics*, vol. I : *The Confucian Analects. The Great Learning. The Doctrine of the Mean*, (1865) ; rééd. Taipei, SMC Publishing inc. (*Nantian chubanshe* 南天出版社), 1994. [Traduction du *Lunyu* 論語, du *Daxue* 大學 et du *Zhongyong* 中庸.]

LEGGE, James (traduction), *The Chinese Classics*, vol. III : *The Shoo King, or The Books of Historical Documents*, (1865) ; rééd. Taipei, rééd. SMC Publishing inc. (*Nantian chubanshe* 南天出版社), 1994. [Traduction du *Shangshu* 尚書.]

LEGGE, James (traduction), *The Chinese Classics*, vol. IV : *The She king, or the Book of Poetry Analects* (1865) ; rééd. Taipei, SMC Publishing inc. (*Nantian chubanshe* 南天出版社), 1994., [Traduction du 詩經.]

LEGGE, James (traduction), *The Chinese Classics*, vol. V : *The Ch'un Ts'ew with the Tzo chuen* (1865) ; rééd. Taipei, SMC Publishing inc. (*Nantian chubanshe* 南天出版社), 1994, [Traduction du 春秋, 左傳.]

LÉVY, André (traduction), *Les Entretiens de Confucius et de ses disciples,* Paris, GF-Flammarion, 1994. [Traduction du *Lunyu* 論語.]

MATHIEU, Rémi : voir LE BLANC, Charles.

OMMERBORN, Wolgang (traduction), *Jinsilu, Aufzeichnungen des Nachdenkens über Naheliegendes*, Frankfurt am Main, Verlag der Weltreligionen, 2008. [Traduction du *Jinsilu* 近思錄 de Zhu Xi 朱熹 et Lü Zuqian 呂祖謙.]

PIMPANEAU, Jacques (traduction), *Anthologie de la littérature chinoise classique*, Arles, Philippe Picquier, 2004.

PAUTHIER, G. (traduction), *Le Ta Hio [Daxue] ou La Grande Étude de Khoung-fou-Tseu (Confucius) et de son disciple Thsêng-Tseu* [Zengzi 曾子], Paris, Firmin Didot, 1837. [Traduction du *Daxue* 大學.]

PHILASTRE, Paul-Louis-Félix (traduction), *Le Yi king*, présenté par François Jullien, Paris, Zulma, 1992, rééd. 2006. [Traduction du *Yijing* 易經 avec ses principaux commentaires.]

RYCKMANS, Pierre (traduction), *Les Entretiens de Confucius*, Paris, Gallimard, 1987 ; rééd. 1994. [Traduction du *Lunyu* 論語.]

TSENG-TSEU [Zengzi 曾子], *La Grande Étude, avec le commentaire de Tchou Hi* [Zhu Xi]*,* traduit par Martine Hasse, Paris, Cerf, 1984. [Traduction du *Daxue* 大學.]

VINOGRADOFF, Michel (traduction et notices), *Dans le Yi Jing à tire-d'aile. Les Commentaires du Yi Jing*, Paris, Guy Trédaniel, 2000 (Traduction des commentaires *Xici* 繫辭, *Shuogua* 說卦, *Xugua* 序卦, *Wenyan* 文言.)

ZHANG, Zai : voir CHANG, Tsai.

ZHU, Xi, LU, Jiuyuan, *Une controverse lettrée. Correspondance philosophique sur le* Taiji 朱陸太極之辯, texte bilingue,

présenté, traduit et annoté par Roger Darrobers et Guillaume Dutournier, Paris, Les Belles Lettres, 2012.
ZHU, Xi, LÜ, Zuqian, *Jinsilu* : voir CHAN, Wing-tsit ; OMMERBORN, Wolfgang. Voir aussi CHU, Hsi.

3. Études en chinois

CHAN, Wing-tsit : voir CHEN, Rongjie

CHEN, Lai 陳來, *Zhuzi zhexue yanjiu* 朱子哲學研究 (*Recherches sur la philosophie de maître Zhu*), Shanghai, Huadong shifan daxue 華東師範大學, 2000.

CHEN, Lai 陳來, *Song Ming lixue* 宋明理學 (*Le Néoconfucianisme des Song et des Ming*), Shanghai, Huadong shifan daxue 華東師範大學, 2000.

CHEN, Lai 陳來, *Zhuzi shuxin biannian kaozheng* 朱子書信編年考證 (*Lettres de maître Zhu classées chronologiquement*), Shanghai, Shanghai renmin 上海人民, 1989 ; rééd. Pékin, Sanlian shudian 三聯書店, 2011.

CHEN, Lai 陳來, ZHU, Jieren 朱傑人 (dir.), *Renwen yu jiazhi. Zhuzixue guoji xueshu yantaohui ji Zhuzi danchen 880 zhounian jinianhui lunwenji*, 人文與價值. 朱子學國際學術研討會暨朱子誕辰880週年紀念會論文集 (*Humanités et valeurs. Recueil d'articles du colloque international sur maître Zhu et à l'occasion des célébrations du 880*[e] *anniversaire de la naissance de Zhu Xi* [octobre 2010]), Shanghai, Huadong shifan daxue 華東師範大學, 2011.

CHEN, Rongjie 陳榮捷 [Wing-tsit Chan], *Ruxue lunji* 儒學論集 (*Études sur le confucianisme*), Taipei, Xuesheng shuju 學生書局, 1982 ; rééd. 1988.

CHEN, Rongjie 陳榮捷 [Wing-tsit Chan], *Zhuzi xin tansuo* 朱子新探索 (*Nouvelles recherches sur maître Zhu*), Taipei 台北, Xuesheng shuju 學生書局, 1988.

CHEN, Rongjie 陳榮捷 [Wing-tsit Chan], *Xin ruxue lunji* 儒

學論集 (*Nouvelles études sur le confucianisme*), Taipei, Zhongyang yanzhesuo 中央研哲所, 1995.

DUH, Bau-Ruei [Du Baorui] 杜保瑞, *Nan Song ruxue* 南宋儒學 (*Le Confucianisme des Song du Sud*), Taipei, Shangwu yinshuguan 商務印書館, 2010.

HE, Zhongli 何忠禮, XU Jijun 徐吉軍, *Nan Song shigao* 南宋史稿 (*Essai sur l'histoire des Song du Sud*), Hangzhou, Zhejiang daxue 浙江大學, 1999.

HE, Zhongli 何忠禮, *Songdai zhengzhishi* 宋代政治史 (*Histoire politique de la dynastie Song*), Hangzhou, Zhejiang daxue 浙江大學, 2007.

HE, Zhongli 何忠禮, *Nan Song quanshi* 南宋全史 (*Histoire intégrale des Song du Sud*), vol. 1 et 2, Shanghai, Shanghai guji 上海古籍, 2011.

HU, Yingjian 胡迎建, *Zhu Xi shici yanjiu* 朱熹詩詞研究 (*Recherches sur la poésie de Zhu Xi*), Guangzhou, Zhongshan daxue 中山大學, 2011.

MIAO, Shumei 苗書梅, GE Jinfang 葛金芳 *et al.*, *Nan Song quanshi* 南宋全史 (*Histoire intégrale des Song du Sud*), vol. 3 et 4, Shanghai, Shanghai guji 上海古籍, 2012.

PENG, Yongjie 彭永捷, *Zhu Lu zhi bian—Zhu Xi Lu Jiuyuan zhexue bijiao yanjiu* 朱陸之辯—朱熹陸九淵哲學比較研究 (*La Querelle entre Zhu Xi et Lu Jiuyuan. Comparaison de leurs philosophies*), Pékin, Renmin chubanshe 人民出版社, 2002.

QIAN, Mu 錢穆, *Zhuzi xin xue'an* 朱子新學案 (*Nouvelles Recherches sur la doctrine de maître Zhu*), Taipeh, Sanmin shuju 三民書局, 1971 ; rééd. 1989, 5 volumes.

SHEN, Songqin 沈松勤, *Nan Song wenren yu dangzheng* 南宋文人與黨爭 (*Lettrés et luttes de factions sous les Song du Sud*), Pékin, Renmin chubanshe 人民出版社, 2005.

SHU, Jingnan 束景南, *Zhuzi dazhuan* 朱子大傳 (*Grande Biographie de Zhuzi*), Quanzhou, Fujian jiaoyu 福建教育, 1992.

SHU, Jingnan 束景南, *Zhu Xi nianpu changbian* 朱熹年譜

長編 (*Biographie chronologique de Zhu Xi*), Shanghai, Huadong daxue 華東大學, 2001, 2 volumes.

TANG, Yijie 湯一介, LI Zhonghua 李中華 (dir.), CHEN, Lai 陳來, YANG, Lihua 楊立華, YANG, Zhucai 楊柱才, FANG, Xudong 方旭東, *Zhongguo ruxue shi, Song Yuan juan* 中國儒學史. 宋元卷 (*Histoire du confucianisme en Chine. Dynasties Song et Yuan*), Pékin, Beijing daxue chubanshe 北京大學出版社, 2011.

TIAN, Hao 田浩 [Hoyt C. Tillman], *Zhu Xi de siwei shijie* 朱熹的思維世界 (*Le Monde de la pensée de Zhu Xi*), Nankin, Jiangsu renmin 江蘇人民, 2009.

XIANG, Shiling 向世陵, *Li qi xing xin zhijian. Song Ming lixue de fenxi yu sixi* 理氣性心之間—宋明理學的分析與四系 (*Entre Principe, Énergies, Nature et Cœur. Analyse du néoconfucianisme des Song et des Ming et de ses quatre courants*), Pékin, Renmin chubanshe 人民出版社, 2008.

XIANG, Shiling 向世陵, *Lixue yu yixue* 理學與易學 (*La Doctrine du Li et la science des Mutations*), préface de Zhang Liwen 張立文, Changchun, Changchun chubanshe 長春出版社, 2011.

YU, Yingshi 余英時 [Yu Ying-shih], *Zhu Xi de lishi shijie—Songdai shidafu zhengzhi wenhua de yanjiu* 朱熹的歷史世界—宋代士大夫政治文化的研究 (*Le Monde historique de Zhu Xi. La culture politique des lettrés Song*), Pékin, Sanlian shudian 三聯書店, 2004.

ZHANG, Liwen 張立文, *Zhu Xi pingzhuan* 朱熹評傳 (*Biographie critique de Zhu Xi*), Nankin, Nanjing daxue 南京大學, 1998 ; rééd. 2000.

ZHANG, Liwen 張立文, *Zhu Xi sixiang yanjiu* 朱熹思想研究 (*Recherches sur la pensée de Zhu Xi*), Pékin, Zhongguo shehui kexue 中國社會科學, 2001.

4. Études en langues occidentales

ARRAULT, Alain, *Shao Yong (1012-1077), poète et cosmologue*, Paris, Collège de France, Institut des hautes études chinoises, 2002.

BIELENSTEIN, Hans, *Diplomacy and Trade in the Chinese World, 589-1276,* Leiden, Boston, Brill, 2005.

BILLETER, Jean-François, « À propos d'un philosophe chinois », *Critique,* nº 713, oct. 2006, p. 799-814.

BOL, Peter K., *Neo-Confucianism in History*, Cambridge (Mass.), Harvard University Press, 2008.

BRUCE, J. Percy, *Chu Hsi and his Masters,* London, Probstain, 1923.

CHAFFEE, John, « Chu Hsi and the revival of the White Grotto Academy, 1179-1181 A. D. », *T'oung Pao*, nº 71, 1985, p. 40-62.

CHAFFEE, John, « Chu Hsi in Nankang: Tao-Hsüe and the politic of education », dans William Theodore de Bary, John W. Chaffee (dir.), *Neo-Confucian Education: The Formative Stage*, Berkeley, Los Angeles, University of California Press, 1989.

CHAFFEE, John, *The Thorny Gates of Learning in Sung China*, Albany, State University of New York Press, 1995 (2e éd.).

CHAN, Wing-tsit [Chen Rongjie], *Chu Hsi, Life and Thought*, Hong Kong, The Chinese University Press, 1987.

CHAN, Wing-tsit [Chen Rongjie], *Chu Hsi. New Studies*, Honolulu, University of Hawaii Press, 1989.

CHEN, Lai, « Zhu Xi (1130-1200), sa place dans l'histoire », Entretien avec le professeur Chen Lai 陳來 réalisé par Roger Darrobers à l'université Tsinghua en juillet 2010. Texte traduit et mis en ligne sur le site de l'Institut Ricci, Centre d'études chinoises, « Le coin des penseurs », décembre 2011.

CHENG, Anne, *Histoire de la pensée chinoise,* Paris, Seuil, 1997.

DARS, Jacques, *La Marine chinoise du xe siècle au XIVe siècle*, Paris, Economica, 1992.

DE WEERDT, Hilde, *Competition over Content. Negociating Standards for the Civil Service Examination in Imperial China (1127-1279)*, Cambridge (Mass.), London, Harvard University Press, 2007.

DIÉNY, Jean-Pierre, *Images et représentations du monde dans la Chine ancienne. Choix d'études (1962-2006)*, Paris, Collège de France, Institut des hautes études chinoises, 2012.

DURAND, Pierre-Henri, *Lettrés et Pouvoirs. Un procès littéraire dans la Chine impériale,* Paris, Éditions de l'EHESS, 1991.

FINGARETTE, Herbert, *Confucius, du profane au sacré*, traduit et présenté par Charles Le Blanc, Québec, Presses de l'université de Montréal, 2004. [Éd. originale : *Confucius. The Secular as Sacred*, New York, Harper & Row, 1972.]

FOUCAULT, Michel, *Le Gouvernement de soi et des autres. Cours au Collège de France. 1982-1983*, Paris, Seuil, 2008.

FOUCAULT, Michel, *Le Courage de la vérité. Le Gouvernement de soi et des autres, II. Cours au Collège de France. 1983-1984*, Paris, Seuil, 2009.

FOUCAULT, Michel, *Du gouvernement des vivants. Cours au Collège de France. 1979-1980*, Paris, Seuil, 2012.

GARDNER, Daniel K., *Chu Hsi: Learning to Be a Sage. Selections from the Conversations of Master Chu, Arranged Topically*, Berkeley, University of California Press, 1988.

GARDNER, Daniel K., *Zhu Xi's Reading of the Analects: Canon, Commentary, and the Classical Tradition*, New York, Columbia University Press, 1988.

GERNET, Jacques, *L'Intelligence de la Chine. Le social et le mental*, Paris, Gallimard, 1994.

GERNET, Jacques, *Le Monde chinois*, Paris, Armand Colin, 1972 ; éd. augmentée, Paris, Presses Pocket, 2006, 3 volumes.

GRAHAM, Angus C., *Two Chinese Philosophers: Ch'êng Ming-tao and Ch'êng Yi-ch'uan*, London, Lund Humphries, 1958.

HOANG, Pierre, « Exposé de l'origine et du développement du système de Tchou Hi et de son influence sur l'esprit des lettrés », dans *Mélanges sur l'administration*, Shanghai, Mission catholique, « Variétés sinologiques », 1902, chap. XI, p. 147-162 ; rééd. Nendeln, Liechtenstein, Kraus Reprint, 1975.

HUCKER, Charles O., *A Dictionary of Official Titles in Imperial China*, Stanford, Stanford University Press, 1985 ; rééd. Southern Materials Center, Taipei, 1988.

HYMES, Robert P., SCHIROKAUER, Conrad (dir.), *Ordering the World. Approaches to State and Society in Sung Dynasty China*, Berkeley, University of California Press, 1993.

LAMOUROUX, Christian, *Fiscalité, comptes publics et politiques financières dans la Chine des Song*, Paris, Collège de France, Institut des hautes études chinoises, 2003.

LO, Winston W., *An Introduction to the Civil Service of Sung China. With Emphasis on Its Personnel Administration*, Honolulu, University of Hawaii Press, 1987.

MARCHAL, Kai, *Die Aufhebung des Politischen. Lü Zuqian und der Aufstieg des Neukonfuzianismus*, Wiesbaden, Harrassowitz, 2011.

MOU, Zongsan, *Spécificités de la philosophie chinoise,* introduction de Joël Thoraval, traduit par Ivan P. Kamenarovic et Jean-Claude Pastor, Paris, Cerf, 2003.

O'LEARY, Joseph Stephen, *Philosophie occidentale et concepts bouddhistes*, Paris, Puf, 2011.

SCHIROKAUER, Conrad M., *The Political Thought and Behavior of Chu Hsi*, Ann Arbor, UMI Dissertation Services, 1996. [Fac-similé de la thèse soutenue à Stanford en 1960.]

SCHIROKAUER, Conrad M., « Chu Hsi's political career: a study in ambivalence », dans Arthur F. Wright, Denis Twitchett (dir.), *Confucian Personalities,* Stanford, Stanford

University Press, 1962, p. 162-188.

SOFFEL, Christian, TILLMAN, Hoyt Cleveland, *Cultural Autority and Political Culture in China. Exploring Issues with the* Zhongyong *and the* Daotong *during the Song, Jin and Yuan Dynasties*, Stuttgart, Franz Steiner Verlag, « München Ostasiatische Studien », 2012.

TILLMAN, Hoyt Cleveland, *Utilitarian Confucianism: Ch'en Liang's Challenge to Chu Hsi*, Cambridge (Mass.), London, Harvard University Press, 1982.

TILLMAN, Hoyt Cleveland, *Confucian Discourse and Chu Hsi's Ascendancy*, Honolulu, University of Hawaii Press, 1992.

TILLMAN, Hoyt Cleveland, « Académies confucéennes en Chine au temps des Song (xe-xiie siècles) », dans Christian Jacob (dir.), *Les Lieux du savoir,* vol. 1 : *Espaces et communautés*, Paris, Albin Michel, 2007, p. 323-342 (traduction Pierre-Henri Durand).

VANDERMEERSCH, Léon, article « Zhu Xi », dans *Dictionnaire de civilisation chinoise*, Paris, Encyclopédia Universalis, Albin Michel, 1998, p. 827-830.

TABLE DES MATIÈRES

Ce volume,
le quatorzième
de la collection « Bibliothèque Chinoise »,
publié aux Éditions Les Belles Lettres,
a été achevé d'imprimer
en octobre 2013
sur les presses
de la Nouvelle Imprimerie Laballery
58500 Clamecy

Dépôt légal : novembre 2013
N° d'édition : 7714 - N° d'impression : 310303
Imprimé en France